汉语发展与教育研究

HANYU FAZHAN YU JIAOYU YANJIU

汪禄应 著

图书在版编目（CIP）数据

汉语发展与教育研究 / 汪禄应著 . — 北京：中国文联出版社，2021. 3
ISBN 978-7-5190-4419-0

Ⅰ. ①汉…　Ⅱ. ①汪…　Ⅲ. ①汉语史—语言学史—研究②汉语—教学研究　Ⅳ. ① H1-09 ② H19

中国版本图书馆 CIP 数据核字（2021）第 028983 号

汉语发展与教育研究

作　　者：汪禄应

终 审 人：朱彦玲　　复 审 人：刘　旭
责任编辑：闫　洁　王　萌　　责任校对：冀爱芳
封面设计：张　浩　　责任印制：陈　晨

出版发行：中国文联出版社
地　　址：北京市朝阳区农展馆南里 10 号，100125
电　　话：010-85923039（咨询）85923000（编务）85923020（邮购）
传　　真：010-85923000（总编室），010-85923020（发行部）
网　　址：http://www.clapnet.cn　　http://www.claplus.cn
E-mail：clap@clapnet.cn　　liux@clapnet.cn

印　　刷：天津雅泽印刷有限公司
装　　订：天津雅泽印刷有限公司
本书如有破损、缺页、装订错误，请与本社联系调换

开　　本：710 × 1000　　1/16
字　　数：313 千字　　印　　张：18
版　　次：2021 年 3 月第 1 版　　印　　次：2021 年 3 月第 1 次印刷
书　　号：ISBN 978-7-5190-4419-0
定　　价：72. 00 元

序　语文教育研究必须研究汉语

汪禄应老师的《汉语发展与教育研究》即将出版，我有幸先睹为快。

将汉语研究与汉语教育研究联系起来，结合起来，统一起来，是本书的鲜明特色。汉语研究的论著少有涉及汉语教育者，汉语教育的著述也少有涉及汉语发展者。本书的这一特点，不仅在于表面的结构形式，而且有其内在的逻辑。那就是作者坚持和要表达的一个重要思想：汉语教育必须把握汉语的发展；汉语需要依靠汉语教育来发展。按照这一思想，作者形成了系统的、有深度的、逻辑清晰的语文教育理论和汉语发展观。

讨论语文教育，一个根本性的问题就是，语文究竟是什么？语文教育究竟是什么？语文教育的目的究竟是什么？语文设科的基本出发点究竟是什么？语文的本质属性究竟是什么？尽管有人调侃说“不要那么多的性骚扰”，但上述问题是无法回避的。汪禄应老师的回答很明确：语文教育就是母语教育，语文就是语言，或者干脆说就是母语，就是汉语。他旗帜鲜明地主张，将“语文”的课程名称改为“汉语”。汪禄应老师的这一立论对于克服语文教育实践的弊端有着重要意义。

语文教育实践最大的误区就是重内容轻形式，把语文课上成思想品德课、科技常识课或泛文化课。教《武松打虎》，就没完没了地讨论老虎该不该打，而不学作者是如何写武松打虎的。教《我的母亲》，就不厌其烦地讲母爱，就是不学习作者是如何表达母爱和自己对母亲的爱的。甚至《中国石拱桥》的作业竟然是“为家乡设计一座拱桥”。

产生这一误区的原因是多方面的。

其一，误解了语文教育的手段。语文教育就是母语教育。然而，我们要培养的是善于运用母语的人，而不是研究母语的人，因此，必须通过母语的言语作品即课文来学习母语。许多人不明白课文是学习母语的手段。他们把课文看成语文教育的内容，甚至将课文的内容误作语文课程的内容。

其二，人文性的误解。课程改革提出语文课程的人文性，倡导张扬人文精神是正确的。然而，许多人对人文性的理解狭隘。他们把工具性与人文性割裂开来，将人文性机械地对应于课文的思想内容。殊不知，人是语言的动物。重视学生的语言建构，培养学生成为善于运用语言的人，正是人文性的深刻表现。他们更不明白，母语是一个民族文化的灵魂。**中华文化的灵魂既不是孔孟之道，也不是老庄哲学，而是培养了孔孟之道和老庄哲学，哺育了诗经楚辞唐诗宋词的汉语，我们的母语。**他们不懂得，对母语的热爱，是最深刻的民族情感，是人文情感最朴素、最深刻的表现。他们将语言形式的意义局限于工具性。殊不知，语言形式也有人文性。记叙文的六要素难道只有工具性没有人文性？叙事必须有时间地点这是人类普适的世界观和思想方法，其他要素无不体现人文性。

其三，课标的倾向性。2001 年版《语文课程标准》是按照“知识和能力、过程和方法、情感态度和价值观”三个维度设计的，但在“教学建议”中只有“情感态度价值观的正确把握”的条目，却没有“知识和能力”“过程和方法”的相关条目。2011 年版《语文课程标准》最了不起的进步，就是将语文课程定性为“学习语言文字应用的课程”。

其四，课标组成员的理性理念倾向性。有的课标组成员在宣传课标时，不是站在课标的立场上而是站在自己的学术立场上。课标明明写着“工具性与人文性的统一”，有的课标组成员却只讲人文性不讲工具性。

其五，名师的误导。少数名师的教学游离文本，无限地拔高和阐发他们自己认为的课文的文化内涵。例如将《背影》的主题讲成“生命的喟叹”，甚至将“背影”拆成“背”和“影”。语文界、教育界，专家误导不少，名师误导也须警惕。

其六，重内容轻形式的文化传统。我们的民族文化存在重内容轻形式的传统。在古代，文献的内容叫经学，语言形式叫小学。现代则强调作品的政治标准第一，艺术标准第二。长期的突出政治和政治挂帅，使许多人自觉不自觉地认为，不重视人文性是对课程改革的态度问题。

其七，教师的语言功力不够。许多语文教师的语言修养或语言功力不够，看不出课文中富有语文教育价值的语言现象，也就只好不厌其烦地讲文本的文化内涵。语言功力的薄弱与错误的语文教育思想正互为因果。当然，当下语文教师语言功力的薄弱，与教育家们“怎样教比教什么重要”的误导密切相关。

他们不懂得，首先必须是优秀的语文人，才能成为优秀的语文教师。语文课程与教学论的导师都明白，中文专业本科的学生比教育专业本科的学生好带得多，教育专业的本科生很难补足其专业缺陷。

其八，“语文”名称的语义模糊。尽管叶老早就明确强调，“语”指口语，“文”指书面语，“语文”就是口语与书面语的统一，却总是有人将“文”理解或解释成“文学”，甚至“文化”。汪禄应老师指出：“将汉语课程统称为语文课程，忽视、模糊和掩盖了所学语言的个性特征，特别是其最基本的民族性也给忽略甚至湮灭掉了。无视语言的个性特征，看不到语言与学生的生命和文化身份关联，这不仅消解了学生的学习动机，而且妨碍了他们的精神成长。因为仅仅将母语视为一般意义上的交际工具，事实证明，学生的学习热情、学习劲头会大打折扣，这门课程的‘基础’和‘必修’性质也因此遭致怀疑和贬损。”而“汉语”的名称合乎学术规范：“国际上，母语课名通常都是拿自己的民族名来称呼的。英吉利称英语，法兰西称法语，俄罗斯便称俄语。明确以民族名称称谓母语课程，不仅彰显其语种类别和民族特征，也是国际上的通行做法和学术规范。”其次也合于法律规范。汉语一直是中国的官方语言。2000 年颁布的《中华人民共和国国家通用语言文字法》规定：“国家通用语言文字是普通话和规范汉字”，同时明确指出“学校及其他教育机构通过汉语文课程教授普通话和规范汉字”。

对于语文教育就是母语教育这一基点，本书作者强调：“民族化应当是语文课程不变的灵魂。”“母语是一个中国人精神成长、发展之根。要说读那些发自内心喜爱的文字，要说自由展示一个更加真实的自我，他们几乎不假思索地选择母语。”作者举例说：“傅雷，一个翻译过罗曼·罗兰、巴尔扎克和丹纳的大翻译家，在十余年与儿子的书信交往中，不用法文，不用外语，都是方块汉字。他还特别欣赏儿子虽然在海外生活了上十年，‘中文也并未退步’，儿子的‘那股热情和正义感’，那种对艺术对祖国的感情，都洋溢在那些方块汉字的‘字里行间’。余光中，一个以‘乡愁诗’打动海峡两岸的现代诗人，学的是英语，写的都是中文，专业是英文，灵魂是汉语，白天上课用英文，晚上写诗用中文。他曾明确地说过‘我对中国汉字和中国文化有着深厚的感情’。梁实秋，一个著有百万言《英国文学史》的大学者，一个用四十年翻译《莎士比亚全集》的大翻译家，留下的最有影响的文字还是他用汉语写作的四集《雅舍小品》。”

在语文教育就是母语教育的基点上，作者强调，语文课程的能力目标应是学生的言语交际对话能力。语言表达能力应当是语言能力的主要目标。因而语文课程应当由“接受范式”“导学范式”转变为“表达范式”。由此，**作者强调“表达主体”意识的重要性，而且创造性地提出了“表达受体”的概念。因为表达受体是检验表达是否成功的试金石。**作者援引统计资料，南京市小学高年级书信、日记、请假条等书面应用表达状况堪忧。42.8% 的学生书信开头没有问候语，38.5% 的学生请假条没有说明请假起止时间，75.6% 的学生请假条表述不简洁。作者认为，缺乏表达受体观念，缺乏读者意识，造成了作文教学的三大缺点：①写作动力不足，泯灭“创造”热情。②写作文责不见，鼓励学生造假。③写作个性难以展现，亵渎写作培植平庸。汪教授发人深省地问道：“教师是学生写作的真正读者吗？”

汪老师的语文教育主张与汉语的特点密切相关。例如名篇背诵。作者援引王力先生的话说，“人治”的东方语言——汉语，作为一种非形态语言，不像西洋语言那样，非得遵循严格的语法规则，非得考虑语词不同形态的变化。汉语语素的组合以意义的完整为目的，语词的意义依具体语境的不同而不同。语词组合的高度灵活为汉语表达提供了广阔的驰骋空间。又如主张学习对仗，进行属对练习。作者认为，最能体现语文的特点，而且会比较快地“提升”学生语文素养的语文训练，恐怕是我们先辈们创造的对仗、对对子。中国字有平上去入，这是西洋文字没有的；平上去入使诗句对仗，音节铿锵，更是西洋诗歌没有的。

本书最突出的贡献在于，明确提出语文教育应当引导学生学习发展中的汉语，学习当代中国语言生活中的汉语。这是本书的一个重要思想。作者指出：“作为汉语母语教育，当今语文课程最大的问题恐怕就是一再失去学生；或者准确地说，目前的语文课堂相当程度上在让一茬又一茬的学生失去汉语母语学习的兴致、动力和理想，而且年级越高形势越为严峻。为什么学生有那么普遍的情绪厌弃我们的语文教育？这当然有许多方面的原因。其中，无视当代汉语的发展现实，无视学生的当下语言生活，让‘强国时代’的学生来学习带有浓重‘救亡时代’色彩的汉语母语可能是其最主要的症结所在。”

作者运用现代化手段，把握大数据，指出：现行初中语文教科书“对中国当代形象，特别是当代中国国际形象的描述涉笔不多。对于辉煌灿烂的几千年中国古代文明的介绍，语文教科书仍基本上沿袭的是救亡时代的话语系统、价值取向，‘动乱困苦’仍是古代中国社会形象描写的主色调；即使是经济、文化都十分繁荣的唐代，选文也差不多全都聚集在安史之乱时期，战争、破败、百姓流离失所等是其不变的主题。显然，这样的汉语母语课程非但不利于学生形成完整而准确的国家形象、真正建立起文化自信和民族自豪感，而且他们汉语母语学习的兴致也因此大打折扣。有人甚至用大数据看到，高中语文教材中的《氓》《孔雀东南飞》《雷雨》《边城》等诸多公认的爱情题材篇目都给人一种凄凉、悲苦、伤痛的情感体验。果真如此的话，试想，这样的故事会给当代学生在他们的花样年华对爱情以怎样负面的观感？”作者还指出：“与课文主题、题材、情感的这种单一、保守、消极紧密联系在一起的是汉语母语教材在语言选择上的狭窄、无序和滞后。大数据表明，很多具有现代理念的语词在今天的汉语母语教材里不曾得到充分反映。教材的对象语言里没有，教材的叙述语言里也没有怎么特别地强调。比如‘民胞物与’，比如‘公序良俗’，比如‘契约精神’，比如‘宁鸣而死，不默而生’，这些语词不仅在语文教材里看不到，就连一般的语文教师也都感觉很陌生。与此形成鲜明对比的是，大数据表明，语文教材中与‘仇恨’、‘焦躁’、‘决斗’相关的语词异常丰富。因此，在学生那里，‘水火不容、咬牙切齿、义愤填膺、同仇敌忾、愤世嫉俗、不共戴天、势不两立、新仇旧恨、嫉恶如仇、报仇雪恨、睚眦必报’等表‘仇恨’的成语信手拈来；‘杞人忧天、如坐针毡、忧心忡忡、惴惴不安、坐卧不安、面面相觑、谈虎色变、张口结舌、抓耳挠腮、搓手顿脚、心急火燎’等表‘焦躁’的语词在学生的文章中不胜枚举；至于‘背水一战、破釜沉舟、你死我活、枪林弹雨、智勇双全、刀光剑影、出生入死、短兵相接、一剑封喉、斩尽杀绝、杀鸡儆猴’等表‘决斗’的语词在学生的话语中更是多如牛毛。如此众多与‘仇恨’‘焦躁’‘决斗’联系在一起的语词聚集在学生的语言意识里，应该是救亡时代留下的印迹，这对于建设当代学生理性、健康的语言生活来说也是值得认真商榷的。”

作者告诉我们，“借助大数据，人们不难看到，近十年的高考作文题目主要都在要求考生写作追寻梦想、读懂中国、创新致富、合作成功等积极、昂扬的时代主题。这当然是有道理的。但语文教材中的课文主题却大多展现作者的忧思、悲愤、批判等负面情绪。比如，像《沁园春·长沙》《飞向太空的航程》《囚绿记》这样积极向上的课文很少；像《记梁任公先生的一次演讲》《别了，不列颠利亚》等这些记叙客观、情绪平和的也不多。可见，在今天的语文课堂里，学生的写作与阅读、文字信息的输出和输入在主题、题材和情绪表现上严重不匹配、不对称……阅读，与写作、演讲可以有很多的不同，也应该有其不同，但不能不有所关联。将阅读能力、阅读趣味与学生的写作行为、演说行为完全并列起来甚至对立起来，阅读是阅读，写作是写作，演说是演说，并不能显示教学有多少科学性、专业性和进步性；相反，则很有可能因为没有榜样或标准的滋养、影响和引领，学生的说与写一直徘徊在平庸状态。因为很显然，没有阅读的说与写，或者说，与阅读关系不大的说与写，不可能深刻起来、专业起来。所以，关注、研究并把握汉语的近现代发展特别是当代发展，体察当代学生的实际语言生活，在语文课堂中建立起语言服务意识，为学生的汉语母语学习准备更切实的榜样或标准是汉语母语教育的当务之急。”作者指出，时代性应当是语文教材的首要标准，教材的典范性必须涵盖时代性。

为了让读者更好地理解发展中的汉语和汉语的发展，作者对现代汉语发展的历史进行了细致的梳理。主要是胡适、瞿秋白等人对现代汉语发展的突出贡献和重要思想，特别是这些思想对当下语文教育的启示。仅以胡适的思想而言就有如下的启示：

重视语言建设。1920 年，胡适曾热情称赞当时的教育部关于全国国民学校一、二年级改授国语的训令，认为“这个命令是几十年来第一件大事”，其意义是在将皇帝赶下来的辛亥革命之上”。作者指出：“中国现代化起步于汉语现代化。未来，中国现代化仍有赖于汉语现代化的健康发展。”

重视语言与文学的关系。胡适当年说：“中国将来的新文学用的白话，就是将来中国的标准国语。造中国将来白话文学的人，就是制定标准国语的人。”作者告诉我们：“他特别强调儿童国语教育要重视儿童的文学教育，因为更多的是文学的教育力量而不是其他力量让儿童和成人主动、顺利地接受国语并积极开展他们的国语写作和传播的。”胡适的文学教育思想给我们的启示在于：一方面，语文课程应当重视文学教育。只有重视文学教育，才能引导学生学好语言。语言的典范性和艺术性最深刻地表现在文学作品中。另一方面，语文课程中的文学教育，其根本目标在于语言教育，即引导学生学好汉语。将文学作品阅读教学的目标定位于文学创作的艺术或情感教育，是错误的。作者明确地批评了不重视语言建设的作家和不重视文学建设的语言学家。“眼下文学家们或闭门造车，或即兴应景，或纯粹私语性质的浅斟低唱，这都不是个别现象。我认为，一个重要的原因就是文学建设的原动力、创造力不够，短期行为太多。尤其值得检讨的是，文学并未置于汉语现代化的内涵当中来建设，甚至排除在汉语现代化的视野里。目前，中国语文现代化学会是中国汉语现代化建设的最高权威学术机构。可这个机构的专家组成还是清一色的语言学学者，所以很难指望这样的机构在文学方面能有什么气魄。也就是说，目前中国知识界缺少的就是像胡适这样一辈子将汉语革新这个时代主题拧住不放的领袖型学者。”

重视语法。胡适说：“夫文法乃教文字语言之捷径。今当提倡文法学，使普及国中；又当列‘文法’为必须之学科，自小学至于大学，皆当治之……以后中学堂的国文教员，应该有文法学的知识，不懂文法的，绝不配做国文教员。”作者认为，“从课程内容来说，文法的教与学是胡适规划的最理性、最新颖、最有现代意识的语文内容。”作者指出，“没有可以言说的文法概念和文章书写法规，字词的组织、句子的编排自然成为一笔糊涂账。于是，‘神而明之’的聪明人，‘书读百遍，其义自见’的笨拙人，大行其道；而大多数人国文学习的不便利一直无人问津。”

《汉语发展与汉语教育研究》的成就得益于作者语言学特别是汉语研究的坚实基础。例如在谈到现代汉语双音词时，作者说：“严格意义上讲，汉语词语双音节化是一个自西周就开启了的缓慢演进过程。这一过程一直在‘语音简化’与‘词汇增加’的矛盾中推进。如果说，上古汉语复辅音声母（如 kl-、pl- 等）的分化、消失和辅音字尾（如 -b、-d、-g、-r 等）的脱落等带来的‘语音简化’在齐梁时代有‘四声’来补偿，那么戊戌变法之后特别是五四时期词汇量的迅猛增长就主要求助于词语的‘复音化’了。也就是说，这之后‘复音化’取代‘四声’，成为解决词汇‘量的增长’‘义的精密’两大难题的主要途径。”

本书对于语文界最重要的启迪在于，语文教育研究当着力研究汉语。这是语文课程的本体研究。如果我们对于汉语不甚了了，那么无论怎样先进的教育理论也是无济于事的。

《汉语发展与教育研究》是学术价值很高的专著，很值得一读。作者别开生面，读者将耳目一新。

是为之序。

吴格明

2018 年 10 月 17 日于太湖东畔

（吴格明：江南大学教授，语言学与应用语言学学科带头人；中国逻辑学会逻辑教育专业委员会主任；在北京师大、苏州大学、河北大学、云南师大等作学术报告 100 余场。）

目　录

第三部分　汉语母语高等教育

第四部分 汉语母语教育课程资源开发

绪　论

0.1.1　问题的提出：当代学生究竟要学习什么样的汉语母语

有关汉语史的研究表明，与世界其他语言一样，汉语一直处在演化、发展的过程中；而且这种发展在近现代与中国经济、社会的发展几乎完全同步，[1]呈急速演进趋势。可以说，在可考的汉语几千年历史进程中，最近一百多年是其发展的一个突变期，一个高峰期，一个让每一个汉语学习者和使用者都为之阵痛又逐渐由古典语言向现当代语言自觉转型的特殊时期。到目前为止，这个转型期还远远没有结束，但已进入一个新的发展阶段。如果说，最前面的八十余年，亦即 1862 年京师同文馆开办、1892 年卢戆章创制汉字外的汉语书写方案、1917 年胡适发文明确指出“白话文学为中国文学之正宗”、1931 年瞿秋白进一步倡导“文腔革命”、1934 年陈望道等发动“大众语运动”、1941 年拉丁化新文字成为陕甘宁边区法定文字到 1946 年《人民日报》创刊的这八十余年，终于迎来了“中国语文的新生”（鲁迅语），汉语转型基本完成其“创生期”，现代汉语的基本形态完全确立；[2]那么后面的五十余年，即从 20 世纪 50 年代全国推广普通话、汉语拼音方案进入全国课堂，到 20 世纪八九十年代以普通话和汉语拼音方案为基础的广播电视传播迅速走向千家万户引发普通百姓语言生活的全面改观，[3]历史则开始迈入汉语转型“自觉期”，现代汉语走向自信和成熟，一些知识分子或非知识分子在公共事务、日常生活、伙伴群聚时都自觉使用普通话为其重要标志。[4]2004 年后，以汉语海外传播为宗旨的孔子学院雨后春笋般地在世界各地创建起来，在华留学生规模也在不断扩大，[5]汉语学习不再只是中国人自己的事情，历史让古老的汉语走上了一个崭新舞台，汉语转型进入一个全新的“展望期”，现代汉语与世界其他语言一道构建人类命运共同体。汉语发展这一新阶段的基本特征就是试图构建全球汉语教学、学习与交流网络；从此，汉语教育的内涵除传统意义上的汉语母语教育外，还有一个重要意旨，即汉语海外教育或汉语国际传播。而就汉语母语教育来说，它通常是指中小学语文教育，但也包括母语高等教育。实施母语高等教育的课程最初统一称为“大一国文”（20 世纪二三十年代朱自清等人在清华还尝试过“高级作文”“散文写作”），后来统一改为“大学语文”。最近十多年从名称来说翻新较快，有的称“大学人文基础”，有的叫“中国文学与文化”，有的就称“应用写作”，但其实都是汉语母语教育在大学阶段的新探索、新拓展。清华大学 2018 年秋季起为全校新生开设的“写作与沟通”必修课，无疑也是母语高等教育的一种开拓和努力。

汉语教育是汉语发展的孪生兄弟。汉语的每一步发展都离不开汉语教育。汉语现代化运动史上的两大重要史实充分证明了这一点。第一，国语罗马字母只是一个摆设，至多在一些语言学界的文人中间有点影响。作为“国家方案”，赵元任的国语罗马字母之所以没有产生瞿秋白拉丁化新文字那样大的影响力，就因为它不曾一天进入课堂，[6] 走向广大的学习者。第二，白话文运动是汉语规划史上极成功的一场汉语改造运动。1917 年胡适高举白话文大旗，风起云涌、势如破竹，不能不说很大程度上得力于全国大中小学汉语教育的支持。据费锦昌《中国语文现代化百年记事（1892—1995）》一书记载，早在 1916 年教育界就有人“吁请”当时的教育部下令改国文科为国语科，并于当年成立了研究国语“以备教育界之采用”的“国语研究会”。仅仅 4 年之后的 1920 年，当时的北洋政府教育部就训令全国各国民学校将一、二年级国文改为语体文，分批废止以前的旧国文教科书，其他各科教科书也相应改用语体文。[7] 另据张惠芬、金忠明《中国教育简史》介绍，1923 年开启的《新学制课程标准纲要》规定，小学课程设国语、算术、公民、卫生等 12 科目；初中设国语、外国语等语文科，图画、手工和音乐等艺术科，共 6 科；普通高中设国语、外国语、人生哲学、社会问题、文化史、科学概论等公共必修科目；六年制师范学校设国语、外国语等语文科。[8] 可见，以学习白话文、语体文为核心目标的国语课涵盖大中小学各个学段。

然而，最近的几十年时间里，特别是最新流行的一些汉语母语教育专业著作里，人们对于汉语教育与汉语发展两者之间的关系并没有足够的探讨。要么视而不见，漠不关心；要么不屑一顾，不予理会。目前，市面上似乎很少看到有一部汉语教育专业教科书辟出章节专题讨论现当代汉语发展及其教学对策，更很少看到有哪套新近汉语母语教材对其语言分布格局做全景式描述和介绍，阐述其在反映当代汉语发展面貌上的认真和努力。

在世界母语教材建设中，汉语教材也许是一个非常突出的特例。因为应该没有哪个国家的当代母语呈现出今日汉语这样复杂的构成元素：既有文言与白话两个完全不同的话语系统的融通，又有普通话与差异绝不比语言小的各地方言之间的相互融合，当然还可能有欧美、日韩、东南亚等地异族人群使用汉语所展示出的种种特殊形态。当代学生究竟要学习什么样的汉语母语？普通话是否可以圈定为汉语学习的全部？普通话本身是否完全不能容纳方言等其他汉语形态？一百多年来，虽然这方面的讨论一直不曾中断过，但时至今日似乎也没有一个特别清晰的结论，以至于汉语教育圈内外人士对此都感到迷茫。2018年6月上海小学语文教材有关“外婆”与“姥姥”的争论就是一个很典型的例子。[9]从汉语发展的视角来考察，“外婆”一词既是作者李天芳在《打碗碗花》的原文，也是上海地方文化用语，且有比“姥姥”更为悠久的历史，是早在汉代就出现在书籍中的通用汉语用词，这些都是“外婆”称呼正当的原因。“姥姥”一词的介入并最终退出表明，一方面女子的家庭地位在近二十年的中国得到再次上升，在人们的文化观念里，“妈妈的妈妈”的称呼岂可与“外人”“外戚”的“外”字联系在一起？另一方面，也许汉语到目前为止还没有找到一个更能让社会大众接受的“词”，一些方言里的“家婆”“亲婆”影响也实在小了些，所以“外婆”一词还是回来了。“外婆”回归这一事实再次证明，即使是《现代汉语词典》明确标有“〈方〉”的所谓方言词也会演化为现代汉语通用词，一定程度上北京话也可能还是北京话。这些年来，社会上所关注的鲁迅文章退出语文教材更是一个值得深入讨论的汉语母语教育现象。从汉语教育的角度来考察，20世纪二三十年代的经典作品不可能永远是语文教材中的“定篇”。这是历史的进步，也是时代的要求。从汉语发展、汉语现代化的视角来看，“定篇”不再是“定篇”，有其必然性。因为时代主题发生了深刻的变革。如果说，在中国，20世纪的几乎每一件事、每一种努力都跟“启蒙救亡”发生着关联，那么21世纪的每一项事业则都跟国家的“复兴强国”紧密联系在一起。毋庸讳言，“救亡时代”与“强国时代”所需要的话语方式、汉语能力、传播意识是完全不一样的。21世纪的中国当代学生当然不可忘记“救亡时代”的苦难、艰辛和抗争精神，但是他们更需要“强国时代”的智慧、理性、胸怀、审美情趣与语言生活。因此，这是汉语母语教育必须认真研究的重要课题。

0.1.2 初步的讨论：把握汉语发展是汉语母语教育的重要课题

作为汉语母语教育，当今语文课程最大的问题恐怕就是一再失去学生；或者准确地说，目前的语文课堂相当程度上在让一茬又一茬的学生失去汉语母语学习的兴致、动力和理想，而且年级越高形势越为严峻。[10]为什么学生有那么普遍的情绪厌弃我们的语文教育？这当然有许多方面的原因。其中，无视当代汉语的发展现实，无视学生的当下语言生活，让“强国时代”的学生来学习带有浓重“救亡时代”色彩的汉语母语可能是其最主要的症结所在。当代学生的阅读兴致究竟在哪些地方？其写作行为又有一些什么样的基本特征？公众场合下的演说能力、辩论能力、主持能力会给学生的语文能力以怎样的整体提升？学生在语文方面的核心素养究竟如何评价才算真正符合当代学生的发展实际？……一句话，目前的语文课程究竟能给当代学生带来怎样的精神成长和学业发展？在许多人心中，这些可能还是一笔糊涂账。今天看来，通过问卷等一般方法所获得的样本意义上的调查数据有可能难以采信。而基于“大数据”获得的数据信息客观、真实、全面，如果分析恰当的话，很有可能会给今天的汉语母语教育带来不少有益的引导和启示。

相对于“救亡时代”，当代中国已经走出近代“贫弱屈辱”的阴霾，社会各项事业成就斐然，发展速度有目共睹。当前，一个在国际国内各项事务中“负责任的大国”正努力成长为一个构建人类命运共同体的“世界强国”。作为汉语母语教育的基本文本，语文教科书在为学生形塑这一国家形象中发挥着基础性作用，影响深刻而巨大。然而，大数据显示，现行初中语文教科书虽然相当有力地展示了地大物博、历史悠久、文化多样、国民仁义等这些基本的国家形象，但对中国当代形象，特别是当代中国国际形象的描述却涉笔不多。对于辉煌灿烂的几千年中国古代文明的介绍，语文教科书仍基本上沿袭“救亡时代”的话语系统、价值取向，“动乱困苦”仍是古代中国社会形象描写的主色调；即使是经济、文化都十分繁荣的唐代，选文也差不多全都聚集在安史之乱时期，战争、破败、百姓流离失所等是其不变的主题。[11]显然，这样的汉语母语课程非但不利于学生形成完整而准确的国家形象、真正建立起文化自信和民族自豪感，而且会使他们汉语母语的学习兴致大打折扣。有人甚至用大数据看到，高中语文教材中的《氓》《孔雀东南飞》《雷雨》《边城》等诸多公认的爱情题材篇目都给人一种凄凉、悲苦、伤痛的情感体验。果真如此的话，试想，这样的故事会给当代学生在他们的花样年华对爱情以怎样负面的观感？与此同时，大数据还表明，同一版本的语文教材与饮酒生活有关的篇目特别多，诸如《短歌行》《兰亭集序》《归去来兮辞》《滕王阁序》《登高》《琵琶行》《赤壁赋》等，不一而足。显然，这种生活取向和审美情趣与现代健康生活方式是不相容的，至少是不一致的。

其实，语文教材首先是语言教材，其次才是文学等文体教材。与课文主题、题材、情感的这种单一、保守、消极紧密联系在一起的是汉语母语教材在语言选择上的狭窄、无序和滞后。大数据表明，很多具有现代理念的语词在今天的汉语母语教材里不曾得到充分反映。教材的对象语言里没有，教材的叙述语言里也没有怎么特别地强调。比如“民胞物与”，比如“公序良俗”，比如“契约精神”，比如“宁鸣而死，不默而生”，这些语词不仅在语文教材里看不到，就连一般的语文教师也都感觉很陌生，没多少概念，也不怎么关注。笔者曾经就此探访过一些中学语文特级教师，还有一些专注于语文教材语言研究的大学教授，他们有的竟然表示不明白“民胞物与”是什么意思，更不清楚“民胞物与”“宁鸣而死，不默而生”等语词其实来自中国宋代学者张载、范仲淹等人的著述。与此形成鲜明对比的是，大数据表明，语文教材中与“仇恨”“焦躁”“决斗”相关的语词异常丰富。因此，在学生那里，“水火不容、咬牙切齿、义愤填膺、同仇敌忾、愤世嫉俗、不共戴天、势不两立、新仇旧恨、疾恶如仇、报仇雪恨、睚眦必报”等表“仇恨”的成语信手拈来；“杞人忧天、如坐针毡、忧心忡忡、惴惴不安、坐卧不安、面面相觑、谈虎色变、张口结舌、抓耳挠腮、搓手顿脚、心急火燎”等表“焦躁”的语词在学生的文章中不胜枚举；至于“背水一战、破釜沉舟、你死我活、枪林弹雨、智勇双全、刀光剑影、出生入死、短兵相接、一剑封喉、斩尽杀绝、杀鸡儆猴”等表“决斗”的语词在学生的话语中更是多如牛毛。如此众多与“仇恨”“焦躁”“决斗”联系在一起的语词聚集在学生的语言意识里，应该是“救亡时代”语文课程留下的印迹，这对于建设当代学生理性、健康的语言生活来说也是值得认真商榷的。

借助大数据，人们不难看到，近十年的高考作文题目主要都在要求考生写作追寻梦想、读懂中国、创新致富、合作成功等积极、昂扬、充满正能量的时代主题。这当然是有道理的。但大数据又在显示，语文教材中的课文主题却大多展现作者的忧思、悲愤、批判等负面情绪。比如，像《沁园春·长沙》《飞向太空的航程》《囚绿记》这样情绪昂扬的课文很少；像《记梁任公先生的一次演讲》《别了，不列颠利亚》等这些记叙客观、情绪平和的课文也不多；而像《奥斯维辛没有什么新闻》本是客观介绍和评述的新闻报道，竟抒发起记者对当年法西斯暴行的深恶痛绝来，其文字让人读后不寒而栗。可见，在今天的语文课堂里，学生的写作与阅读、文字信息的输出和输入在主题、题材和情绪表现上严重不匹配、不对称。关于学生阅读与写作活动的安排，早在20世纪40年代朱自清就有专门的探讨。作为著名的语文教育家，朱自清曾在中学任教5年、在大学主授大一国文课程20余年。他曾特别强调说："了解和欣赏是诵读的大部分目的；诵读的另一部分目的是当作写作的榜样或标准。按我的意见，文言文的诵读，该只是为了了解和欣赏而止，白话文的诵读，才是一半为了榜样或标准。"[12]也就是说，只有那些从主题选择、情感表现到语言表达方式与当代学生语文生活比较切近的课文才是他们学习写作的榜样或标准，而其他文章，特别是古文，主要的目的则是"文化训练"。[13]所以，朱自清当年就明确指出："无论如何，重古的选本不可避免地使阅读和写作脱了节。多年来大学师生都感到这种困难；只有让学生课外阅读语体文的书来弥补这语文训练的缺陷——西南联合大学国文选收录语体文，是比课外阅读进了一步。"[14]阅读与写作、演讲可以有很多的不同，也应该有其不同，但不能不有所关联。将阅读能力、阅读趣味与学生的写作行为、演说行为完全并列起来甚至对立起来，阅读是阅读，写作是写作，演说是演说，并不能显示教学有多少科学性、专业性和进步性；相反，则很有可能因为没有榜样或标准的滋养、影响和引领，学生的说与写一直徘徊在平庸状态。[15]因为很显然，没有阅读的说与写，或者说，与阅读关系不大的说与写，不可能深刻起来、专业起来。

所以，关注、研究并把握汉语的近现代发展特别是当代发展，体察当代学生的实际语言生活，在语文课堂中建立起语言服务意识，为学生的汉语母语学习准备更切实的榜样或标准是汉语母语教育的当务之急。

0.1.3 语文人的期待：在汉语发展新平台上构建理想的当代学生语言生活

一个时代有一个时代的汉语教育，当代汉语发展是汉语母语教育的崭新平台。在这个新平台上展开听、说、读、写、译是必须首先明确的学习前提。[16]汉语母语学习中的"译"指的是什么？不妨做这样一个界定：它不仅指涉通常意义上的古代汉语到现代汉语的单向话语转换，而且囊括了汉语口语形式与书面形式、汉语普通话与各主要方言等"汉语形态"之间以及汉语普通话与少数民族语言等“中国的语言”之间的相互转换；此外，还应包括外语到汉语普通话的单向转换。可以说，“译”这种话语转换方面的研习是当今汉语母语学习应该特别重视的课程内容。所以，今天，当笔者作为语文人再次追问学生语文学习意义的时候，一种新的价值认识在胸中自然涌出：当代语文课程的设置和改革应努力构建一种体现汉语发展、服务学生成长、面向民族复兴的新格局，从而为给数以亿计的中国学生建设一种理性、和谐、健康的语言生活做出自己的贡献。

不难理解，关于语文学习，可以做如下时代价值梳理：如果不考虑几千年士绅阶级的文字交流、文化传承与基本的社会管理需要，近一百多年汉语母语学习的意义大约可描述为三个时期，也可以理解为三个层次或境界。**第一境界，语文工作必需。**包括学生在内的最一般的广大民众能够掌握最基本的汉语通用语的说法和写法，满足其最基础的实际语文工作需要。**第二境界，科学文化学习。**各类学校的学生借助现代汉字和标准普通话的学习使自己在科学文化知识的学习方面获得长足进步，从而也在人生价值、审美趣味上获得不同程度的提升。**第三境界，语言生活建设。**学生在汉语母语各主要形态熏染的基础上，能在听、说、读、写、译等各方面获得自由发展，特别是在演讲方面拥有足够的自信，从而极大程度地丰富自己的语言生活与精神生活。所谓“汉语母语各主要形态”的熏染，指的是语文课程不仅仅提供现代汉字和现代普通话教育，而且还应当包括一定程度关于方言的讨论和总结、关于网络语文现象的介绍和讨论，自然也少不了一定程度关于不同时代文言文（包括汉字演进历史）的研习。总体来说，大约有五种形态的汉语母语学习：①现代标准普通话。②现代汉字书写的语体文（含外语翻译作品）。③历代文言文。④当地主体方言。⑤网络语文。这五种形态又可分为两类。前三者可称之为“通常形态”，后两者可称为“发展形态”。各形态汉语都应放在汉语发展平台上来探讨和学习。

现代标准普通话是教师教学语言引导下最基本的语文学习，它关涉听说两个方面。就目前的情况来说，“听”得懂，问题不大；关键是要围绕提升听的水平实施训练。一要能抓住要领，能够复述；二要能领会精神实质，做到会意。至于听到“言外之声”，则是一种更高的期望了。而与这“言外之声”联系在一起的，恐怕就是能够在无意识中从他人的谈话中获得某种与其话语主旨并不一致的信息，甚至灵感；有了这一关键信息或是灵感，他（她）就可能完成下一步意想不到的事情。从这个意义上讲，“说”比“听”具有更强的社会意义。

如果听能改变人，那个人也仅仅是听者一人；说则一定是要影响其他人，这其他人一般不止一人。然而，要真正能够让说起到影响他人的作用，则有很多技术要学，很多艺术要能领会。比如，要能调动他人的情绪，提高听的兴致和注意力；又比如，要能将要说的多重意思做很好的归纳和排序，让他人听明白；再比如，要能说得让对方心悦诚服，愿意接受你的意见，采纳你的建议，并付诸行动。无数事实证明，要真能说好，离不开写作和阅读，也就是现代汉字书写的语体文学习。这是整个语文学习的重中之重。[17]首先，说要由写来提供底稿，说本身就是书面底稿的现场口头发挥。所谓腹稿，其实就是书面底稿的潜在形式。所以说，语体文的写作水平在很大程度上决定了普通话的演说与辩论水平，因而成为各类语文考核的重点。其次，说的内容甚至思路和布局很多源于读的材料。在所有说的内容中，读所提供的营养最为充分，所以读的训练花的气力也最大。读的材料当然也包括历代文言文。但正如朱自清先生所指出的，历代文言文的学习最基本的功能是“文化训练”。所谓“文化训练”，用朱先生的话说就是不在“示范”，而是“立本”“达人”“知道自己”，从而“使学生对于物、对于我、对于今、对于古”，更能做到“辞明理达”。[18]之所以强调“历代”，乃是期待教学文言文能将文言文纳入汉语发展的视野来考察、讨论和学习。视文言文为铁板一块，没有时代性，这可能是过去文言文教学成效不大、“文化训练”的目标不易达成的原因所在。

以上这些都是历次大纲课标都明确规定的汉语母语形态学习。然而，最新的《义务教育语文课程标准（2011 年版）》和《普通高中语文课程标准（2017 年版）》在“通常形态”之外增添了“发展形态”汉语母语的学习。如果说义务教育阶段还只是将“方言土语”作为与“自然风光、文化遗产、风俗民情”等并列的“语文课程资源”来开发，[19]那么普通高中阶段则是作为具体的语文课程学习内容来纳入“学习任务群”的，“方言”与“网络语言”一道成为第 13 个任务群“汉字汉语专题研讨”中的两项专题性学习内容。[20]为什么应当容忍有一定量的方言学习和讨论？这既是对学生实际语言生活的尊重，也是服务学生发展的需要。可以这样说，任何一个学生都是在一定的方言环境下成长起来的。所以，就汉语母语学习来说，这其实是一个非常难得的语言学习资源，不可轻易抛弃。但方言差异很大，一般人们讨论的只是某地的主体方言。在过去很长时间里，人们就已经发现方言在文言文教学中能发挥其妙用，即借用方言里保留的“古音”“古义”来学习古诗文。比如，杜牧《山行》“远上寒山石径斜”中的“斜”如果与粤方言的“xiá”音联系起来，就能领会该诗的押韵规则，明白这里的"斜 xiá"和后面的"家 jiā""花 huā"都是为押韵而选择的"韵字"。后来，语文教材也就直接安排了题为《方言小调查》的综合性学习活动。如今，语文试卷里也出现有方言内容的考查题目。今后，方言将从更多方面走进语文课堂，应该是无可厚非的事情了。因为人们开始以一种积极主动的姿态对待方言，期待方言能像普通话一样在建构当代学生理性、和谐的语言生活中有所作为了。网络语言是互联网时代汉语发展的新角色、新形态。它发展迅猛，对于常态语言具有极强的冲击力，值得当代学生关注和探讨。网络语文的学习，或者更准确地说，学生虚拟语言生活的建构是历史赋予当代学生的新任务。李宇明教授指出："随着信息化，特别是现代语言技术的发展，虚拟语言生活逐渐重要起来，不仅是新词语的'主产地'，新话语的传播地，甚至还成为现实语言生活的引领者。"[21]不错，大中小学学生的语言生活一般局限在校园内，他们的虚拟语言生活与现实语言生活一样都还在发育过程中，但这不能不引起我们足够的关注和研究。当今语文课程的设置必然要将学生的虚拟语言生活纳入进来，没有理由将它排斥在语文教育的视野之外。而且，伴随着语言智能的发展，人与机器人共事的时代即将到来。所以，人机对话在不远的将来也将成为语文课程的一项重要内容。

当学生在汉语母语上述五种形态的不断熏染中有其感悟、有其进步、有其成绩的时候，可以说，他们的语言生活便走向丰富。一种理性、和谐、健康的语言生活建设也就有了基础。这是因为，第一，体现汉语发展的语文课程与学生的语言发展期待同频共振，学生非但不会厌倦，而且还会尽情徜徉其中。第二，语文课程所囊括的五种汉语母语形态学生能够自由穿梭，这样的语言生活首先是和谐的，当然也是有益于学生发展的，同时也避免了因个人的偏爱和喜好而偏执于某些领域的学习。第三，"译"将五种汉语母语形态紧密联系了起来。如果说传统意义上的话语转换主要是文言文指向语体文、方言指向普通话这两类极为平常的翻译活动，那么今天的"译"则拓展为五种汉语母语形态的所有话语转换。也就是说，不仅普通话到语体文，而且网络语文到普通语文都属于话语转换的"译"。

0.1.4 结语

把握汉语发展，为当代学生构建一种理性、和谐、健康的语言生活是汉语母语教育可能的新方向、新思路、新战略。因为没有一种语言生活的构建，奢谈其语言能力、语言素养的发展。比如，没有英语语言生活，根本谈不上多少英语表达素养；没有粤语语言生活，也无法评价什么粤语能力。**所以，当代学生语言生活建设是汉语母语教育的一个新课题，对这一新课题持续、科学、有成效的探讨也许会为语文课程中的阅读教学、写作教学以及学生语文核心素养等诸多问题的破解提供可靠的智力支持。**

注释：

[1] 何九盈. 汉语三论 [M]. 北京：语文出版社，2007：1.

[2] 饶高琦，李宇明. 基于词汇聚类方法的现代汉语分期与分期体系构建 [J]. 中文信息学报，2017（11）：18–24.

[3] 李宇明. 中国语言规划论 [M]. 北京：商务印书馆，2010：87.

[4] 俞玮奇. 国民普通话能力的基本状况与发展态势 [J]. 语言文字应用，2018（2）：99–107.

[5] 石彤喆. 传播与接受：跨文化传播视角下来华留学生教育研究（1950—2015）[D]. 上海：上海外国语大学，2017：3–7.

[6] 倪海曙. 中国拼音文字运动史简编 [M]. 上海：时代书报出版社，1948：111.

[7] 费锦昌. 中国语文现代化百年记事（1892—1995）[M]. 北京：语文出版社，1997：27–33.

[8] 张惠芬，金忠明. 中国教育简史 [M]. 上海：华东师范大学出版社，1995：474–478.

[9] 杨早. 留住语言多样之美 [N]. 人民日报，2018–06–30（12）.

[10] 程振理. 努力追求"活"的语文学习——当前高中生语文学习现状调研 [J]. 语文知识，2015（8）：6.

[11] 张鹏，吕立杰. 语文教科书中的国家形象分析——以 A 版初中教科书为例 [J]. 全球教育展望，2018（7）：21.

[12][13][14][18] 朱乔森. 朱自清全集：第二卷 [M]. 南京：江苏教育出版社，1996：32，18，20，18.

[15] 吴娟. 教育的无奈：高考作文难以"拒绝平庸"[EB/OL]. https：//news.qq.com/a/20110616/000984.htm.

[16] 麻友平. 全面提升大学生的普通话与口才能力——论新形势下大学语文教学的新任务 [J]. 语文教学通讯·D 刊（学术刊），2011（3）：12–14.

[17] 白亚利. 语文教学中提高学生阅读能力的有效途径 [J]. 神州（下旬刊），2012（1）：23.

[19] 教育部. 义务教育语文课程标准（2011 年版）[M]. 北京：北京师范大学出版社，2011：33–34.

[20] 教育部. 普通高中语文课程标准（2017 年版）[M]. 北京：人民教育出版社，

2018：26–27.

［21］李宇明．全球语言生活治理——序《世界语言生活状况报告（2018）》［C］// 国家语委．世界语言生活状况报告（2018）．北京：商务印书馆，2018：2.

本节内容发表于 2018 年第 4 期《江西科技师范大学学报》。原文题目是《汉语发展与汉语母语教育》，有改动。

第一部分

汉语革新与规划研究

第一章　胡适的革新与规划

第一节　一流白话文学的努力建设

白话来作文，白话来写诗，白话来做学问，白话亦可以来写作公文；因为白话才是影响“世道人心”的文学正宗，白话“一流文学”才是民众心中的标准国语。这是胡适一辈子坚守的汉语革新观念，也是这头“徽骆驼”一辈子为之努力的志业方向。白话革命，“功不唐捐”，没有谁这样执着。他的同辈没有，整个 20 世纪也很难再找到一个这样虔诚的“白话信徒”。那么，这位“白话信徒”的汉语革新思想是什么？胡适汉语革新思想对于 21 世纪的汉语建设又有哪些启示？

1.1.1　语言本体认识论：“世道人心”观

胡适倡导的白话革命，成果可谓多矣。然而，在我看来，就其初衷和本质来说，白话革命是一场汉语革新运动。[1] 因为汉语观念的巨大转变、汉语新格局的迅速确立，才是这场革命最重要的成绩。从观念来说，文言是古代的汉语，白话是现代的汉语，成为革命后从民间到官方的普遍共识；从实践来看，白话被确立为汉语正体，文言“退居二线”作为白话新元素产生的一个来源，形成现代汉语的新格局。这一格局形成之快，是包括胡适在内的几乎所有革命人士没有想到的。黎锦熙就曾说：“三五年工夫，居然办到寻常三五十年所办不到的成绩。”[2] 从《文学改良刍议》发表（1917）到当时的教育部下令全国国民学校一、二年级教科书改用白话文（1920）只有四年，而从胡适写作《如何可使吾国文言易于教授》发现“文言是死文字，白话是活文字”这一断论（1915），到鲁迅《呐喊》（1923 年 8 月）、周作人《自己的园地》（1923 年 9 月）等一批重磅级新文学作品问世，也只有八年。这之后，文言不仅在文坛，而且在课堂、在报刊传媒等各领域都大势已去，风光不再。

那么，为什么实行几千年的文言制度在不到十年的时间内一下子分崩离析，而由新的白话制度全面取而代之呢？换言之，文言制度之“破”何以如此迅速和彻底？这是值得今天的我们认真探讨的。

有人说，这是因为清末“国语运动”的合力推动；[3]有人说，这是由于 20 世纪初各种新潮流的强烈刺激；[4]有人说，这是因为这时期的中国出现了“产业发达人口集中”的经济新形势；[5]还有人说，这源于欧洲大战引发的中国人普遍的民族觉醒；[6]当然更有人坚称，“没有北京政府的发动、动员、领导、组织、立法和强制执行，文学革命不可能获得成功”。[7]我认为，胡适的“汉语死活论”在这里起了定海神针的作用。因为正是这一理论挫败了反对派，争取了包括反对派在内知识界的绝大多数人的同情、理解和支持，从而打赢了这场革命舆论战。完成这场论战的时间约在 1922 年。为此，胡适曾不无兴奋地宣布：“文学革命已过了议论的时期，反对党已破产了。从此以后，完全是新文学的创造时期。”[8]

所谓“汉语死活论”，是指胡适为白话革命而系统阐述的“文言是死文字，白话是活文字”这一汉语认识思想。它包括三个层面的认识和探讨：**一是词语层面，**即词语个体的“死”与“活”；**二是语言层面，**即文字言语系统的“死”与“活”；**三是哲学层面，**即语言本体意义上的“死”与“活”。胡适曾区分《尚书・大禹谟》中“惠迪吉”的“死”与“从逆凶”的“活”；[9]曾批评好友任鸿隽《泛湖即事诗》的“‘猜谜赌胜，载笑载言’二句，上句为二十世纪之活字，下句为三千年前之死句，殊不相称也”；[10]还曾写打油诗回敬友人梅光迪对于白话革命的非难，他说，“文字没有古今，但有死活可道。古人叫作‘欲’，今人叫作‘要’”。[11]显然，这些都是第一个层面词语层面“死”“活”的探讨。然而，胡适又说，“活文字者，日用语言之文字，如英法文是也，如吾国之白话是也。死文字者，如希腊、拉丁，非日用之语言，已陈死矣”。[12]这就是第二个层面语言层面的讨论了。在胡适看来，世界上有“死”“活”两种语言、两种文字言语系统。“活文字”是活在人们口头上的言语记录并与这些言语努力保持一致的文字；“死文字”是与当下人们的口语无关但却是可以借助交流的一套成熟的文字言语系统。说“白话”是“活文字”，因为它是从云贵到东北这一广大区域民众口语的记录，且有千余年历史，特别是产生过《水浒传》《三国演义》《西游记》以及《红楼梦》等文学作品。说“文言”是“死文字”，是因为它虽能帮助知识阶层做书面上的交流酬答，但这些书面语言却与他们实际的日常话语没有多少关联和对应。白话革命，当然不是个别“死”“活”词语的简单选择，而是要摒弃“死文学”“死文章”，创造“活文学”“活文章”。所以，“汉语死活论”主要表现为第二个层面即语言层面的探讨。就在这一层面，革命派与反对派双方观点很不一致，论战激烈。反对者梅光迪曾称，“夫文学革新，须洗去旧日腔套，务去陈言，固矣。然此非尽屏古人所用之字，而另以俗语白话代之之谓也”。[13]胡适在他的那篇著名的《答梅觐庄》一诗中明确指出，“不但文字如此，文章也有死活。活文章，听得懂，说得出。死文章，若要懂，须翻译。文章上下三千年，也不知死死生生经了多少劫”。[14]论辩双方很少妥协，胡适更是越战越勇。原来，语言层面论战的背后是第三个层面的激辩，即不同文学观念，本质上也就是不同哲学思想的较量与搏斗。反对者总在强调系于文学之上的“文化传统”的永续，警惕和防范这一传统的断绝。在劝告胡适言白话革命“须谨慎出之”时，梅光迪一再宣称：一，文学要有“永久之价值”；二，文学是“诗人美术家”之事而非“村农伧父”所为，“俗语白话固亦有可用者，惟必须经美术家之锻炼耳”；三，天下“无所谓‘活文学’”“文字者，世界上最守旧之物也”“所谓‘二十世纪之活字’者……仍是数千年来祖宗所创造者”。[15]此外，梅光迪还宣称，“吾国文学不振，其最大原因乃在文人无学”。[16]任鸿隽也认为，“假定足下之文学革命成功，将令吾国作诗者皆京调高腔，而陶谢李杜之流，永不复见于神州，而足下之功又何如哉？”[17]面对反对者的担心和非难，胡适的态度坚定而决绝。他认为，**文学的意义重在普及，重在影响“世道人心”**。所谓“世道”，就是社会风气，就是当下生命群体的精神风貌；所谓“人心”，就是民众思想，就是当下生命个体的思想状况。也就是说，“活文学”就是能够影响当下“生命主体”的那些文学。他说：

> 吾以为文学在今日不当为少数文人之私产，而当以能普及最大多数之国人为一大能事。吾又以为文学不当与人事全无关系。凡世界有永久价值之文学，皆尝有大影响于世道人心者也。[18]

他指出，大凡文学要有“我”和“人”；“有我就是要表现著作人的性情见解，有人就是要与一般的人发生交涉”；那些古文学代表，虽没有人却还有点我，但终究不能与“一般的人”生出交涉来，故仍旧免不了“死文学”或“半死文学”的评判。[19]所以，衡量文学的“死活”，就看其“世道人心”的影响力。他说，“我也承认《左传》《史记》，在文学史上，有‘长生不死’的位置。但这种文学是少数懂得文言的人的私有物，对于一般通俗社会便同‘死’的一样。”[20]可见，论辩双方气势咄咄逼人，所持的文学“死活”观更是势不两立，水火不容。在反对派看来，**文学追求传统的恒久，传统在，文学在，传统断，文学断**；而在革命派这里，**文学强调民众的影响，影响在，文学在，影响断，文学断**。这是第三个层面上的“死”与“活”。**一个活在“传统的赓续”，一个活在“民众的影响”**。前者看重的是一个与当下生命无关的“客体存在”，后者体察的是当下“生命主体”的精神状态。这是两种截然不同的汉语本体观、语言哲学思想。在这里，语言有“文化传统”与“世道人心”两个本体。反对派强调的是汉语“文化传统”的客体存在本体，革命派主张的是汉语“世道人心”的生命主体本体。很显然，革命派之所以胜利，是因为**他们拥抱的是汉语的“生命本体”**，而日见式微的反对派紧握不放的是一个“客体本体”。其实，把“生命本体”弃置一旁，也必然因为有某个“客体本体”让人们觉得更不能放弃。无疑，反对派放心不下的就是文言所传承的“文化传统”。

笔者认为，胡适强调影响“世道人心”的**汉语生命本体观是胡适最了不起的语言哲学思想**，也是其“汉语死活论”最深刻、最卓异的地方。正是这种语言哲学思想所强调的“世道人心”，让革命派在与反对派的论辩中抢占了上风，赢得了胜利。打赢这场革命舆论战，才是白话能够取代文言成为汉语正体的关键所在。在“世道人心”的影响上，白话与文言的力量对比悬殊。1918 年，胡适给好友朱经农的回信中，不无自豪地这样说道：

> 若把雅俗两字作人类的阶级解，说“我们”是雅，“他们”小百姓是俗，那么说来，只有白话的文学是“雅俗共赏”的，文言的文学只可供“雅人”的赏玩，决不配给“他们”领会的。[21]

语言（包括汉语）的本体是什么？胡适的“世道人心”观做出了响亮的回答。

1.1.2　汉语建设方法论："一流文学"观

白话革命的本质是一场汉语革新运动，但其基本目标是文学革命。胡适与其反对派的讨论差不多都是文学范围内的讨论，特别是集中于诗歌创作的激辩。但文学并非胡适白话革命的全部，更不是它的终极目标。这也是胡适与其反对派胸襟、格局高下的最大分别。首先，一开始，"文言是死文字，白话是活文字"这一论断产生的背景就不是文学，而是汉语文言教学。从《如何可使吾国文言易于教授》一文可以清楚地看到，将汉语文言打造成教育的利器、媒介的利器，竟是胡适的最初愿望。[22]然而，随着讨论的深入，汉语"文言"与"白话"两大系统的对垒浮出水面：一方面，文言的"死"、文言词的不精确、文言与现代生活的格格不入等感受，一股脑儿全蹦了出来；另一方面，白话"活"、白话"优美适用"，白话才是现代中国的标准语等认识，越来越清晰地展现在胡适及其战友甚至论敌面前。其次，白话革命之初胡适就宣称，白话要从文学到学术文甚至应用文全面取代文言。他说：

> 我们有志造新文学的人，都该发誓不用文言作文：无论通信，作诗，译书，做笔记，做报馆文章，编学堂讲义，替死人作墓志，替活人上条陈，……都该用白话来作。[23]

然而，白话革命基本上是由学界、民间发起的一场革新运动。因此，位于政府领域里的应用性公文改革成为汉语革新最难攻克的最后一座堡垒。所以，1928 年胡适曾郑重其事地写信给任职高官的学生罗家伦，劝他趁政府大改革的时机，"提议由政府规定以后一切命令、公文、法令、条约"都须用白话，用国语，并强调，"此事我等了十年，至今日始有实行的希望"。[24]然而，五四学生领袖罗家伦并没有很好地完成老师的要求和期盼。所以，1954 年，在台湾的一次演讲中，胡适还在高音贝呼吁："说的、写的、学的、用的……法律一切都是白话。然后，我们活的白话才可以有用处，才可以发生我们四十年前所期望的效果。"[25]可见，白话革命绝非仅仅针对文学的革命，胡适也绝非仅仅要做一个文学改革家。建设国语，打造民众广泛接纳的标准语，才是白话革命的核心目标。这样的构想，早在白话革命之初就非常清晰，也非常强烈。

然而，国语是什么？民众广泛接纳的新型标准语又在哪里？1918 年，胡适发表了白话革命的纲领性文献《建设的文学革命论》。他明确指出：

中国将来的新文学用的白话，就是将来中国的标准国语。造中国将来白话文学的人，就是制定标准国语的人。[26]

有关“白话”“国语”“文学”三者的关系，胡适在这里阐述得再透彻不过了。白话“文学”打造出来的“白话”就是正要制定的“标准国语”，就是将来民众广泛接纳的新型标准语。在胡适看来，国语必须仰仗于文学。他说，“国语没有文学，便没有生命，便没有价值，便不能成立，便不能发达”。[27]这就是胡适的深邃与远见！在胡适的汉语革新路线图中，文学是汉语建设的排头兵，是引领汉语发展最强大的力量，文学建设的高度与成就才是汉语建设的高度与成就。可以说，**“让伟大的文学家而不是教育部的公文来定出国语标准”是胡适最富胆略、最有眼光、最见个人独创性的汉语建设思路**。这也就是胡适，一个汉语革新家，倾力写作《国语文学史》《白话文学史》，高度评价周氏兄弟的小说、小品创作成绩的根本原因。

那么，胡适“让文学家来创建国语”的思想何以这样明确而坚定？或者说，“国语是由文学家创建的”何以成为胡适汉语革新中的一个重要思想？这是本文想重点探讨的第二个大问题。

白话革命十六七年后的1934年，国民政府发动以“四维”（礼义廉耻）“八德”（忠孝仁爱信义和平）为准则的“新生活运动”。一时间，“反对白话，复兴文言”之声甚嚣尘上。胡适为此写了《所谓〈中小学文言运动〉》作为辩护。他说：

老实说，我并不妄想“再请政府来彻底地革一下命”。我深信白话文学是必然能继长增高的发展的，我也深信白话在社会上的地位是一天会比一天抬高的。在那第一流的白话文学完全奠定国语标准之前，顽固的反对总是时时会有的。对付这种顽固的反对，不能全靠政府的“再革一下命”——虽然那也可以加速教育工具的进步，——必须还靠第一流白话文学的增多。[28]

简单分析这段话，不难得出下面的判断：行政行为与文学手段都是胡适曾经考虑过的汉语建设方法，但白话成为国语最根本的问题是要抬高它在民众心中的地位，而一流的白话文学在这方面较之行政行为更为深入人心，因而也更见成效。因此，提高白话文学的质量，增加其一流文学的数量和社会影响力，才是解决国语问题最重要的方法。

胡适晚年不无自豪地说："我治中国思想与中国历史的各种著作，都是围绕着'方法'这一观念打转的。'方法'实在主宰了我四十年来的所有著述。"[29]那么，胡适汉语革新的主要方法是什么？概括起来说，也就两个：一是历史的方法，二是科学实验的方法。可以说，"让文学家来创建国语"这一汉语建设思想就是来自这两个方法，或者说，就是坚持了历史方法与科学实验方法的统一。在胡适看来，历史是进化的，是一个不断进步的过程，主张白话取代文言就是为了顺应历史的进化过程。但白话能否真正成为国语，成为民众广泛接纳的新型标准语，这种设想，需要实验，需要"小心求证"。为此，他孜孜矻矻地寻找着一切证据。最终，他找到了两个方面的证据，都是历史证据。一是欧洲各国国语的创建史，二是中国自宋代以来的白话发展史。从第一个方面，他看到但丁、乔叟、马丁·路德的文学成就与意大利、英国和德国国语的密切关联，看到了这种关联对于国语建设的启示。他说，从"欧洲最早的国语意大利文"到"现在通行的世界语'英文'"，再到"法国、德国及其他国家的国语"，"大都是靠着文学的力量才能变成标准的国语的"。[30]于是，他从欧洲经验中找到了中国的白话，并重点尝试白话诗等文学实验。他出版了自己的《尝试集》，他欣喜刘半农、沈尹默一班朋友的热情襄赞；从周氏兄弟小说、小品的成功，他看到了白话革命的希望。从第二个方面，即中国白话发展史，他看到中国白话有着很好的国语建设基础；只是因为历史的另一种力量——文学的"贵族"因素——阻碍了白话发展为国语的自然过程。他说，"一千八百年前的时候，就有人用白话做书了；一千年前，就有许多诗人用白话做诗做词了；八九百年前，就有人用白话讲学了；七八百年前，就有人用白话做小说了；六百年前，就有白话的戏曲了；《水浒》,《三国》,《西游》,《金瓶梅》，是三百年前的作品；《儒林外史》,《红楼梦》是一百四十年前的作品。"[31]从留美期间开始，胡适就非常用心随时为白话的文学正宗地位寻求历史上的根据，他的《国语文学史》和《白话文学史》也总是在做反复的增补。他认为，将白话建设为国语，这绝不是一个什么人为的臆想，而是将其原本徐缓的自然过程变得自觉一些、快速一些罢了。他说，白话革命"不过是人力在自然演进的缓步徐行的历程上，有意的加上了一鞭。……从此以后，中国文学永远脱离了盲目的自然演化的过程，走上有意的创作的新路了"。[32]

2009年，程巍先生发表了《胡适版的"欧洲各国国语史"：作为旁证的伪证》一文。在这篇10多页的长文中，程先生对胡适文学立场的欧洲经验做了详细的资料爬梳和观点鉴别，这是非常值得学习的学术风范。透过程先生的细密查检和推理，后人确实应该相信，胡适的欧洲经验、胡适的文学立场，与对薛谢尔女士（Edith Sichel）《再生时代》（*Renaissance*）一书的阅读和借鉴很有关联。而且，由程先生的分析，我们不难理解，胡适的文学立场、胡适的国语建设理想确实绝非来自1917年初夏告别七年美国大学生活的归途上，而很可能萌发于上一年春夏之交写作《沁园春·誓诗》、誓言“文学革命”的那些“读书不乐”的日子。这也是笔者对程先生的学术功底和求真品格感佩不已的地方。不过，程先生由此出发，论证胡适的阅读潦草，论证胡适从词语到全书都有误读，并做出了两个方面的推断：一是所谓的欧洲经验及其文学力量完全出于胡适的“臆想”；二是“当时的北京政府是推动‘白话’这种北方地方语走向‘国语’的核心领导力量，而‘胡适之陈独秀一班人’无非是受政府的征召来从事文学革命的宣传鼓动工作的”。[33]

笔者认为，问题不能这样看。首先，欧洲民族语的创建动机、环境，还有他们的国家观念都很复杂，相比中国国情差别确实太大；但将中国的文言与白话的关系比作是欧洲拉丁语、希腊语与民族语的关系，这种大胆假设是有意义的，而且很有创见。一是这样做极富创造性地将复杂问题做简化处理，这在人文社科领域尤为可贵；二是它直接为当年中国的文言白话关系走出困境提供了实实在在的历史经验，这也非常符合胡适所追求的“致用哲学”思想。在我看来，胡适很少做那种纯学术研究，他总是为解决现实的困惑而去寻求科学的力量。其次，中国白话成为国语，当然不能否认北京政府的策略性“开明”；正如程先生所指出的，“在南方与北方处于分裂对峙的时代，北方政府试图以北方作为语言的中心和统治的中心，建立一个统一的政权，使南方‘北方化’”。[34]但笔者想强调的是，就白话革命来说，北京政府不是行为主体，充其量是，出于“统一国家”的需要，出于国家统一过程中能够更多地维护自身利益的考量，该政府见机行事、策略性地利用了民间运动的力量，做了一件于人于己于历史都有利的事情。白话革命原本只针对文言，只想废除文言、建造新的白话书面语，没有“统一语音”的目标；是国语运动与之合流，二者“联合”行动，使得白话革命取得了意想不到的战果。**读读当年胡适与陈独秀的书信对话也就不难明白，白话革命他们究竟是领导者还是仅仅一班被征召的“宣传员”。**胡适说，“此事之是非，非一朝一夕所能定，亦非一二人所能定”。[35]陈独秀答，“鄙意容纳异议，自由讨论，固为学术发达原则；独至改良中国文学当以白话为文学正宗之说，其是非甚明，必不容反对者有讨论之余地，必以吾辈所主张者为绝对之是而不容他人之匡正也”。[36] **两人通信讨论的时间是1917年的4–5月份。**这时胡适在美国忙着他的博士论文，自然与政府“征召”无关；陈独秀虽刚进了北京大学做文科学长，但他与蔡元培做会长的“北京政府”国语研究会一直保持距离。尽管该会会员后来发展到一万人以上，但没有资料表明他是这个机构的成员。所以说，称他们是“受政府的征召”来做“宣传鼓动工作”的，那也太小瞧新文化运动领袖的襟怀和格局了；**两位领袖都是站在民间的立场上倡导白话革命这场运动的。**

总之，民间的力量、文学的力量才是白话革命成功的根本保证。胡适晚年回忆，曾这样坦率地说：

> 我们当初假使必须要一个政府的大规模的力量，那我们也做不到。那个时候我们完全是私人、个人、无权、无势、无钱的作家。所以我们采用了一个很简单的口号，叫“写白话”。“写白话”，也就是用白话作文学。再说的详细一点，可以用五个字，叫作“汉字写白话”。[37]

今天我们在这里强调文学的力量、民间的力量在国语创建中的作用，就是想廓清汉语建设中文学建设的认识。**胡适当年绝非“臆想”的大胆设想，胡适从中西经验归纳出来的“国语是由文学家创建的”汉语革新思想，不仅为民国文学的辉煌、国语制度的创建准备了极好的理论支持和舆论推动力量，也为当今汉语现代化建设提供了极好的启示。**

当前汉语现代化建设最大的问题是什么？是汉语规则的失范，还是文学创作提振乏力？一个不争的事实是，当代文学并没有多少特别的证据证明当代汉语是世界上一种有别于西方语言（特别是英语）却很见气象和实力的民族标准语。无论是国人自己还是海外批评家们，都感到中国当代文学地位上升势头不强，就算莫言捧到诺贝尔文学奖也难以迅速扭转这一态势。这一发展状况直接导致中国的文化产业特别是与汉语关系密切的相关产业在国际市场上竞争乏力，诸如图书、影视剧、动漫作品等一时难以看到那种令人振奋的喜人局面。

中国现代化起步于汉语现代化。未来，中国现代化仍有赖于汉语现代化的健康发展。可是，眼下文学家们或闭门造车，或即兴应景，或纯粹私语性质的浅斟低唱，这都不是个别现象。笔者认为，一个重要的原因就是文学建设的原动力、创造力不够，短期行为太多。尤其值得检讨的是，文学并未置于汉语现代化的内涵当中来建设，甚至排除在汉语现代化的视野里。目前，中国语文现代化学会是中国汉语现代化建设的最高权威学术机构。可这个机构的专家组成还是清一色的语言学学者，所以很难指望这样的机构在文学方面能有什么气魄。应该说，20世纪50年代汉字简化、推广普通话给汉语现代化增添了新的内容。但汉语现代化如果置全球化趋势于不顾，仍然高唱周有光时代以汉字“四定”（定量、定形、定音、定序）为主题的“规范之歌”，那就必然影响甚至阻碍整个汉语现代化的发展。有关这方面的探讨在文学界当然有一些，但是文学界的争辩成果难以汇聚到汉语现代化的麾下。也就是说，目前中国知识界缺少的就是像胡适这样一辈子将汉语革新这个时代主题拧住不放的领袖型学者。

注释：

［1］陈独秀将白话革命纳入到以“民主”“科学”为基本诉求的“新文化运动”中。白话革命是比“民主”“科学”触动社会面更广，影响更为实际、更为具体的革命内容。

［2］［4］黎锦熙. 国语运动史纲［M］. 上海：商务印书馆，1934：129，130.

［3］胡适. 胡适日记全编3［M］. 曹伯言整理. 合肥：安徽教育出版社，2001：414.

［5］［28］胡适. 胡适文集5［M］. 欧阳哲生编. 北京：北京大学出版社，1998：177，438.

［6］赵静. 话语权力的交锋——对白话文运动的重新解读［J］. 西南民族大学学报（人文社科版），2003（6）：157.

［7］程巍. 胡适与“层累造成”的文学革命史［N］. 中华读书报，2011-01-12.

［8］［19］［36］胡适. 胡适文集3［M］. 欧阳哲生编. 北京：北京大学出版社，1998：262-263，238，255.

［9］［10］［11］［12］［13］［14］［15］［16］［17］［18］胡适. 胡适日记全编2［M］. 曹伯言整理. 合肥：安徽教育出版社，2001：459，443，438，260，444，439，445，338，450，428.

［20］［21］［24］［35］胡适. 胡适书信集（上）［M］. 耿云志，欧阳哲生编. 北京：北京大学出版社，1996：169，170，474，92.

［22］席云舒. 文学革命的序曲——论胡适的《如何可使吾国文言易于教授》［J］. 中国现代文学研究丛刊，2013（4）：195.

［23］［26］［27］［30］胡适. 胡适文集2［M］. 欧阳哲生编. 北京：北京大学出版社，1998：51，48，45，49.

［25］胡适. 胡适文集12［M］. 欧阳哲生编. 北京：北京大学出版社，1998：83.

［29］胡适，唐德刚. 胡适口述自传［M］. 合肥：安徽教育出版社，2005：100-101.

［31］［32］胡适. 白话文学史［M］. 上海：上海古籍出版社，1999：1，5.

［33］［34］程巍. 胡适版的欧洲各国国语史：“作为旁证的伪证”［J］. 北京：第二外国语学院学报，2009（6）：14，14.

[37] 胡适1958年的这篇讲演稿在大陆的所有“胡适演讲集”中都未见收录。但网上有一些根据其录音整理出来的文字稿，题目写作“胡适：中国文艺复兴运动”。其中一个网站的网址是 http://www.doc88.com/p-637728715621.html。

本节内容发表于2018年第2期《江西科技师范大学学报》。原文题目是《胡适汉语革新思想及其当代启示——兼与程巍先生商榷》，有改动。

第二节　现代汉语教育的全面跟进

中国现代化离不开甚至首先表现为汉语现代化与现代汉语教育。现代汉语教育稍晚于汉语现代化，它们的“联姻”与“合作”肇始于整整一百年前的“白话革命”——白话文运动。胡适是这场革命和运动的首倡者、主要推手与意见领袖，中国的汉语现代化与现代汉语教育深深留下了这位汉语革新领袖的清晰足迹与重要影响：正是胡适主张的白话革命所进行的汉语现代化探索确立了现代中国的语文格局、语文标准；与此同时，为确保白话革命的成功，亦即现代语文新格局的建立和现代语文新标准的达成，胡适又系统谋划和阐述了自己“面向白话”的汉语教育理想。于是，中国的汉语现代化与现代汉语教育因胡适的白话革命走上了一体化建设道路。胡适对现代汉语教育的影响表现在诸多领域：汉语现代化确立了以“白话”为主体的现代汉语新格局，以“八事”为基点的语文标准，以“自修”为主调的语文课程理念，以“文法”为亮点的语文课程内容和以“国语”为利器的语文课程目标。这些构成了20世纪初掀起的现代汉语教育的基本特征，也是我们深入探讨中国汉语现代化进程的入口和起点。

1.2.1　重适用，确立以“白话”为主体的现代语文新格局

白话是与文言相对的书面表达，是人们口头话语的记载和书面化，具有鲜明的时代气息和口语色彩，“适用”是其第一特性，在现代语文生活中独占鳌头。中国文言时代，白话一直被斥为鄙俚浅薄的“引车卖浆者言”，白话教育更是不可想象的呓语。然而，不无吊诡的是，胡适倡导白话与白话教育实际上是

从坚持文言与文言教育，欲使文言成为社会“利器”的探讨开始的。1915 年夏，美国康奈尔大学的清华学生监督处书记钟文鳌散发传单：“废除汉字，取用字母。”胡适对此发表文章和演说，并写了一篇名文——《如何可使吾国文言易于教授》（以下简称《如何》）。他观点明确，“今之文言，终不可废置”。[1] 然而，随着讨论的深入，文言的“死”、文言词的“不够”、文言意义的“不确定”，文言与现代生活的“格格不入”，这些感受一股脑儿全蹦了出来；另一方面，白话“活”、白话“进化”、白话“优美适用”，以及白话才是交流“利器”，白话才是中国的文学“正宗”，白话才是现代中国的“标准国语”，这些认识也越来越清晰地展现在胡适及其战友甚至论敌面前。于是，带着“前空千古，下开百世，收他臭腐，还我神奇”的誓言与“此业吾曹欲让谁”的豪情，汉语革新的“英雄”上路了：一场扭转中国语文格局的“文化革命”便由胡适在《新青年》上发表的《文学改良刍议》揭开序幕。从此，文言不再是唯一的典雅优美的中国语文，白话日益成为文化人士、普通民众甚至官方机构普遍接受、认可、赏鉴甚至重视的汉语现代书面表达。白话教育也因此同时成为中国汉语教育的核心课题。

说文言“死”，是因为文言虽可看、可读，但不可听、听不懂，琢句雕词，背离日常话语和现代生活实际。就像胡适所说，原本说“要”，却写成“欲”；本来说“坐轿”，却要写成“乘舆”；明明是“客子思家”，却要说“王粲登楼”“仲宣作赋”；明明是送别，却要说“《阳关》三叠”“一曲《渭城》”……说白话“活”，是因为白话记录和使用活脱脱的生活话语，“可读，可听，可歌，可讲，可记”，适用于现代生活的各个领域。[2] 胡适发现和论述的文言与白话的这一“死”一“活”决定了它们各自的命运，也奠定了胡适中国语文改造与语文教育变革的思想基础，中国汉语与汉语教育现代化、一体化建设由此起步。

应该说，最初在先秦，文言也是话语，也是白话，是经由“省略”和“美化”等手段雅致化也正统化了的白话。西汉以来，崇古传统盛行，与后世日常话语距离越来越远的先秦文言及其仿制品成为两千年一以贯之的汉语经典，从未更改过。在人们的观念上，文言与白话的古雅与俚俗的地位差别，直到《新青年》初期都不曾动摇。就是《文学改良刍议》一文，胡适也没有完全褪去文言的“体貌”来鼓吹白话。所以，白话革命前，虽有黄遵宪、陈子褒、裘廷梁等废文言、倡白话、讲言文合一的主张，更有梁启超半文半白、骈散杂糅的“新文体”创造，但清末白话仅仅局限在通俗文学、民间报刊等有限领域，不曾有整体语文格局上的重大变革。胡适发动白话文运动，立足于文言白话文字适用性的审察，着眼于现代中国语文格局的再造，以“历史的文学观念”考察文言白话此消彼长的历史演进过程，以比较和尝试、试验的科学态度论证了白话的正统地位，从而努力实现白话从散文、诗歌、戏剧到应用文以至学术文章全面取代文言成为全民族主要书面表达的现代语文格局。1918 年，在《建设的文学革命论》一文中胡适这样论述道：

> 我们有志造新文学的人，都该发誓不用文言作文：无论通信，作诗，译书，做笔记，作报馆文章，编学堂讲义，替死人作墓志，替活人上条陈，……都该用白话来作。[3]

这场被胡适视为“哥白尼式的革命”，也只经历六七年时间就宣告基本完成，其主要标志就是国家废止文言教科书而采用白话。这是包括胡适在内的所有汉语革新人士几乎没有想到的。1916 年年初，还在美国的胡适与友人梅光迪、任鸿隽、陈衡哲等就他的“作诗如作文”的“诗国革命”进行激辩。梅光迪等人“颇不以为然”的讥讽、反驳和坚决反对，激发了胡适白话革命的决心，思考不断走向深入。是年 8 月，他在《寄陈独秀》一信中指出“今日欲言文学革命，须从八事入手”。1917 年年初，以“八事”主张为核心内容的汉语革新方案在《新青年》上发表，一时应者如云。1919 年 4 月，当时的教育部设立“国语统一筹备会”，回国在北京大学任教的胡适受邀加入该会，并在其主办的国语讲习所以“国语文学史”等为题发表十多次演讲。国语就是白话。在胡适看来，一切方言都有国语候选资格，但是考诸实践，只有一种方言具备这个条件，这个方言就是以京白为主体的白话。[4] 1922 年，当时的教育部颁布法令，采用国语，也即白话，废止一切文言教科书。至此，中国以白话为主体的现代语文新格局逐步形成。

在“适用”面前，在现代化面前，在现代生活的需要面前，不仅胡适，不仅文学界，而且整个文化界，整个政界都选择了“白话”而告别“文言”，没有多少刺耳的杂音，也没有太多特别的留恋和不舍。这便是胡适白话革命的力量和影响。

1.2.2　重准确，创建以“八事”为基点的现代语文新标准

白话已做好选择。那接下去的问题是，什么样的白话才是现代生活所需要

的呢？对此，胡适提出了“八事”主张。“八事”主张起初是胡适白话文学建设目标的理想性描述和规划，随后便是他试图建设并重点阐述的“文学的国语”特质的描述和规定，包括“言之有物”“不摹仿古人”“讲求文法”“不作无病之呻吟”“去烂调套语”“不用典”“不讲对仗”“不避俗字俗语”八个方面。这些目标、理想，差不多与《如何》一文都有些关联，比如，“不摹仿古人”就与“讲书”法有联系，而“讲求文法”则明显源于对国文教授法的探讨。“八事”中，最核心、最有力、最见质感的，其实还是第一事“言之有物”。所谓“言之有物”，不是别的，而是白话应该而且能够“准确”描述和反映所陈事实，走出文言一味追求神似的“模糊”“浮泛”窠臼，努力提升现代语文的达意能力，展现现代人的理性意识、客观精神与科学态度；不仅所用之“言”是标准的现代语汇，所言之“物”也应是地地道道现代人视野、现代人胸怀中的“物”以及凝结于这“物”之上的现代人的情感、现代人的思想。换言之，白话文用现代话语、现代文字去描述、表现和传达现代人的喜怒哀乐、现代人的思想主张，其描摹、达意的“第一原则”，或者说“首要标准”是“准确”，是“具体”，是“清楚”，是“直白”，是一见到词人人都能做出“精准”的判断，无须进一步的比较、推理、分析和研究。现代社会追求的是“分秒必争”的快节奏，完全没有了“传统理念”中士大夫舒缓自如的闲情逸致。将“坐轿”写成“乘舆”，将“客子思家”说成“王粲登楼”，散发的便是旧式文人的腐臭味，这是胡适等革新派学者最痛恨、最急于纠正的，是白话革命最急于攻破的千年堡垒。1916 年至 1918 年，胡适有《寄陈独秀》《文学改良刍议》与《建设的文学革命论》三篇文章集中阐述他的“八事”主张，《文学改良刍议》一文首次将“言之有物”列为第一事，所述最为详备。

以“准确”为首要标准的“八事”主张引起海内外的热烈讨论和普遍响应。胡适的“标准国语”建设理论也因此迅速走向深化和系统化。《建设的文学革命论》一文就提出，未来要在建设“国语的文学”的基础上，建设中国“文学的国语”，并指出，“中国将来的新文学用的白话，就是将来中国的标准国语。造中国将来白话文学的人，就是制定标准国语的人”。[5] 正所谓“有了文学的国语，方有标准的国语”。可以说，“让伟大的文学家而不是教育部的公文来定出国语标准”是胡适最富胆略、最有眼光、最见个人独创性的现代语文标准建设思路。这一思路无疑来源于胡适对世界国语形成规律的考察。他说，从“欧洲最早的国语意大利文”到“现在通行的世界语‘英文’”，再到“法国、德国及其他国家的国语”“大都是靠着文学的力量才能变成标准的国语的”。[6] 所谓

“国语的文学，文学的国语”，就是要在建设白话文学，努力提升现代语文理性、客观、科学的描述能力、达意能力的前提下，全面打造与建构具有现代品格的中国语文。胡适期待中国的但丁和乔叟们。鲁迅、周作人是胡适最早发现的最优秀的“国语的文学”建设者，[7]他们的小说、散文等作品于是成为“文学的国语”“标准的国语”的典范代表。所以，1929年胡适为当时的教育部所拟的“高中国文课程标准草案”的“今语文”“选读名著”条目中赫然写有“鲁迅的小说集”“《现代日本小说集》(周作人译，世界丛书本)”。[8]这是中国最早列有现代作家名单的语文课程阅读书单。这一书单的列出，充分体现了胡适汉语与汉语教育现代化、一体化建设发展战略。在他看来，“真正有功效有势力的国语教科书，便是国语的文学，便是国语的小说、诗文、戏本”。[9]

鲁迅等“国语的文学”的建设实绩与1929年国语教育阅读书单的新气象展现的就是胡适现代中国语文标准创建“路线图”。值得指出的是，1921年8月5日胡适在安徽省立第一中学(今安庆第一中学)做的题为《国语运动与国语教育》的讲演最早明确宣示了他的汉语与汉语教育现代化、一体化建设战略。在国语运动方面，胡适的演讲不仅明确将其“国语文学的运动”看作清末“国语运动”的一个新发展和重要组成部分，还特别强调，清末以来的“国语运动”与“白话文运动”是这特殊时期的“联合运动”，二者在两个不同领域展开。前者以“读音统一”为抓手谋求“国语的统一”，后者以“国语的文学”为突破口建设“文学的国语”，最终这场“联合运动”将“打破他们和我们的区别”，从而让“小百姓”与“士大夫”不再因古文和国语而分为两个阵营。[10]紧接着，胡适就谈到国语教育。他认为国语教育首先不是简单的从文言到白话的转换或翻译工作，而是教育理念上的根本转换和更新。他特别强调儿童国语教育要重视“儿童的文学”教育，因为更多的是文学的教育力量而不是其他力量让儿童和成人主动、顺利地接受国语并积极开展他们的国语写作和传播的。在此之前的1920年，胡适曾热情称赞当时的教育部关于全国国民学校一、二年级改授国语的训令，认为“这个命令是几十年来第一件大事”，[11]其意义是在将皇帝赶下来的辛亥革命之上，自然也在国语运动本身之上了。

1.2.3　讲实践，倡导以“自修”为主调的语文课程新理念

从胡适的汉语与汉语教育现代化、一体化建设思路的形成来看，1915年写作《如何》一文那“三日夜”的思考实在太重要、太可贵了。他一边讨论汉语

教授法，一边却发现了文言白话“死”“活”分明的汉语发展“断论”。汉语教育的寻常课题带出了汉语改造、汉语现代化建设的世纪主题。自然，白话革命、国语运动的最终完成，必然需要汉语教育的有力配合。所以，在推进白话运动的同时，胡适就在谋划汉语教育的革新。他曾多次就“中学国文的教授”一题发表讲演，对汉语教育的目的、课程、教材与教授法、文法与作文等各项表示持续关注。他所给出的意见，全面、具体、高屋建瓴，在现代中国语文“课程建设史上具有开创性的意义”[12]。其中，贯穿了一个核心观念，就是强调语文实践，要树立教师少讲、学生多读的语文“自修”理念。

1920年，在北京高师附属中学国文研究部，胡适发表了演讲。这篇演讲是胡适白话革命后就现代语文课程建设“系统地发表个人见解的第一篇重要文字”[13]。胡适主张，无论是国文还是国语，都要放手让学生去读、去看、去自修、去实践。要读作家作品，不要去记文学史。首先要看小说，“看二十部以上，五十部以下的白话小说”，包括“《水浒》《红楼梦》《西游记》《儒林外史》《镜花缘》《七侠五义》《二十年目睹之怪现状》《恨海》《九命奇冤》《文明小史》《官场现形记》《老残游记》《侠隐记》《续侠隐记》等等”。[14]小说的教授法是，“由教员指定分量，——自何处起，自何处止，——由学生自己阅看。**课堂上止有讨论，不用讲解**”。[15]古文最重要的也是学生自己看。一个中学堂的毕业生应该自修的古文书包括：“（a）史书：《资治通鉴》或四史（或《通鉴纪事本末》）；（b）子书：《孟子》《墨子》《荀子》《韩非子》《淮南子》《论衡》等等；（c）文学书：《诗经》是不可不看的，此外可随学生性之所近，选习两三部专集，如陶潜、杜甫、王安石、陈同甫……之类。”[16]1922年，在有18个省区366位代表参加的中华教育改进社第一届年会上，胡适做了第二次同题演讲。两年前“没有什么标准，全凭理想立言”，让胡适有些许失败感；但却因此发现古书“整理”的必要，自修“设备”的必要。也就是说，胡适的语文课程自修理念没有发生任何动摇，而是走向学生实际了。如何整理古书，怎样让学生拥有适宜自修的设备？胡适提出了如下意见：一是加标点符号，二是分段，三是删除繁重的、迂谬的、不必要的旧注，四是酌量加入必不可少的新注，五是校勘，六是考订其假，七是作介绍和批评的序跋。他认为，有这番工夫整理出来的《中学国故丛书》，学生的“自修”就不怕了。十年后的1932年，胡适在北平中等教育暑期讲演会上，第三次以“中学国文教学法”为题发表讲演。“能认真读过三四十部整理过的古文名著，且能鉴赏了解”这条强调学生“自修”的条款在胡适新拟的国文标准里赫然在目。[17]可见，讲求语文实践，倡导以自修为主调的语文课程理念，是胡适不变的语文教育理想。

胡适的语文自修理念落实在课堂上，一是要求学生讨论，二是讲求演说和辩论。在胡适的理想中，国语课堂上，小说的学习是讨论，国文课堂上，也主要是“大家讨论所读的书的内容”，此外就是“学生质问疑难”或教员补充“一些参考资料”了。胡适特别指出，“教员不当把一点钟的时间自己占据去，教员的职务在于指点出讨论的错误或不相干的讨论”。[18]他同时认为，“国语文既是一种活的文字，就应当用活的语言作活的教授法。演说、辩论……都是活的教授法，都能帮助国语教学的”。[19]在他看来，“凡能演说、能辩论的人，没有不会做国语文的。做文章的第一个条件只是思想有条理，有层次。演说辩论最能帮助学生养成有条理系统的思想能力”。[20]

1.2.4　讲理性，规划以“文法”为亮点的语文课程新内容

文法，就是文章的书写法规，是可以言说的关于文字、词语、短句以及句子的组织编排规则。然而，因为中国文法的相对简单，因为中国语文的“人治”特性，因为中国孤立“几千年不曾有和他种高等语言文字相比较的机会”，文法学一直竟告阙如，直到清末马建忠的《马氏文通》问世，才见术语较为完备、论述较为系统的研究。但马建忠没有进化观念，他认为文法“有一成之律贯乎其中，历千古而无或少变”，所研究的文法竟是到韩愈止的“一千年前的文法”，对白话文法则毫无涉及，更不用说二者的联系比较了。

胡适早在1915年就有对中西文法知识状况差异的思考。在《如何》一文中，他就明确提出：

> 吾国文本有文法，而古来从未以文法教授国文。今《马氏文通》出世已近廿载，而文法之学不治如故。夫文法乃教文字语言之捷径。今当提倡文法学，使普及国中；又当列“文法”为必须之学科，自小学至于大学，皆当治之。[21]

国人不治文法，也从不以文法来教国文，这是胡适所发现的中西语文建设与语文教育的一个重要差别。“文法是教文字语言之捷径”“自小学至于大学，皆当治之”，是胡适改进文言教育就有的主张，更是他日后倡导白话革命、标准国语以及国语教学法理论建设特别重视、一以贯之的主张。从课程内容来说，

文法的教与学是胡适规划的最理性、最新颖、最有现代意识的语文内容。

没有可以言说的文法概念和文章书写法规，字词的组织、句子的编排自然成为一笔糊涂账。于是，“神而明之”的聪明人，“书读百遍，其义自见”的笨拙人，大行其道；而大多数人国文学习的“不便利”一直无人问津。这样一种局面当然不利于文言的教授、学习，当然也不利于标准国语或者说现代语文标准的建设，更无助于让这些“民族的常识的结晶”成为更多国语学习者的学习捷径、更多国语运用者的语言自觉。“治文法”“教文法”“学文法”，增强了国文与国语知识的科学性、规范性以及教学的有效性，于是成为胡适汉语与汉语教育现代化、一体化建设的一项核心内容。

在这以后的历次有关汉语建设与汉语教育的讨论中，胡适都在倡导国人要向西文学习，注重文法的研习和训练。在《文学改良刍议》的“八事”主张中，“须讲求文法”被胡适作为第三事来强调。在第一次《中学国文的教授》讲演中，胡适将《文法要略》课程调整为《文法与作文》，意在强调文法知识学习的实用性、有效性和重要性，并指出“以后中学堂的国文教员，应该有文法学的知识，不懂文法的，绝不配做国文教员”。[22]胡适对“文法”的探讨持续了十多年的时间，撰写了《国语的进化》《国语文法的研究法》《作文不讲文法之害》等三十多篇相关文章，并在1920—1921年完成了专著《国语文法概论》。在这部讨论国语文法的代表作中，胡适讲国语的文法，也讲古文的文法，重视国语与古文文法的“对照比较”，重视文法的“历时”“共时”归纳，并谈到古文与白话互译是练习文法的好方法。胡适特别指出，白话应用能力的增强，一个突出的原因在于它将文言文法的“繁难不整齐”改造得“简易划一”，好记忆，也好掌握。比如，白话既淘汰了文言中人称代词的“吾我之别”“尔汝之别”与“彼之其之别”，也摒弃了辅助代词“者”“所”的区别，统一用“的”来完成它们的特殊指代。而“谁、孰、何、奚、曷、胡、恶、焉、安”等复杂而不整齐的疑问代词则简化为两个，“谁”指人，“什么”指物，且不分主语、宾语与所有格。至于含有否定词的倒装句式在白话里一律变成“正格”语序，更是胡适在多篇文章中反复强调的文言与白话的文法差异。胡适指出，白话文法的这些变化大大增强了它的应用能力，他说，“改变的动机是实用上的困难，改变的目的是要补救这种实用上的困难，改变的结果是应用能力的加多”。[23]

文法就是语法，但胡适提语法很少。一个很有可能的原因是，在胡适的学术视野里，言语的不通、不顺现象，远远没有白话书面文字来得严峻，叫人担忧。因为说话者有语境、语调等条件可及时去修正。更重要的是，胡适一辈子所关注的主要还是书面的白话。至于实际的言语对话，特别是乡音乡调千差万别的方言口语，其实胡适的考察较少，讨论较少，尽管胡适那么重视话语，看好言语，孜孜矻矻一辈子为白话的进步、正宗做辩护和论证。这是胡适与赵元任的不同，更是胡适与瞿秋白的差距。

1.2.5　讲自由，引导追求以“国语”为“利器”的语文课程新目标

胡适讲自由、讲个性，是中国少有的自由主义者与个性解放倡导者。他抄录宋代改革家范仲淹的名句“宁鸣而死，不默而生”，鞭策自己、警醒世人。他与学生罗家伦一道翻译《娜拉》，推介“易卜生主义”，发展个性和天才性，“救出自己”。其实，胡适追求的是两个层面的个性与自由：一是时代的个性、时代的自由，二是生命个体的个性与自由。对于前者，他强调“不师秦七，不师黄九”“不摹仿古人”，不做古人的鹦鹉，要“造今人之文学”；对于后者，他强调“不作无病之呻吟”，要“词必由衷”，抒写作者自己“高远之思想”“真挚之情感”。这两个层面的个性与自由追求，极其巧妙、极其深刻地融入他的语文“利器”观中，成为其汉语与汉语教育现代化、一体化建设的重要思想组成部分。

语文“利器”观，最初由《如何》一文所阐述，是胡适一生坚守的信念。古语说，“工欲善其事，必先利其器”。有了这“利器”，什么都好办，什么都有希望。

“自由发表思想”本是1912年的《中学校令实施细则》就有的课程目标。正如胡适所评析，这样的标准是失败的，因为中学课堂并没有为学生提供这样的语言、这样的“利器”。中学教员硬塞给他们的是与“自由发表思想”相龃龉的千百年前古人的文字和腔调。硬要学生按古人的腔调“说古人的话”，“自由发表思想”必然只能是一个欺世盗名、好看无意义的门面摆设。旗帜鲜明倡导白话，堂堂正正教授国语，将国语打造为现代中国人人人都能掌握的交流、达意的“利器”，“自由发表思想”便有了实际的依托和保障。这便是胡适高于前人的地方，也是语文转向、语文格局发生变革以及汉语与汉语教育现代化走向一体化建设的历史必然。

因为有这样的利器观，所以胡适的“八事”主张中有“五事”都是纯语言要求，[24]即“讲求文法”“去烂调套语”“不用典”“不讲对仗”和“不避俗字俗语”。另外“三事”，即“言之有物”“不摹仿古人”“不作无病之呻吟”也与

语言紧密关联。可以说，关注文字，关注语言形式，“**文学革命的主要意义实在只是文学工具的革命**”，是胡适感触最深的认识，也是他冲破反对者们的重重围追堵截，赢得国内文化界普遍响应的成功策略。面对梅光迪、任鸿隽等同学的抨击，面对梁启超、章太炎、陈寅恪等“文化大鳄”的质疑和反对，胡适曾有自己痛彻心扉的思考。他的回答是，“**我也知道光有白话文算不得新文学，我也知道新文学必须有新思想和新精神。但是……若要造一种活的文学，必须有活的工具**……有了新工具，我们方才谈得到新思想和新精神等等其他方面。这是我的方案”。[25] 他说，“欧洲各国的文学革命只是文学工具的革命，中国文学史上几番革命也都是文学工具的革命”。[26] 他强调，“**形式上的束缚，使精神不能有自由发展，使良好的内容不能充分表现**。若想有一种新内容和新精神，不能不先打破那些束缚精神的枷锁镣铐”。[27]

因为有这样的利器观，所以胡适在他所拟的各个版本的语文课程标准中，都将“用国语自由发表思想”作为课程目标的第一款，或者说第一目标。在1920年版中，胡适具体说明道，“人人能用国语自由发表思想，——作文，演说，谈话，——都能明白晓畅，没有文法上的错误”。1922年版是上一版的延续，但是胡适特别明确地强调说，“我们认定一个中学生至少要有一个自由发表思想的工具，故用‘能作国语文’为第一个标准”。在1929年版中，胡适将“用国语自由发表思想”分述为“发展学生运用今语文叙事、说理、表情的能力和技术”。在1932年版中，胡适是这样表述的，“能运用国语文自由发表思想、作文、演说，而无文法错误”。与第一版相比，除了表述更为精练，没有多少差异。从这十余年语文课程标准四个版本的回顾中，不难看出，胡适对于自由的坚守，主要基于他对于国语作为自由表达“利器”的坚守。

注释：

[1][21] 胡适．胡适日记全编2[M]．曹伯言整理．合肥：安徽教育出版社，2001：259，262.

[2] 胡适坚信白话也能适用“诗”，诗是白话的最后一个堡垒，故有其《尝试集》。

[3][5][6][9][11][14][15][16][18][20][22][23][27] 胡适．胡适文集2[M]．欧阳哲生编．北京：北京大学出版社，1998：51，48，49，47，164，154，155，158，159，156，160，349，134.

[4] 胡适认为方言升为国语必须满足两个条件：一是传播广，二是有影响力很强的文学。以京白为主体的白话从东三省到云南贵州都是它的流传区域，而《水浒传》《红楼梦》都是京白作品。

[7][19]胡适. 胡适文集3[M]. 欧阳哲生编. 北京：北京大学出版社，1998：263，603.

[8]胡适. 胡适日记全编5[M]. 曹伯言整理. 合肥：安徽教育出版社，2001：470.

[10]胡适. 胡适日记全编3[M]. 曹伯言整理. 合肥：安徽教育出版社，2001：414.

[12][13]顾黄初. 顾黄初语文教育文集（上）[M]. 北京：人民教育出版社，2002：546，547.

[17]梁心. 胡适关于中学国文教育的三次讲演——侧重第三次讲演[J]. 社会科学研究，2009（1）.

[24]胡适. 胡适书信集（上）[M]. 耿云志，欧阳哲生编. 北京：北京大学出版社，1996：84.

[25][26]胡适. 胡适文集1[M]. 欧阳哲生编. 北京：北京大学出版社，1998：156，147.

本节内容发表于2016年第9期《学习与实践》。原文题目是《胡适对现代汉语教育的主要影响》，有改动。

第二章　瞿秋白的革新与规划

第一节　汉语革新接力的瞿氏“文腔革命”

瞿秋白（1899—1935）与胡适（1891—1962），相差八岁，都是 19 世纪的“90 后”。但据许纪霖知识分子代际划分办法，他们分属于“五四”的师生辈，是不折不扣的两代人。胡适跻身于中国第一代现代知识分子，与陈寅恪、梁漱溟、陈独秀、李大钊、鲁迅、周作人一辈；瞿秋白则要纳入第二代，与傅斯年、罗家伦、冯友兰、顾颉刚、张国焘、邓中夏、许德珩、毛泽东一道，组成五四的新生代。[1] 这两代人，“五四”时有联合，有默契，“五四”后却充满冲突和斗争。然而，我认为，同为“五四”洗礼，一起走过“五四”，他们对文化救国、文化兴国、文化强国都有一份信念、热情与执着。瞿秋白与胡适，各有不同的志业取向与人生追求，但在中国文化的变革与建设方面却有很奇特的人生交集。

2.1.1　汉语革新接力赛：瞿秋白的远与快

“五四”两代知识分子都有大志向，却很不相同。胡适做过教授，做过校长，做过国家研究院院长，还做过驻外大使，甚至差点竞选国家总统；但在我看来，他的志业主要还是做一个文化革新家，首先是做一个语文革新家。还在美国读书、刚满 24 岁时，胡适就以诗明志，写作《沁园春·誓诗》（1916 年 4 月 13 日初稿）这首词，明确向世人宣示了自己的人生志向：

文学革命何疑！
且准备搴旗作健儿。
……
此业吾曹欲让谁？[2]

废弃“文言”，倡导“白话革命”，做一个纯粹的语文革新家、文化革新家，是胡适一生的坚守，也是其终生的荣耀。瞿秋白呢？先是做驻外记者，继而做大学翻译和助教，回国后做报刊主编，做大学系主任、教务长，一直做到“教育部长”（中华苏维埃教育人民委员），但他的志业是做一个革命家，一个让小百姓、让广大民众、让整个无产阶级掌握自己命运，从而实现世界大同的革命家。写于第一次回国不久、革命处于低潮的《铁花》一诗表明了作为一个共产主义者的瞿秋白坚定的革命志向：

我真爱上了，舍却不忍。

不是那轻挥羽扇，妙舞回旋的——
而是那胼胝满目，——是有力的掌。
工厂里燃着不熄的火苗，
照耀我这壮勇无畏的胸膛。

我吹着铁炉里的劳工之怒，
我幻想，幻想着大同，
引吭高歌的……醉着了呀，群众！[3]

这一年，瞿秋白也是24岁。这样两个志向不同、命运也不同的“五四”两代人却又有不少很有意味的人生交集。不仅职业上相通，还有短暂的友情交往、师生之谊，更有共同的历史使命感与文化革新追求。其中，最有意趣、最叫后人迷恋和怀想的要数他们心灵深处藏着的那份默契：他们一前一后共同承担了20世纪中国汉语革新的接力赛。

为倡导、打造一种新型的白话文学，胡适在1917年至1922年的六年时间里先后发表、出版了一系列的文章、演讲和专著。从《文学改良刍议》（1917）、《建设的文学革命论》（1918）到《胡适文存》（1921）、《国语文学史》（南开油印本，1922)，胡适系统地阐述了白话革命的“八事”方向、白话文学的正统地位、白话与国语建设的紧密关联。可以说，呼唤中国的但丁、乔叟和马丁·路德，并期待将这样的白话文学大师、民族文学典范的作品和表达方式确立为标准国语，是胡适白话革命的核心目标，即所谓“文学的国语，国语的文学”。因此，随着鲁迅《呐喊》(1923年8月)、周作人《自己的园地》(1923年9月)等一批重磅级新文学作品的问世，随着文言教科书的废止(1920年1月)、新学制的全面建立(1922年11月)以及涵盖小学、初中和高中的《课程标准纲要》的正式刊布(1923年6月)，白话创作、国语教育成为普遍的文化自觉甚至国家意志，胡适的语文革新也就宣告基本完成，时间约在1923年。

也就在1923年年初，瞿秋白回国主持党的理论宣传工作。在集中主要精力宣传马克思主义理论的同时，他对中国文坛也有观察。年底，就在自己主编的《新青年》，瞿秋白发表了《荒漠里——一九二三年之中国文学》。这篇评论对新文学的实绩，对胡氏语文革新“四五年来的努力”，做了全景式的描述和评判。整个述评饱含着瞿秋白对新文学发展现状的无限感慨，也表现出他对新文学、对“文学的国语，国语的文学”的目标有比胡适更高的希望、更多的期待。一方面，他在感慨新文学“荒凉的沙漠，无边无际”；另一方面，他又在“沉心静气地听，听荒漠里的天籁”，在“凝神壹志地看，看荒漠里的云影”，在憧憬和期待新文学拨开云影、展露普照大地的太阳的那一天。他认为“‘中国的拉丁文’废了，中国的现代文还没有成就”，鲁迅先生还在“独自‘呐喊’”“周作人先生的‘自己的园地’，也只长出几株异卉”，胡适“‘文学的白话，白话的文学’都还没有着落”。他期待新文学里能听到民众的“劳作之声”，他期待新文学能摒弃“翻译”腔调，彰显出更鲜明的“现实性和民族性”，他期待新文学是“中国活人”说出的“听来流利”的地地道道的“中国话”。[4]这是瞿秋白作为革命家和中共高层对于胡适汉语革新的初步研判。八年后，瞿秋白从党的最高层转入文艺战线。这时，“中国文学革命，已经有了相当的局面”，但他对新文学的期待一如既往。写于1931年5月30日的《鬼门关以外的战争》(以下简称《战争》)一文，可以看作瞿秋白语文革新的纲领性文献。他在文章中明确指出：

> 现在没有国语的文学！而只有种种式式半人话半鬼话的文学，——既不是人话也不是鬼话的文学。亦没有文学的国语！而只有种种式式文言白话混合的不成话的文腔。[5]

正是基于这样的认识与考察，瞿秋白提出了“第三次文学革命”的概念，倡导“文腔革命”。所谓“第三次文学革命”，就是说中国“新的文学”，在瞿秋白看来，要经历三个阶段。第一个阶段是旧式白话小说阶段。那时，吴稚晖等人提倡白话，只是“偶一为之”，并没有废除文言的主张，然而受市场的支配，《二十年目睹之怪现状》(1903—1910)、《官场现形记》(1903—1906)、《老残游记》(1903—1906)等，从礼拜六派中脱颖而出，不仅文言一天天少，白话一天天多，而且表现了反官僚、反帝制，改良礼教的“新道德”。第二个阶段就是新式白话阶段。这个阶段真正要创造“新的文学”，既明确树起“建设‘国语的文学’的旗帜”，又有“推翻礼教主义的共同倾向”。遗憾的是，“新文学的市场，几乎完全只限于新式智识阶级——欧化的智识阶级”，所用的新式白话，“就是识字的高等人也有大半看不懂”。因此，“新的文学”需要有“第三阶段”革命——“文腔革命”。所谓“文腔革命”，就是推翻文言为正统文学后，要摒弃旧式白话的文言残余，要从新式白话的翻译“洋腔”中解放出来，建立具有鲜明“现实性和民族性”的“现代的普通话的文腔”，建设“现代普通话的新中国文”。[6]何谓“普通话”？何谓“新中国文”？在瞿氏汉语革新规划里，在瞿秋白现代中国语文新格局的理想蓝图中，“普通话”与“新中国文”是一体的，或者说，语音与文字两种不同形态的中国话是一致的，“听的言语”与“看的文字”是一致的，即所谓“言文一致”。为了实现“言文一致”，“普通话”与包括北京话在内的任何方言保持“中立”，类似欧洲世界语的“南腔北调”；“新中国文”也有别于传统汉字点横竖捺的象形制，采用新的文字形态，即拉丁字母及其表音制。

为了实现这一新目标，完成瞿氏汉语革新的新任务，瞿秋白在《战争》之外，撰写了《学阀万岁！》《普通中国话的字眼的研究》《中国文学的古物陈列馆》《中国文与中国话的关系》《中国文与中国话的现状》和《汉字与中国的言语》《新中国的文字革命》等一系列文章。[7]同时，他还与俄国汉学家龙果夫、郭质生等人一道真的研制出一整套以拉丁字母为规范的“新中国文”书写方案，出版了《中国拉丁化的字母》的小册子，撰写了十余万字的《新中国文草案》的初稿和订正稿。所有这些工作都是在1929年至1932年的四年时间里完成的，即瞿秋白第二次赴俄以及回国期间。

瞿秋白“文腔革命”是胡适“白话革命”的新目标、新阶段、新境界。一方面，“文腔革命”捍卫、继承和深化“白话革命”的成果——建设“现代普通话的新中国文”，就是要建设真正的“文学的国语”和真正的“国语的文学”；

另一方面，“文腔革命”反思、扬弃“白话革命”的局限、妥协甚至保守。胡氏汉语革新虽有现代中国语文生活的全面规划、设计，胡适也曾明确要求从“通信，作诗，译书，做笔记”到“作报馆文章，编学堂讲义，替死人作墓志，替活人上条陈，……都该用白话来作”[8]，这些规划、设计和要求也确实引发了中国千年语文格局的大变革。文坛也好，中小学课堂也好，都呈现出白话是主角、文言是配角的崭新气象。但是，正如瞿秋白所指出的：

> 在一般社会生活里面，文言的东西还占着统治的地位。“新文学界”只顾到自己的小团体，他们和旧式白话文学讲和平，甚至于与一般的文言讲和平，而没有积极的斗争，那么，他们只有更加摧残自己，恶化自己——把新文学的言语自然而然的弄成文言白话杂凑的怪物。这所以和民众生活之中产生的“新的言语”的过程隔膜起来，而且对于这种过程无意之中加以阻碍。[9]

新文学这样一种局面，自然很难听到来自民众的“劳作之声”，很难听到那种“听来流利”的“中国活人”说出来的地地道道的“中国话”，很难听到一般日常生活中每天都在创造的新鲜活泼的“新的言语”……一句话，很难真真切切听到“现在人口头上讲的话”。

自然，在瞿秋白看来，新文学这样一种局面与胡适所宣称的目标“文学的国语，国语的文学”尚有距离。实行“文腔革命”，将“白话革命”进行到底，建设“现代普通话的新中国文”，让“中国文”能够真切地描述现代中国话，也为了让普通民众更快地掌握和运用“中国文”，便成为无产阶级革命家的一项义不容辞的责任和担当。于是，政治革命家与文化革新家一道承担起了20世纪中国汉语革新的接力赛。

2.1.2 汉语革新新境界：承继性、彻底性与超越性

（一）出发点：更深沉的民众关怀

胡氏汉语革新是建立在时代关怀上的，其革新的哲学基础就是文学进化观。“历史的眼光”“进化的观念”，这是胡适年轻时就树立起的哲学思想。文学的进化观、语文的现代性追求，可以说，是胡氏汉语革新最动人、最闪亮的地方。在酝酿白话革命的时候，在阐述白话革命理论的时候，在回击保守派对白话革

命的讥讽、异议和反对的时候，胡适都一再强调，“一时代有一时代之文学”。他指出，“周秦有周秦的文学，汉魏有汉魏的文学，唐有唐的文学，宋有宋的文学，元有元的文学。《三百篇》的诗人做不出《元曲选》，《元曲选》的杂剧家也做不出《三百篇》”。[10]这种古人有古人的文学，今人有今人的文学，文言是古人的，白话是今人的，文言是僵死的，白话是进化的时代关怀，是他倡导白话革命的全部思想基础。自然，胡适的时代关怀不乏平民关怀，不乏对下层百姓的留意和关心。他的“上层”“下层”的“双重的文学”思想就是最好的证明。胡适认为，中国几千年的文学史有“双重的进化”趋势：一是上层的贵族文学、文人文学、私人文学和朝廷文学，这是毫无价值的模仿的文学，失去生气的文学，死了的文学；二是下层的老百姓的文艺、活的文艺，白话写的文艺，人人都能懂、人人都能说的文艺。[11]他曾说，“普通的人民——街市与乡村的男人和妇女——他们所用仅有的一种语言，也就是他们本乡本土的语言，创造了一种活的文学，有各色各样的形式”。[12]但是，这种双重文学思想直到晚年胡适才逐渐清晰起来，他的平民思想毕竟是浮泛的、若隐若现的。从他对白话的“白”的阐释就能窥见这一信息。他多次说到，所谓白：“一是戏台上说白的‘白’，就是说得出，听得懂的话；二是清白的‘白’，就是不加粉饰的话；三是明白的‘白’，就是明白晓畅的话。”从这三层意思的解说里，不难看出，胡适的“白话”民众色彩模糊、黯淡。

相比之下，瞿氏汉语革新的民众关怀是鲜明的、一以贯之的。早在1923年，瞿秋白就喊出了他对新文学疏离民众的感慨和不满：“劳作之声还远着呢”“那手足胼胝的蠢人，那里在诗人眼里。”他不无揶揄地嘲讽道，“只是幼稚的中国无产阶级，受尽了各方面的压迫，真正是‘穷党’，那里谈得起文化的”。[13]他又不无自嘲地感叹道，“劳工的诗人，你们问瞿秋白讨债去”。八年后，他在《战争》一文中又明确指出：

> 对于上等人，也许可以满意“现代文言”——用来日常应用，新式白话——用来写高级趣味的文艺作品，社会科学的著作等等。只苦了下等人！不要紧，用旧式白话写几本“连环图画”，给你们看看，咱们这样分工合作劳资互助罢！[14]

正因为一直站位于民众，一直立足于民众立场，一直保持着这样一种深沉的民众关怀，所以，瞿氏汉语革新有着鲜明的民众基调。第一，坚持民众取向的评判标准。在瞿秋白看来，能够真切记录民众的言语，充分反映民众的声音，并让民众迅速掌握新式语文，才是衡量、评判汉语革新的首要标准。比如，评判译文的“顺”与“不顺”，瞿秋白曾这样答复鲁迅，“如果写的不是中国文……那么，即使顺得像严又陵那样的古文腔调，也和现在活着的三万万几千万的活人两不相干”。[15]第二，革新方案注重民众生活实际的考量。为何要研制一套以拉丁字母为规范的中国文书写方案？为何要痛下决心完全、彻底地废弃中国的象形文字制度？其中一个最简单也最充分的理由就是中国象形汉字对于民众来说太难掌握，时间不够，财力更不够。他说，现在活着的这几万万中国人单是为着学会运用这种最低限度的工具尚且要花费十年八年功夫，那么，他们到什么时候才能去学哲学、科学、艺术、技术等现代知识？[16]第三，“新中国文”方案设计倾向于维护民众利益。同样是运用罗马字母来拼写中国话，所谓“国语罗马字”所设计的是“国语方案”；瞿秋白所设计的，则是“普通话方案”。相对于国语的浓重官方色彩和绅士气息，普通话代表的是“五方杂处”的普通大众。瞿秋白看好普通话，认为“它有极大的发展的前途”。他是普通话最早的倡导者，也是定义普通话、详细阐述这一概念最早的学者。[17]他说，“几万万的中国民众都应当能够运用这种全国的普通话”。更为重要的是，“国语罗马字”的“国语方案”只为拼写“国语”，也就是北京话而设立；瞿秋白的“普通话方案”可以拼写普通话，形成“带有全国性质的中国文”，同时还可以拼写各地方言、土语，形成各地民众都能写得出、看得懂的所谓“方言文”。而熟悉了方言文，那民众也就很快能够学会全国性质的“中国文”，因为二者使用的是“同样的字母和拼音规则”。[18]

（二）触及面：更详备的行动方案

胡氏汉语革新的成功秘诀在于以文学作为突破口。其第一篇纲领性文献《文学改良刍议》所阐述的就是对新文学建设的基本规划。“八事”主张以“言之有物”“不用典”“不摹仿古人”“讲求文法”“不讲对仗”“不避俗字俗语”为基本诉求，一时应者如云，成为新文学创作的圭臬。接着，第二篇纲领性文献《建设的文学革命论》一文又明确提出，未来要在建设“国语的文学”基础上，建设中国“文学的国语”，并指出，“中国将来的新文学用的白话，就是将来中国的标准国语。造中国将来白话文学的人，就是制定标准国语的人”。[19]正是新文学出现了一批堪称巨匠的大师级人物给胡氏汉语革新带来了难得的成功。鲁迅、周作人兄弟成为胡适最早发现的新文学巨匠，他们的作品很快成为汉语革新的典范和代表。1929 年，胡适在为当时的教育部所拟的“高中国文课程标准草案”的“今语文”“选读名著”条目中赫然写有“鲁迅的小说集”“《现代日本小说集》（周作人译，世界丛书本）”。[20] 这在新文学史与语文教育史上都是第一次。以白话文学为突破口，进而普及白话语文教育，这就是胡氏语文革新的全部方略所在。从现代语言学角度来看，胡适所重点阐述的“八事”主张，主要集中在“词汇”与“语法”两个层面。特别是在词汇上有强烈的时代变革要求，“不讲对仗”“不避俗字俗语”表面看是语音问题，其实还是词汇问题。胡适所举荐的鲁迅作品也主要是在词汇与文法方面实现了语言学上的突破。也就是说，胡氏语文革新主要集中在词汇与文法两个层面。

比较起来，瞿氏汉语革新的行动方案要详备得多，也深入得多。不仅是在词汇方面、语法方面要继续有所革新，更重要的是在语音方面、文字方面寻求全面、彻底的改造。

在词汇方面，瞿秋白的观察是极其细致、极其深入的。他曾写信与鲁迅交流说，“中国的言语（文字）是那样的穷乏，甚至于日常用品都是无名氏的。中国的言语简直没有完全脱离所谓‘姿势语’的程度……自然，一切表现细腻的分别和复杂的关系的形容词，动词，前置词，几乎没有”。[21] 他认为：

> 现在的文学家、哲学家、政论家，以及一切普通人，要想表现现在中国社会已经有的新的关系，新的现象，新的事物，新的观念，就差不多人人都要做仓颉。[22]

所以，他主张创造新的言语，比如，借助翻译，造出新的字眼和细腻的精密的表达。瞿秋白特别强调两个方面的吸纳：一是各地民众的言语，以及每天都在产生的新鲜表达；二是来自代表哲学、科学、艺术、技术等现代知识的词语和表达。在语法方面，瞿秋白的革新讨论主要集中在句法和新的表达法的创造上。比如，在与鲁迅的翻译交流中，他特别指出，“口头上的言语里面，句法也已经有了很大的改变，很大的进步。只要拿我们自己演讲的言语与旧小说的对白比较一下，就看得出来”。[23] 他曾经具体谈到，可以运用文言的字眼、成语等资源增加白话的精密、清楚和丰富，特别是要能够做到口头上说得出来，学习、吸纳外国文的句法也应采取这样的原则。我发现，在他的著作中，非常重视“着重号”等新式标点的使用，这对于提高表达的精确度极有帮助。

在胡适的“白话革命”视野中，国语就是白话，白话就是国语，二者可以

"同一"起来。二者"同一"起来，就是他的革新目标。确实，在词汇与文法层面来讨论二者的"同一"，不会引发多少纷争。也就是说，胡适有关白话革命的全部讨论很少介入语音层面。模糊白话与国语的界限，淡化语言的语音差异和冲突，这是胡氏语文革新的简便，也是其软肋。胡适也坦言，自己"是言语学的门外汉"，所以，"将来中国的拼音字母是否即用罗马字母……不配说话了"。[24] 瞿秋白的"文腔革命"恰恰就是要从语音这里寻求成功。语音学，研究当代口语语音，是现代语言学的基础和主体架构。可以说，从语音层面反思与改革语文这一革新思路，有着鲜明的现代语言观念，极具前瞻性、创新性和革命胆略。所以，说瞿秋白属于第二代"五四"知识分子，其知识谱系更有现代性，更有专业素养，而不是一般意义上的通才，这是很有道理的。虽然并不像胡适那样有六七年的西方留学经历，但从在常州中学、武昌外专、北京俄专求学，到在莫斯科东方大学、上海大学执教，一路走来，他还是比较系统地学习过现代人文学科知识的。瞿秋白最大胆、最见前瞻性、最有创新意义的语文革新莫过于在语音和文字层面改造中国语文。他从胡适乃至整个东方国家的"言文一致"诉求出发，为全体中国人研制出一套汉字以外的中国话书写方案。这就是瞿秋白 1929 年出版《中国拉丁化的字母》小册子以及 1931 年他撰写出十余万字《新中国文草案》的初稿和订正稿的主要目的。这是关涉到语音，又触及汉字革命的彻底的语文革新方案。按照这个方案，中国五千年的汉字以及几千年所形成的汉字文化圈都将被废除和毁弃。这样的举动在今天来看也是令人震惊的，至少是相当超前的。但是，瞿秋白还是冒着种种风险和阻力启动了这项工程，并初步拟定了一套完整的行动方案。按照这个方案，中国话（语族总称），不仅民众使用的普通话，还有他们日常习用的方言，都将有可能被真切地记录下来。

为了制订这套方案，瞿秋白做了大量的前期研究工作。其中，他对普通话与中国话字眼的研究及其论述，是胡氏汉语革新不曾涉入的，就是在当代中国语言学界亦堪称空谷足音。所谓普通话，瞿秋白认为，这是一种正在形成中的言语，特别是语音还没有完全统一，所用的字眼也有大同小异的地方，不过文法上已经"同化"起来了，"统一"起来了。他认为，未来普通话的发展，有两个原则是可以确定的：一是在众多的方言特别是各大城市的言语中，北京话是最具优势的方言，也是最成熟的方言文，因而普通话更多地采用北京话的字眼和文法，同时采用北京话的口音"倾向"也更为强烈一些。二是普通话对于包括北京话在内的所有方言的"中立"立场。[25] 所谓"中立"，就是要保证各地方言的字眼和文法，有同等资格被普通话“同化”，或者说“吸纳”。在瞿秋白的革新理想中，普通话不仅是全国共同使用的口语，也是由罗马字母拼写出来的书面语。用罗马字母拼写出来的普通话叫中国文，拼写出来的北京话、上海话、广州话叫方言文。方言文没有成为独立文字的发展前途，因而是作为学习中国文的辅助。瞿秋白的这套拼写方案试图“书写全部中国话”，这样的气魄和信心来源于他对中国话“字眼”的研究。所谓“字眼”，就是英文里的“word”，是能够代表一定意义的一个音节或多个音节的语音单位，因而是与中国“字”完全不同的一个新的概念。据瞿秋白的研究，中国人口头上的言语，原本是多音节的，为了书面上的简省，一个个单音节的汉字备受青睐。明清之际，受宋元话本的影响，旧式白话小说里多音节现象相当普遍。“五四”之后，表现新的关系、新的变化、新的概念、新的事物的新的字眼、新的文法不断涌现，普通中国话已经完全不是单音节的言语，而是多音节的新式语文了。因此，像西文那样，按字眼来书写中国话成为可能。[26]我认为，突破一个个“字”的束缚，关注中国话里多音节“字眼”的发展，将中国话的“字眼”与外国文的“单词”对接起来、对应起来，这是瞿氏汉语革新的最亮点，当然也是最富革命性的地方。

（三）目的地：更切近亦更长远的语文生活规划

符号改变思维，文化决定强弱。从民众立场出发，主张汉语革新要让民众更简便、更快捷地掌握现代语文、掌握现代语文所传载的现代科学文化知识，表明瞿氏汉语革新的目标是切近的，与中国共产党当下的群众动员目标是一致的。但是，瞿氏汉语革新明显具有较胡适的语文生活规划更为长远的历史眼光和更为鲜明的现代视野。

废弃汉字，摈弃中国字的象形制，走“世界共同的拼音化道路”，是20世纪初叶几代知识分子的呼声。五四运动之前，吴稚晖就称，“汉字之奇状诡态，千变万殊，辨认之困难，无论改易何状，总不能免。此乃关于根本上之拙劣。所以我辈亦认为迟早必废也”。[27]胡适等新文学的主将更是群情激昂。字母拼音取代象形汉字的思想，或远或近、或强或弱，他们都宣示出来了。陈独秀曾评论道：“吴先生‘中国文字，迟早必废’之说，浅人闻之，虽必骇怪，而循之进化公例，恐终无可逃。”[28]在胡适的心里，白话革命也只是汉字废除之前取代文言的暂时性、过渡性举措。他说：

> 凡事有个进行次序。我以为中国将来应有拼音的文字。但是文言中单音太多，决不能变成拼音文字。所以必须选用白话文字来代替文言的文字；然后把白话的文字变成拼音的文字。[29]

然而真正将中国文实施拼音化的还是瞿秋白。瞿秋白之所以有这么强大的动力与智慧启动这项工作，并完成一套完整的行动方案，除了共产主义事业的推动，除了欧洲世界语的观念、技术的启发、支持，还有他个人对于中国文化发展的长远考量：第一，文字的象形制度被拼音制度取代是世界文字发展的普遍规律，中国文的拼音化、世界化、现代化的方向、道路是确定无疑的。而中国言语发展趋势的“字眼的多音节化，字音的中立化，文法上的字尾之类的产生和形成……”为拼音化方向的“普通话”与“新中国文”建设准备了现实的基础。第二,千百年来，汉字制度严重阻碍了中国话的单音节发展。《新中国的文字革命》可视作瞿氏语文革新的第二篇纲领性文献。在这篇文章中，瞿秋白的分析极见现代语言学眼光，“中国的汉字制度阻碍着中国话的多音节的过程，保存着中国话里许多单音字，埋没了许多口头上说话的虚字眼，使得中国言语的进步更加迟缓，停滞在半野蛮的幼稚状态”。[30]所以，欲求中国话的现代化发展，必须破除中国传统的“字”观念，走与世界其他民族共同的“字眼”方向、“拼音”方向。自然，对于中国文的拼音化实践，瞿秋白的认识也是清醒的。他说：

> 实行罗马字母的拼音制度，当然不是立刻就可以办到的。这需要长期的斗争，和有系统有组织的工作。在这过渡时期，必须还要利用汉字。[31]

这种观点，很显然，与胡适的认识是相通的，同时又是有区别的。其最大的区别就是，瞿秋白有行动方案，做起来了，而胡适没有。从两人的表白和上述种种分析，不难看出，瞿秋白所做的正是胡适所期待的；不难看出，20世纪30年代瞿氏汉语革新对于20年代胡氏汉语革新的承继性、彻底性和超越性。

2.1.3 结语

20世纪中国的汉语革新开启了一个东方民族的全面革新，中国的语文现代化迎来了一个国家的全面现代化。回首中国现代化的过程，我们特别缅怀为中国汉语革新做出杰出贡献的无数先贤，而胡适、瞿秋白这样志业不同的两位文化大师，尽管在其他方面特别是一些具体问题的认识上针锋相对，甚至火药味十足，但在这个民族、这个国家的现代化过程中，共同完成了一场绝妙的汉语革新接力赛。我认为，这是后人对他们无限崇敬的重要原因之一。

1928 年，胡适曾给他的学生罗家伦写信说，

> 你现在政府里，何不趁此大改革的机会，提议由政府规定以后一切命令、公文、法令、条约，都须用国语，并须加标点，分段。此事我等了十年，至今日始有实行的希望。若今日的革命政府尚不能行此事，若罗志希尚不能提议此事，我就真要失望了。
>
> 稚晖、孑民、介石、展堂诸公当能赞助此事，此亦是新国规模之大者，千万勿以为迂远而不为。[32]

应当说，“五四”学生领袖罗家伦并没有很好地完成老师的要求和期盼。因为直到 1954 年 3 月胡适还在台湾所做的演讲中高音贝呼吁：“说的、写的、学的、用的……法律一切都是白话。然后，我们活的白话才可以有用处，才可以发生我们四十年前所期望的效果。”[33] 然而，这期望、这理想却在瞿秋白所领导、所代表的中国共产党和人民政府这里完成了。因此，可以说，瞿秋白是胡适汉语革新、文化革新的坚定继任者与最终实现者。

注释：

[1] 许纪霖. 中国知识分子十论 [M]. 上海：复旦大学出版社，2003：82-83.

[2] 胡适. 胡适日记全编 2 [M]. 曹伯言整理. 合肥：安徽教育出版社，2001：342.

[3] 瞿秋白. 瞿秋白文集：文学编第二卷 [M]. 北京：人民文学出版社，1985：363-364.

[4] [13] [15] [21] [22] [23] 瞿秋白. 瞿秋白文集：文学编第一卷 [M]. 北京：人民文学出版社，1985：312-313，311-315，516，505，508，508.

[5] [6] [9] [14] [16] [18] [25] [26] [30] [31] 瞿秋白. 瞿秋白文集（文学编第三卷）[M]. 北京：人民文学出版社，1985：138，137-169，153，162，274，283，296-297，242-250，286，249.

[7] 瞿秋白这期间连续撰写了很多关于文学革命与语文革新的文章，《瞿秋白文集》共收辑 9 篇。其中，《新中国的文字改革》一文可以看作是《战争》后第二篇纲领性文献。

[8] [10] [19] 胡适. 胡适文集 2 [M]. 欧阳哲生编. 北京：北京大学出版社，1998：51，116，48.

[11][12][33] 胡适. 胡适文集12[M]. 欧阳哲生编. 北京：北京大学出版社，1998：77，87，83.

[17] 瞿秋白给普通话下的定义是，“现代普通话的新中国文，应当是习惯上中国各地方共同使用的，现代‘人话’的，多音节的，有音尾的，用罗马字写的文字”。见瞿秋白. 瞿秋白文集：文学编第三卷[M]. 北京：人民文学出版社，1986：169.

[20] 胡适. 胡适日记全编5[M]. 曹伯言整理. 合肥：安徽教育出版社，2001：470.

[24][28][29] 陈独秀. 独秀文存[M]. 合肥：安徽人民出版社，1986：470，467，469，470.

[27] 吴稚晖. 评前行君之《中国新语凡例》[J]. 新世纪（巴黎）（第40号），1908(3)：87-88.

[32] 胡适. 胡适书信集（上）[M]. 耿云志，欧阳哲生编. 北京：北京大学出版社，1996：474-475.

本节内容发表于2013年第8期《求索》。原文题目是《从“白话革命”到“文腔革命”——瞿秋白与胡适汉语革新比较研究》，有改动。

第二节 “口语本位”鲜明的汉语规划思想

社会现代化离不开语文现代化。早在1931年《鬼门关以外的战争》一文中，瞿秋白就在学界第一个明确提出汉语必须走向“现代化”，并且初步勾画出汉语现代化的基本目标就是建设“现代普通话的新中国文”。[1] 瞿秋白对于“新中国文”建设的理论阐释以及以此为目标的“拉丁式”汉语书写方案的拟订、修改、发表和改进等构成了他现代化汉语规划建设的主要内容。

2.2.1 十余年的“本业”坚守：“瞿氏方案”

可以将1921年到1934年的十三四年确定为瞿秋白现代化汉语规划探索的主要考察窗口。在这十多年的时间里，瞿秋白为汉语规划探索而留下的著述约四十多万字。其中主要有：① 1922年收入《饿乡纪程》中有关“中国侨工”识字状况的调查文字与1923年《现代中国所当有的“上海大学”》中有关“文字革命”的论述；② 1928年、1929年、1932年三个版本的“瞿氏方案”

（其中1928年版疑已散佚）；③1931年《鬼门关以外的战争》等九篇“系列论文”；④1931—1932年《大众文艺的问题》等六篇关于“文艺大众化”的论述；⑤1933年收入《乱弹》中涉及语言文字的八篇文章，如《哑巴文学》等；⑥1929年至1931年间的《致郭质生》《致迪兄》等八封有关语言文字的书信；⑦1931年、1932年发表的《论翻译》《再论翻译》等两篇与鲁迅讨论翻译的书信。

这些文字主要集中在1928年至1932年的四五年时间里完成或发表。在瞿秋白五百万字的全部著述中，它们的比重还不到十分之一，但却是他基于其“本业”语言学的写作和创造。

（一）汉语现状的专业考察

瞿秋白出色地分析了20世纪二三十年代汉语的发展现状，特别是汉语“字眼”（word）的发展态势。不再纠缠于单音节“字”的意义和声调变化，而着眼于多音节“字眼”的发展，是瞿秋白汉语发展观的重要特色。在他看来，现代白话已有相当的“进化”，已经是“字眼”大半为“多音节的有字尾的言语”；与明清白话相比，现代白话最突出的进化就是“文言的威权”明显式微，单音节词已经很少而多音节字眼和带字尾的字眼开始迅速普遍化。

瞿秋白还有一篇字眼“专论”——《普通中国话的字眼的研究》。文中他指出，那些能够表达“复杂的精确的意义”的字眼大多数都是多音节字眼。[2]在他的各种著述中，“普通话”“中国话”“现代化”“中国式”“中世纪”“乌托邦”“认识论”“现实主义”“莎士比亚”“民族主义者”等多音节字眼随处可见，其中“国情”“大众”“字根”“新式”“宇宙”“必然”“法律”“宗教”“科学”“风俗”“分工”等双音节字眼已成为瞿秋白著作的主体字眼。长达六个音节的“英特耐雄纳尔”一词就是他本着这一崭新理念而新造的一个广为后人知晓的新词。

（二）未来汉语的规划展望

瞿秋白语言学著述的主要篇幅是深入阐述汉语的各种话语形态与各种文字形态之间的关系，集中表现了他对汉语规划建设的展望。他明确提出了要“建立真正现代普通话的新中国文”的伟大构想，并详细阐明了这一宏伟目标是要建设一种以普通话、方言等口头话语形态为发展基础，以文字形态为核心目标，各形态之间相互贯通一气的现代中国语文体系。

瞿秋白所构想的现代中国语文体系主要构成包括：①话语形态。这是一个由方言形态不断走向方言形态、普通话形态并存且以普通话形态为主的动态演进过程。这里所谓的“普通话”，当然可以更多地吸纳某地方言元素，比如北京口音，比如长江流域中部地区的口音，但其本质是与各种方言都有关联、共同发展，虽南腔北调却又自成系统的“中立语”。②文字形态。这也是一个动态演进过程。它由现存汉字形态与未来拉丁字母形态共同组成。从长远来看，拉丁字母形态可与国际接轨，且能深层次地实现汉语的“言文一致”；而从现实来看，汉字形态有着“全国各地通行”的文化优势，但却需要认真改造。一要有汉字的数量控制，二要强调实现这一控制的主要参照标准为口语字根。

（三）实现规划的行动努力

为实现上述现代中国语文体系的建设规划，瞿秋白曾在20世纪30年代初倡导以“文腔革命”为主要内容的“第三次文学革命”。

瞿秋白“文腔革命”是要改变中国文学的“小众性”“绅士性”，将所谓的“书房里的文腔”“小西崽的文腔”“戏台上的文腔”以及“洋翰林的文腔”等不像说话的“腔调”统统送进“古物陈列馆”，[3]从而建立基于民众的“日常言语”的“真正的白话文”的“口语本位”文学体系。在瞿秋白看来，这是继梁启超“文体革命”、胡适“白话革命”之后，中国文学又一次“话语主体”下移和扩大的革命性举措。因为在瞿秋白的文化理念中，文学就是用来启蒙、解放和武装“下层民众”的最有效手段。也正因为坚守这一理念，他将“文腔革命”的目标进一步明确为建立一种“大众文艺”。这种“大众文艺”所使用的语言不是原生态的方言土话，而是五方杂处的大都市里产生的“普通话”。这种“普通话”虽然还在“生长”中，但摈弃了方言土话的“原始”和“偏僻”，能够吸纳外国“字眼”和“文法”，表现“现代化的生活”。[4]

值得特别指出的是，与其他一般语言学家完全不同，甚至与赵元任等著名语言学家都不一样，瞿秋白的汉语规划是其中国社会规划和改造的重要构成甚至基本途径。改造汉语、建设汉语是瞿秋白“文化救国”社会改造思想的重要组成。倡导规划建设“中国各地方共同使用的、现代‘人话’的、多音节的、有语尾的，用罗马字写的”这种“新中国文”，[5]这是“瞿氏方案”超越其他同类方案从而赢得广泛赞许的最本质的地方。

2.2.2 一揽子的规划思想：七大方面

中国语言规划历史悠久，明清之后留下的语言规划经验极为丰富。当代以“普通话推广”“汉语拼音的拉丁化”和“言文统一”为代表的汉语规划成就当然凝聚着以往特别是1892年以来汉语现代化探索的成果，然而这些典范规划成果差不多都浸透着瞿秋白汉语规划建设思想的精髓。比如，虽然说五十年代新中国确立的“普通话”与瞿秋白30年代提出的“普通话”在方言问题上有本质区别；但是不仅当代“普通话”理念的深入人心有其三四十年代的群众基础，而且即使在21世纪的今天，瞿秋白所主张的“南腔北调的普通话”（亦即后人所谓“大众普通话”“乡调普通话”或“地方普通话”）仍是“长期、大量存在”“在各方面充分显示其活力和作用”的语言国情。[6] 所以，有学者在谈到汉语现代化的历史进程时，曾郑重强调：“语言（文字）改革家是革命家瞿秋白的另一面相，任何一种关于中国现代语言学史的历史书写都绕不开瞿秋白”。[7]

瞿秋白汉语现代化探索是20世纪二三十年代中国汉语规划建设实践极其辉煌的篇章，其中展现了丰富、系统、深刻和先进的汉语规划建设思想。

（一）现代语文体系的口语本位观

在瞿秋白构想的现代中国语文体系中，汉语的话语形态非常明确地取代了文字形态而成为汉语发展的基点；同时，将话语形态的特殊类型“普通话”确定为话语形态的发展重心。在瞿秋白看来，未来汉语必须以话语形态的“口语”为基础，“口语”发展包括方言的发展，但重中之重是“普通话”的发展。瞿秋白汉语规划的全部架构都是建立在“普通话”建设、发展的基石上。所以，汉语的发展，就是以普通话为基础和主体的现代汉语各种形态的共同发展。而将汉语书面形态的发展重点锁定为“普通话”的对应物“白话文”（或者说“大众语”）而不是其他，则是瞿秋白汉语规划建设最突出的思想成就。

（二）“普通话”发展的方言基础观

发展方言是瞿秋白汉语规划思想的一大重要特色。在瞿秋白看来，普通话赖以发展的主要资源是各地“方言”。瞿秋白还为此勾勒出了一个由“土话”到“方言”再到“普通话”的汉语话语形态演进图。从他勾勒的这张演进图不难看到，“方言”作为一种中介性质的话语形态，相较于“土话”有更多的民众能说能懂，相较于“普通话”又有相当强的区域性，是现行汉语最有活力的一种话语形态，所以仍需提倡和鼓励。方言的发展主要有两个方面的现实需要：一是日常交际和实际工作的需要，一是普通话发展的需要。后者的重要性已经被越来越多的学者所肯定。郭熙就强调，“研究表明，现代汉语标准语在发展中词汇和表达方式的丰富，在很大程度上就得益于方言。”[8]

（三）书面汉语建设的阶段推进观

瞿秋白主张未来汉语的文字形态首先是普通话的书面化，而这种书面化又因有两个版本而呈现为两个不同的发展阶段。也就是说，在瞿秋白的汉语规划建设蓝图中，其“现代普通话的新中国文”有难易程度不同、目标远近不同的两个版本，即汉字形态的“初级版”和拉丁字母形态的“终极版”。对于为实现“终极版”所应斗争的“长期性”和为改进“初级版”、实现其顺利过渡的“必要性”，瞿秋白都有详细阐述。瞿秋白认为，“终极版”的最终普及、完善并形成制度可能“要到五十年一百年之后”，但“发端”的工作不能不做；另一方面，“初级版”的改进，依据现代口语特别是普通话的标准整理现行汉字的工作尽管繁杂但也不能不做。[9]

（四）现代白话应用的全面实现观

瞿秋白主张促进未来汉语不断走向现代化的重要途径就是拓展以“白话文”为现行汉语书面语的广泛应用。不仅文艺创作、外文翻译、新闻报道，而且学术著述、实用写作等都强调要采用白话或者说现代普通话。也就是说，要让普通话和白话文全面参与现代中国人的政治生活、经济生活、艺术生活，特别是学术生活。早在“五四”时期，瞿秋白本人就实现了从文言到白话的语文生活转型。他不仅用白话翻译和创作了大量文艺作品，还用白话撰写了大量社会论文甚至学术著作。用现代白话来写“一切东西”是瞿秋白汉语规划建设的核心思想。

（五）创造表现新法的外文翻译观

瞿秋白认为，外文翻译除了向中国读者介绍“原本的内容”，还能帮助“创造出新的中国的现代言语”，从而使中国现代文变得日益“精密、清楚和丰富”起来。这是瞿秋白极其看好的一种翻译功能。在他看来，翻译可以而且应该创造新的表现法；而且，新的表现法的输入根本无须“容忍多少的不顺”，关键是要竭力获得“真实的生命”。也就是说，要努力使这些新的表现法能够融入“活的言语”中去。为此，他在与鲁迅的翻译讨论中特别强调，每一个译者、每一个新表现法的创造者都要负起责任来，既要做到内容“绝对的正确”，又要在语言中做到使用“绝对的中国白话文”，努力让新的字眼、新的句法符合“中国白话的文法公律”，从而转化为中国人“口头上”的新的表现法。[10]

（六）汉语规划建设的“文化革命”观

瞿秋白认为，未来汉语规划和建设究其本质来说是一次深刻而广泛的“文化革命”。瞿秋白最早明确地站在“文化革命”的高度勾画出了未来中国人的语文生活图景：几万万民众操着谁都能说得出、听得懂的共同语“普通话”，与那些当时仍很“高等”的绅士阶级一道参与各种社会活动。他们不仅可以借此投身普通的政治生活，而且能够由此介入到各种高深、专业的学术研讨活动中去。在瞿秋白看来，这样的社会生活图景的到来，这样的“文化革命”的成功，需要发动“群众运动”来推动。之所以要有以“文腔革命”为主要内容的“第三次文学革命”，之所以有左翼文化运动中的“文艺大众化”，是因为无论是“文腔革命”还是“文艺大众化”，都是可以将“现代普通话的新中国文”建设深入到社会基层的“群众运动”。

（七）基层利益关怀的汉语发展观

瞿秋白强调，未来汉语建设应该更多地倾听那些来自底层民众的心声，“现代普通话的新中国文”体现的就是“基层利益关怀”。正是这种代表基层利益的现实民众关怀让瞿秋白的民间“普通话方案”赢得了作为国家方案的赵元任“国语方案”难以企及的“社会美誉度”和“品牌知名度”。由赵元任主创的“国语罗马字”拼写方案虽说是“瞿氏方案”研制的基础，也曾“在学者群中引起一些讨论”，但“民间几乎一点影响也没有”。[11]早在1923年刚从苏俄回国之际，瞿秋白就发出了中国文学的“劳作之声还远着呢”的感慨，发表了“劳工的诗人，你们向瞿秋白讨债去”的誓言。[12]如果说胡适“五四”白话革命在文化理念上基本树立起白话的文学正宗地位，那么，瞿秋白本着汉语规划、建设和发展的深沉基层民众关怀而发动的“文腔革命”“文艺大众化”等则一步步彻底地将普通话、白话文推向了以基层民众为主体的全民族语文生活的各个领域。

2.2.3 语言学家的非凡成就：影响深远

然而，在中国历史舞台上，瞿秋白首先是一位革命家、政治家和文学家、文艺评论家。所以，学界对于瞿秋白作为语言学家的探讨并没有引起足够的重视。据叶楠《瞿秋白研究资料索引》介绍，研究瞿秋白语言、文字方面的著述不多，从 1950 年陈定明发表《瞿秋白对中国文字改革的贡献》一文开始到 2012 年冷玉健发表《瞿秋白对中国“汉字革命”的特别贡献》一文，62 年间仅仅 29 篇文章，论著则暂告阙如。[13] 虽然杨慧《思想的行走：瞿秋白“文化革命”思想研究》、傅修海《瞿秋白文艺思想研究》以及程民《瞿秋白写作艺术论》等专著中有不少篇幅谈到瞿秋白在语言文字研究方面的成就，但这些著作很少涉及汉语规划建设和发展。

笔者从 2012 年在《瞿秋白研究文丛》发表《中国语文革新视域中瞿秋白与胡适的比较研究》一文起，陆续发表了《从“白话革命”到“文腔革命”》《瞿秋白青少年时代的语文生活转型》《瞿秋白“访俄时期”对汉语现代化的初步探索》《瞿秋白“革命时期”对白话写作的探索》《“文腔革命”的起点与高度》等 6 篇系列论文，并于 2016 年 8 月出版了学界关于瞿秋白语言文字研究的第一本专著《瞿秋白汉语现代化的探索》。这些研究和论述贯穿了一个基本思想：语言学才是瞿秋白的学术“本业”，在语言文字方面的探讨是他一辈子的坚守。

语言规划是社会规划建设的一个重要方面。[14] 对瞿秋白汉语规划建设思想进行梳理和研究有着多方面的意义。

（一）进一步强化“口语本位”的各形态全面发展的汉语规划战略

当代汉语规划要坚持“口语本位”的汉语发展观，注重普通话为主体、方言为重要辅助的话语形态的发展；并以此为基础和根本，鼓励和促进包括汉字和字母在内的汉语各种形态的全面发展。

马庆株近年发表的《汉语拼写方案》，是 1958 年大陆颁布的《汉语拼音方案》的“升级版”“增强版”。“马氏方案”以“汉语国际传播”为基本诉求、以“一语双文”（汉语的汉字形态和字母形态共同发展、协作并进）为主要目标，[15] 再次唤醒国人对于字母形态汉语建设的热情，是瞿秋白汉语规划建设思想的承继和发展。

（二）进一步丰富以中国汉语规划建设发展为重要内容的汉语学科知识

汉语现代化的探索就其实质来说就是汉语规划建设实践。中国是一个有着悠久语言规划历史的文明古国，但是有关语言规划建设的理论探讨却相当有限。一是时间晚。“语言规划”这一术语是20世纪50年代后期美国学者Haugen引入学界的，但直到1984年才由林书武译介到中国。二是研究少。特别是这方面的标志性研究成果还不多。瞿秋白语言规划建设思想研究将在很大程度上充实、推进和提升这方面的研究。

作为汉语历时形态的最新发展，现代汉语从“五四”时期正式确立开始到今天已近100年了。[16]然而，有关现代汉语的学科建设还在努力调整和改进中。瞿秋白语言规划思想的研究因其丰富的现代汉语建设思想成果的归纳和提炼将大大改进和完善现代汉语学科建设。

（三）进一步认识瞿秋白作为中国汉语现代化首倡者的汉语规划建设贡献

瞿秋白凭借着他的才华、他的努力、他的威信“客观地”发动了“中国历史上一次规模最大的群众性的文字改革运动”，并成为1949年后“文字改革运动的先导”，[17]其汉语现代化的探索实践为当代汉语规划建设事业提供了很多有益的经验。

语文规划建设当然离不开政府机构的努力，但来自官方的规划和政策只有赢得广大群众的欢迎，并转化为他们的文化自觉，才能使语文现代化事业推向前进。社会规划，语言先行。近年来，围绕“一带一路”建设问题，黄行、张日培、苏新春等众多学者都在探讨“语言保障”政策问题。[18]他们普遍认为，语言文化的融通是当今“一带一路”建设的基础工程、先导工程。李宇明就明确指出，“‘一带一路’建设，语言应该先行”。[19]语言学界的这些主张应当说是瞿秋白汉语规划建设思想传承和发展的典范。

2.2.4　结语

从清末到整个民国，在汉语现代化大潮中，汉语拼音运动、白话文运动和国语运动风起云涌，一浪高过一浪。瞿秋白有其专业优势、国际视野和“文化救国”的宏愿，他在汉语规划建设领域中所展示的才华、胆识和魄力对中国汉语现代化事业产生了并将继续产生巨大的推动作用。正如周有光当年所指出的，在利玛窦方案出现的300多年里，瞿秋白20世纪30年代前后“所创拟的拉丁化方案，已经被公认为……是产生最后而最进步的方案”。[20]

注释：

[1][2][3][4][5][9]瞿秋白．瞿秋白文集：文学编第三卷［M］．北京：人民文学出版社，1985：153，240–250，251–253，17，169，319.

[6]陈章太．语言规划研究［M］．北京：商务印书馆，2007：254.

[7]杨慧．思想的行走：瞿秋白“文化革命”思想研究［M］．北京：商务印书馆，2012：43–44.

[8]郭熙．对新时期推普的一些思考：以江苏为例［J］．南京大学学报（哲学·人文科学·社会科学版），2001（2）：120.

[10][12]瞿秋白．瞿秋白文集：文学编第一卷［M］．北京：人民文学出版社，1985：506–508，315.

[11]倪海曙．中国拼音文字运动史简编［M］．上海：时代书报出版社，1948：109–110.

[13]易难．瞿秋白研究资料索引［M］．北京：中国文联出版社，2013：147–150.

[14]刘海涛．语言规划和语言政策：从定义变迁看学科发展［A］//教育部语用所社会语言学与媒体语言研究室．语言规划的理论与实践．北京：语文出版社，2006：55–57.

[15]马庆株．整合创新，促进中国语文现代化——汉语拼写方案的必要性、科学性和可行性［J］．中国语文，2014（6）：559–571.

[16]刁晏斌．现代汉语史［M］．福州：福建人民出版社，2006：11.

[17]中华全国世界语协会．叶籁士文集［M］．北京：中国世界语出版社，1995：92–93.

[18]黄行．语言保障先行［N］．中国社会科学报，2016–01–05.

[19]刘水明，王云松．“一带一路”建设，人心相通语言先行——访北京语言大学党委书记李宇明［J］．海外华文教育动态，2016（3）：17.

[20]周有光．周有光文集：第二卷［M］．北京：中央编译出版社，2013：28–29.

本节内容发表于2017年第11期《档案与建设》。原文题目是《汉语规划：瞿秋白的探索和方案》，有改动。

第三节　“普通话”为基础的汉语地位规划

瞿秋白是卓越的政治家、革命家、文学家，也是“任何一种关于中国现代语言学史的历史书写都绕不开”的人文学者。[1]他最早明确提出中国汉语现代化建设的命题，又以创建“口语本位”汉语表达系统为根本目标研制出“瞿氏方案”，并在这一“汉语书写方案”基础上勾画出“现代普通话的新中国文”的汉语规划建设蓝图，成为首位全面规划建设现代化中国语文的语言学家。

2.3.1　促进以“普通话”为基本形态的汉语发展

汉语的发展，在瞿秋白看来，就是以普通话为基础和主体的汉语各种形态的发展。

（一）形态一：发展中的“普通话”

“语言共同化”是汉语现代化的核心指标。[2]瞿秋白无疑是语言共同化的坚定倡导者和实施者。但他主张“普通话”，是态度最激烈、最鲜明的“国语”反对者。瞿秋白所主张的“普通话”至少有以下三个特性。

1. 基层性。

基层性是与“国语”最大的差别。但“普通话”不仅为基层工农大众所有，也是知识分子从事政治宣传、经贸洽谈和学术探讨所倚赖的话语系统。它是基于现代城市的发展，产生于“五方杂处”的各类城市居民中的一种自发的言语形态；虽然不免带有各自原来方言的“乡音乡调”，但它在语音等各方面却能相互妥协、相互让步从而相互靠近。它当然可以理解为中国传统意义上“蓝青官话”的现代版，但已没有官衙里拿腔拿调的矫情，而变得平实、可信。值得指出的是，胡适也赞同这种“南腔北调”的“大同小异的普通话”，[3]但少的就是这一民众的基层性质。

2. 发展性。

发展性从横向来看就是“集成性”或“包容性”。这是“普通话”最为瞿秋白看好的特性。它容纳和集成了各地乡下的土话，逐渐消磨了土话的偏僻和狭隘性质，并且还在接受外国字眼等新元素，创造着在现代政治、经济、科学、艺术等各个领域都能运用的新型表达方式。因此，“普通话”也就成为“中国所有的一切言语和文字之中最进步、最丰富的一种”。[4]

3. 基础性。

照瞿秋白未来中国语文规划的构想，按“瞿氏方案”书写出来的“新中国文”主要指的是“现代普通话的新中国文”而不是其他。“普通话”是未来汉语发展结构体系中的基本形态。方言土话虽然也要发展，但最急于发展的还是全国通用的“普通话”。有了“普通话”的发展，所谓“绝对的白话文”或者说“真正的白话文”的发展也就有基础了。

（二）形态二：“普通话”赖以发展的主要资源“方言”

发展方言是瞿秋白汉语规划思想的一大重要特色。在瞿秋白看来，方言的发展主要有两个方面的实际需要。

首先是“普通话”的发展需要。没有方言的发展，遑论“普通话”的发展。这是因为瞿秋白一直坚守一种信念：“普通话”可利用的资源当然包括外来语，也不完全排斥文言，但主要倚赖的还是民众口头上丰富、鲜活的各地方言。他说：“我们群众口头上的白话，能够表现我们的思想，能够描写顶美丽的景致，能够说明科学艺术的道理。”[5]所以，“普通话”要发展，方言必须有一个特别长足的发展。

虽然大多数方言，也就是各个小区域（县乡）的“土话”，实际上还处在相当落后、狭隘甚至幼稚的状态。很多方言还没有完全脱离手势语。[6]但是，一些人员交往频繁的地区已经成为方言发展的主导力量，它们或有几百年作为政治和商业中心的人文历史，或有现代工商业的集中发展。这些地区的方言不但有口头上的说书、弹词，甚至还有规模较大、艺术水准较高的戏剧及其剧本，比如上海滩簧（今沪剧）、苏州评弹、绍兴文戏（今越剧）等方言文学作品。相对于其他地区的方言，它们的言语显得比较丰富、发达，非但字眼比较多，而且文法也比较复杂。自然，这些方言的发展对于“普通话”的进步影响更大。瞿秋白也因此认为，在各大城市方言中，北京话处于最优越的地位，研究最清楚，写法最确定，是最发达、最成熟的方言，对于“普通话”的贡献也最为显著：从“文法”到“字眼”再到“口音”，“普通话”更多地吸纳北京话元素。瞿秋白认为，北京话不仅有好几百年“京城话”的特别资格，而且与使用人口占汉族绝大多数的北方话，与长江上游、淮河流域以及两湖、江西的大部分言语，与云南、贵州、广西的一部分言语保持“大致相同”的面貌；更为重要的是，方言北京话文学作品资源的丰富无与伦比。从元代开始一直到清末，北京话的方言文学就是中国古代文学的一大景观。五四运动以来的文艺作品以及政治上、学术上的著作差不多都是用北京话来完成的。虽然说，北京话有这样的发达和荣耀，但它仍然是一种方言而非“普通话”，只是它对于“普通话”的贡献是所有方言中最大的。瞿秋白也应该是第一个强调北京人也要学习“普通话”

的语言学家。

其次是现实交际和实际工作的需要。在瞿秋白看来，因为从普通群众到上流人士，包括专家学者，不仅所操的“普通话”大都带有乡音乡调，而且所用的字眼也往往有不少来自自己的母语、第一语言。而就基层民众来说，他们实际上都是“没有文字的人民”，口语方言几乎就是他们语言生活的全部。这就是中国民众语言生活的现实。

如何将“没有文字的人民”迅速转变为“识字的人民”，瞿秋白规划的措施之一就是首先像创建“普通话的新中国文”那样创建拉丁字母书写的“方言文”。因为一旦掌握了这种方言文，学习“普通话的新中国文”也就变得很容易了。因为二者所用的字母相同、所属的言语系统相同。瞿秋白甚至设计了打通“方言文”与“普通话文”的办法，比如他将那些方言土话中本来就不曾有的“学术上政治上的字眼”直接写成“普通话的字眼”。其实，方言与“普通话”的融合是一个言语同化的过程。瞿秋白预想，拉丁化后中国几万万的民众在未来二三十年势必要经历这样一个言语同化的困难时期。不过，在汉字制度条件下，这一同化过程缓慢一些而已。瞿秋白规划的另一措施就是汉字写作方言。为此，他甚至亲自操刀尝试创作了不少汉字形态的纯方言作品，如用上海话写的《东洋人出兵——乱来腔》等。也正是在这个意义上，瞿秋白积极倡导汉字条件下可以采纳方言的“大众文艺”和“俗话文学革命”。应该说，这就是当代文学和影视作品中方言写作与表达方兴未艾的源头。

（三）形态三：“普通话”的书面化

就汉语的书面化来说，瞿秋白最关心的还是“普通话”的书面化。如何实现“普通话”书面形态的现代化，这是瞿秋白汉语现代化的探索着力最多、拿捏最费周折、影响也最广的地方。

瞿秋白曾有三种形态“中国文”的划分，即梁启超式的文言文“古中国文”、汉字形式的“旧中国文”和拉丁字母形式的“现代普通话的新中国文”。其中，拉丁字母形式的“现代普通话的新中国文”是瞿秋白所倡导的以“文腔革命”为核心任务的“第三次文学革命”的终极目标。而在汉字条件下，“文腔革命”的基本任务就是继续推进“五四”的白话文学革命，创造真正的、绝对的、应用于各个领域和场合的“白话文”。换句话说，在瞿秋白的汉语规划建设蓝图中，“现代普通话的新中国文”有难易程度不同和目标远近不同两个版本、两种形态，即汉字形式的“初级版”和拉丁字母形式的“终极版”。

强调创建“新中国文”及其必要性和先进性，是瞿秋白汉语规划建设思想的核心。瞿秋白认为，现代的英国文就是英国话，德国文就是德国话，法国文就是法国话；因此，现代中国文也应该是中国话。在欧洲，那种“文字脱离言语”的状态是“中世纪”才有的。所以，新的文学革命“文腔革命”作为五四“白话革命”的继续，目标就是要让书面形态的“白话文”成为与“北京话、上海话、广州话”一样的话语，说得出、听得懂。

瞿秋白期待“五四”之后通行的所谓“白话文”，就像当年德国“大众语”那样作为书面形态在各地普及开来，最后成为一种成熟的共同语——“普通话”。但这种“大众语”是真正的、绝对的现代白话文，而不再是夹杂着古代的文言或者古代的白话的“假白话”，不再是半死不活的非驴非马的“骡子话”。它是“活人的言语”，既能说得出，又能听得懂——这是标准中国话“普通话”书面形态白话文建设和发展的基本原则。

2.3.2 拓展以“白话文”为现行汉语书面语的应用领域

用现代中国活人的白话来写“一切东西”是瞿秋白的基本主张。不仅文艺创作、外文翻译，而且新闻报道、实用公文、学术著述等都强调要采用白话或者说现代普通话。

（一）新闻报道

瞿秋白的一生在很大程度上是在新闻传媒领域工作、战斗的一生。亲近民众、白话写作一直是瞿秋白倡导和坚守的新闻传播思想。早在1923年的《〈新青年〉之新宣言》里，瞿秋白就指出“《新青年》的职志，要与中国社会思想以正确的指导，要与中国劳动平民以智识的武器”[7]。**20世纪30年代，瞿秋白的这种思想便更加明确、更加坚定。1931年的《苏维埃的文化革命》一文就这样强调指出：“要使广大的群众能够接受人类历史上的一切真正有价值的文化工具和知识——要发动新的文字革命，主张绝对的白话文——要发展工人报纸和劳动民众的报纸（普洛新闻学运动）；要建立广大的工农兵通信运动。”**[8] 1932年的《谈谈工厂小报和群众报纸》一文集中讨论了党的宣传“脸向着群众”必须做到的“七大要求”，其中第一个要求就是“一定要用口头读出来普通工人可以懂得的话来写”。因为他看到“九一八以来许多革命的公开发行的刊物（杂志和小报），都是给知识分子看的”，比如，他发现一种革命报纸居然有“某某借途灭虢”的标题，而标题里所用到的典故是连年轻的一辈知识分子都不大懂得的。他认为“我们必须来创办给群众看的报纸，至少，首先在上海要开始这个工作”。[9]在《关于〈红色中华〉报的意见》一文中，他充分肯定了《红色中华》报在反映中央苏区各方面生活、发挥政治领导作用方面的贡献，还谈到了六个方面的建议。其中最后一项瞿秋白说道：“除《红色中华》之外，还应当由中央局出版一种《工农报》(像联共中央的《工人报》和《农民报》)，就是真正通俗的、可以普及能够勉强读得懂最浅近文字的读者群众的。这在苏区，尤其是中央区，现在特别需要，而且也许是可能的了。”[10]

（二）实用公文

在长期的新闻、编辑、党务和教育等实际工作中，瞿秋白撰写了大量实用性文章，包括信函、公文、演讲稿和调查报告等。其中，公文（全称为公务文书）不仅包括决议、报告、指示、办法、章程、条例、计划等各类具体文种，而且有些文种在文体形式和表述方式上具有很强的实验性质。但无论怎样实验，“用白话来写”是瞿秋白一贯坚持的公文写作原则。

《现代中国所当有的“上海大学”》是瞿秋白1923年任上海大学教务长兼社会学系主任时制订的办学计划。这份早期公文的撰写就已经完全白话了，其中还有大量序数词的使用和表格式的表达。就在这份“计划”里，瞿秋白首次提出“文字上的革命”。他指出，“值此白话代文言而兴的时代”，大学的重任之一就是整理中国旧有的科学，比如要大力发展“言语学”，因为作为“中国小学”的传统“文字学”在现代只是“言语学”一部分。[11]

以当代公文写作标准来看，1928年7月瞿秋白起草并最终修改定稿的《中国共产党第六次代表大会政治决议案》是一份格式相当规范的决议。决议是实用公文中最具理论性的一个文种，在2012年中共中央办公厅、国务院办公厅印发的《党政机关公文处理工作条例》的15种通用公文中排名第一。瞿秋白笔下的中共六大决议在行文方面不但用序数词显示全文共5大部分22个小节，大小标题标示清晰，而且通篇采用公众都能读得通、听得清楚且很具学术理论色彩的现代白话，既简明、准确，又庄重、规范。这里没有日常口语，或者说，口语已经基本书面化。

（三）学术著述

瞿秋白是用白话进行社会评论和专业学术著述的第一批中国学者之一。

他用白话撰写了大量社会论文甚至学术著作。最值得称道的是，早在1923—1924年他的专业写作就进入第一个高峰。收在《瞿秋白文集》第二卷的既有《国法学与劳农政府》《自民权主义至社会主义》《俄国经济政策与社会主义》《现代文明的问题与社会主义》《自由世界与必然世界》《新经济政策之意义》等非常规范的学术性社会论文，也有《社会哲学概论》《现代社会学》《社会科学概论》等学术专著。它们都是瞿秋白这两年的白话学术成果。这是十分令人惊叹的一件事。查检这段时间出版的白话学术著作，除1919年胡适的《中国哲学史大纲》(上)外，还有两部：一是1923年出版的吕思勉著《白话本国史》，二是1924年出版的黎锦熙著《新著国语文法》。前者为第一部白话中国通史，后者为第一部白话语法著作。但吕思勉也好，黎锦熙也好，他们都是专门的学者，而瞿秋白这时已经开始其职业革命家的生涯，用白话完成这样丰硕的学术成果，这是一般人无法企及的。更何况，从史料来看，瞿秋白还有更早的学术著述，这就是他1921—1922年在苏俄期间所作的五万余字的《俄国文学史》。[12]

如果将这些成果与鲁迅比较，那真是一件饶有意趣的事。鲁迅以白话小说第一人著称于中国现代文坛，也是从蔡元培校长开始一直到当代学人陈平原等都高度评价的现代学者；但终其一生，他的专业学术成果却全是用文言展示出来的。鲁迅校辑的《古小说钩沉》《唐宋传奇集》《小说旧闻钞》，还有他撰写的《中国小说史略》《汉文学史纲要》，以及《会稽郡故书杂集》《嵇康集》《岭表录异》《汉画石刻》等，都是文言学术专著。可以说，白话学术写作在20世纪20年代是一件相当稀有的事，瞿秋白在这方面做出了开创性的贡献。

2.3.3 展现独特而鲜明的汉语规划建设思想

无论是促进以“普通话”为基本形态的汉语发展，还是拓展以“白话文”为现行汉语书面语的广泛应用，都体现了瞿秋白独特而鲜明的汉语规划和建设思想。

（一）口语本位观

胡适的白话革命结束了中国文学几千年文言一统天下的局面，正式树立了白话的中国文学正宗地位，从而与世界接轨，开启了中国现代文学史。赵元任的“国语罗马字”是基于“国语”的推广和普及的“国家方案”，这一方案是以赵元任领衔的国家顶级语言学家花了五六年的时间研制出来，并得到国家最高学术部门批准的最新罗马字母方案。但是，白话革命也好，国家方案也罢，瞿秋白都予以或深刻批判或系统改造的否定。原因是什么？那就是瞿秋白在汉语规划方面高调坚持他基于民众立场的口语本位观。正是从这一汉语规划思想出发，瞿秋白揭示出“五四白话”的“新式文言”本质；也正是基于这一口语本位观，瞿秋白一针见血地指出了“赵氏方案”的“非口语”性质和“学院式”短板，从而也为学界点明了这一国家方案颁布后却一直被“束之高阁”的症结所在。

“口语是语言的根本”。[13] **瞿秋白不仅主张口语“话”对于书面“文”的这种“基础性”，而且特别强调：“劳动民众自己口头上说的普通话，以至于各地方的方言，绝对的有造成中国真正的文学的言语的可能”。**[14] 在瞿秋白看来，民众口语形态的“普通话”和方言是未来中国真正的文学言语，而与口语完全脱离的书面文言并非新文学建设依赖的主体元素。这是极有眼光、极有革新意义、极有民众情怀的一种文学发展观和汉语规划建设思想。可以大胆地说，今天现代汉语的构成乃至当代中国人语文生活的格局差不多就是在瞿秋白这样的规划建设理念的强烈影响下形成的。虽然说，时至今日，文言并未彻底退出当代文化生活，传统文言的文学功能仍在一定范围内得到尊重，散落在各种应用文体诸如碑刻、序跋、方志、信函、日记中的文言文本不仅体现了传统文化趣味，也一定程度上表现了现代思想观念[15]；但是，在当代中国人的语文生活中，文言充其量只是一个点缀，绝非弗格森（Charles Ferguson，1921—1998）所论述到的“双言现象”。[16] 从现代汉语的构成情况看，作为包括口语成分、方言成分、文言成分和外来语成分的“混合体”，现代汉语书面语虽然吸纳了不少文言成分（词汇和句法等），特别是以成语为代表的大量古语词一直活跃在大众的各类文章甚至口头言谈中，但这只能增加现代汉语的丰富性、多样性和文化传承性，其主体成分和基本构成还是口语普通话。这已是一个确凿无疑的语言常识了。如果说胡适白话革命在文化理念上基本树立起白话的文学正宗地位；那么瞿秋白旨在加快汉语规划建设的“文腔革命”，则彻底地将口语普通话推向了全民族语文生活的各个领域。

（二）文化革命观

瞿秋白倡导的“文腔革命”绝非仅有文学意义，究其本质来说它是一次深刻而广泛的“文化革命”。正是站在“文化革命”的高度来探索汉语现代化，瞿秋白成为第一个全面规划未来汉语的建设和发展、完整提出创建“现代普通话的新中国文”理论和实施方案的现代语言学家。

胡适“白话革命”是瞿秋白“文腔革命”前最成功的一次具有汉语规划性质的文学革命和文化革命。然而，虽然胡适对汉语语音及其拼写问题也曾有过关注和思考，虽然胡适试图努力将“白话文运动”与自清末就已经开启的“国语运动”捆绑在一起，但白话革命终究没有能够在语音学意义上有所贡献。想来这是非常遗憾的一件事。假使当年美国求学期间，胡适在酝酿白话革命的时候与他最钦佩的学友赵元任在“各自分工”的同时还确立一种“联合作战”的机制的话，那将很可能是另一番景象。与瞿秋白相比，胡适中国哲学的学术背景，既不能在文学艺术上提出更深入、更专业的改革方案，又不能对包括语音在内的语言学有多少专业性思考。俄语专业出身的瞿秋白不仅语音、语言等探讨是他的“本业”，而且还有极其深厚的现代文学修养。这是他在汉语规划建设方面的专业学养基础，是胡适、赵元任他们都无法企及的。

然而，光有这些基础还是远远不能成事的。“春江水暖鸭先知”。经受“绅士阶级”衰落过程的痛苦涅槃，沐浴“五四”新潮的革命洗礼，再经历“饿乡”两年时间的多方面磨炼以及西欧世界的短期旅行，瞿秋白不仅最先预感到“现代化”的滚滚浪潮正向传统中国迅猛袭来，而且预见到以西方科学、民主等为代表的崭新思想观念只有为处于社会底层的民众所掌握，才是这个与俄国一样古老的民族生存和发展的希望。因此，**他最早从“以文化救中国”的社会改造思想出发，将未来汉语建设规划与几万万底层民众的语文生活紧密联系起来，系统提出“现代普通话的新中国文”的创建理论，并由此研制出了他的汉语拼写方案——“瞿氏方案”**。1932 年 12 月，在《新中国文草案》的“绪言”中他就明确指出：

> 中国的几万万民众，差不多有极大多数是不识字的，即使识得几个字，也还有许多人仍旧不能够自由运用自己的言语和文字。……而现在正在发展着的“现代中国普通话”——从日常谈话到政治演说，直到深奥的科学演讲，——总之，就是真正口头上的白话，以及根据这种白话而写出来的真正白话文，却已经有采取简便的拼音制度的可能。[17]

很明显，在 20 世纪是瞿秋白最早明确地站在“文化革命”的高度勾画出了未来中国人的语文生活图景：几万万民众操着谁都能说得出、听得懂的共同语

“普通话”，与那些当时仍很“高等”的绅士阶级一道参与各种社会活动。他们不仅可以借此投身普通的政治生活，而且还能够由此介入各种高深、专业的学术研讨活动中。八十多年后的今天，这种语文生活图景越来越清晰地展现在国人面前。随着高等教育大众化进程步伐的加快，那些生命中仅有自己的方言生活以及日常语文生活的人越来越少了。

不错，瞿秋白在阐述其汉语规划建设理论的同时所发表的一些有关汉字及其处理方式的言论在今天看来确实有他过于“激进”甚至“左”的倾向，但在特定的历史情境中下足猛料才见药效可能是一种必要的策略。一个对儒、释、道传统文化濡染极深的学者，比谁都更珍爱汉字甚至文言。然而，陈独秀等“五四”领袖说得太透彻了：“吾宁忍过去国粹之消亡，而不忍现在及将来之民族不适世界之生存而归消灭也。”[18]在“传统”和“生存”成为“鱼”和“熊掌”的两难选择时，高擎“五四精神”的瞿秋白做出的抉择是果决的、清醒的，体现的是一种聪明的、能够经得起历史评判的“文化自觉”。

（三）基层利益观

清末民初以来，一种注重现实关怀、注重西学吸纳、注重学术实用性的学风逐渐弥漫于整个士林，从“今文学派”到“古文学派”无不将“经世致用”视为学术的行为圭臬和精神旨归。“常州学派”作为今文学派的重要一支，因为“经学”和“文学”的“渐合为一”[19]，因为龚自珍、魏源、康有为等大儒的极力发挥，对后世产生的影响是非常明显的。可以毫无疑义地说，瞿秋白体恤基层利益、倾向于民众立场的治学态度很大程度上也是在这种学风土壤中形成的，其“现代普通话的新中国文”的汉语规划思想极具“基层利益关怀”。

正是这种代表基层利益的现实民众关怀让瞿秋白的民间“普通话方案”赢得了作为国家方案的赵元任“国语方案”难以企及的“社会美誉度”和“品牌知名度”。公众的信任、好感、接纳和欢迎不是仅靠书斋里的努力就能获得的，而应该更多地倾听那些来自底层民众的心声。“汉语现代化”就是中国广大基层民众最大的心声。

瞿秋白可能不是第一个提出中国要走“现代化”道路的现代学者，[20]但他绝对是学界倡导中国“汉语现代化”的第一人；或者说，最早明确将“现代化”一词与汉语规划建设目标联系在一起的是瞿秋白。那是1931年5月30日，他在著名的《鬼门关以外的战争》一文中正式提出：“现代普通话的新中国文必须是真正现代化的。”[21]这一现代化中国语文的规划创建目标就是基于上述基层民众利益的现实关怀提出来的。

瞿秋白的“基层利益关怀”可以追溯到他的青少年时代。“五四”时期，特别是经历两年旅俄生活成为马克思主义者之后，他的这一基层民众利益观便日益鲜明起来。1923年他不仅发出了中国文学“劳作之声还远着呢”的感慨，还发表了“劳工的诗人，你们问瞿秋白讨债去”的誓言。[22] 1929年他更是明确表达了要与杨之华一道共同研究罗马字母、规划现代化中国语文的建设，从而“使中国工农群众不要受汉字的苦”的宏大心愿和坚定志向。[23]

2.3.4 结语

瞿秋白汉语规划建设实践是中国汉语现代化史上的一次重要探索。如今八九十年过去了，中国汉语规划建设已跨入“语言资源与战略研究”新阶段；瞿秋白的这些探索不仅已经成为历史，而且还可能留有当年某种过左倾向的嫌疑，比如他对基层白话的“过度”强调，对文言及其汉字制度的“猛烈”抨击等，都有可能影响后人对于“瞿氏方案”的认真探讨和客观分析。然而，冷静理性剖析这段历史，悉心梳理和深入总结瞿秋白的口语本位观、文化革命观、基层利益观等，应当能为当代中国语言规划建设发展找到不少启示和智慧。

注释：

[1] 杨慧. 思想的行走：瞿秋白“文化革命”思想研究 [M]. 北京：商务印书馆，2012：43.

[2] 周有光. 我们已经进入广义的汉语拼音时代 [J]. 湖南师范大学社会科学学报，2014（4）：117.

[3] 胡适 . 胡适文集 2 [M]. 欧阳哲生主编. 北京：北京大学出版社，1998：165.

[4][5][6][14][17][21][23] 瞿秋白. 瞿秋白文集（文学编第三卷）[M]. 北京：人民文学出版社，1986：335，246，293，23–27，423，165，319.

[7][11] 瞿秋白. 瞿秋白文集：政治理论编第二卷 [M]. 北京：人民出版社，1988：7–8，126–138.

[8][9][10] 瞿秋白. 瞿秋白文集：政治理论编第七卷 [M]. 北京：人民出版社，1991：233，402，632–633.

[12] 瞿秋白. 瞿秋白文集：文学编第二卷 [M]. 北京：人民文学出版社，1985：134.

[13] 彭泽润，曹家鹏. 复古和进步的较量让拼音和汉字比翼双飞 [J]. 湖南师范大学社会科学学报，2014（4）：126.

［15］熊焰．现代文言文的文化地位与学术价值［J］．湘潭大学学报（社科版），2008（4）：106–109.

［16］郭熙．中国社会语言学［M］．北京：商务印书馆，2013：152.

［18］陈独秀．《独秀文存》选［M］．贵阳：贵州教育出版社，2005：3.

［19］梁启超．中国近三百年学术史［M］．北京：东方出版社，2004：27.

［20］阎书钦．20世纪30年代中国知识界“现代化”理念的形成及内涵流变［J］．河北学刊，2005（1）：187–193.

［22］瞿秋白．瞿秋白文集：文学编第一卷［M］．北京：人民文学出版社，1985：505，314–315.

本节内容发表于2017年第5期《常州工学院学报》。原文题目是《瞿秋白汉语规划建设主张与实践》，有改动。

第四节　“真正的白话”为核心的汉语本体规划

语言规划的主体通常是政府，但在特殊的历史时期也可以由某些个人发起。民国及民国前的半个世纪，中国的语言规划就“主要是由爱国志士、社会名人、知识分子倡导和参与的社会行为”。[1]瞿秋白就是这样一位重要发起者。自1919年7月在《新青年》杂志特别用白话发表《不签字后之办法》，至1935年2月离开江西苏区转移到福建长汀等地去“打游击”，他一个36岁的生命，对汉语现代化，对中国语言规划建设的自觉探索就有十五六年。瞿秋白的中国语言规划关涉本体规划、地位规划、习得规划和声望规划等各个方面，但其探索的切入口是中国语言的本体规划和建设。他具体调查和分析了汉语的发展状况，展望和设计了未来汉语特别是其口语的发展路径，并重视和谋求汉语书面语在书写方式的改造上赢得突破。

2.4.1　瞿秋白对中国语言发展状况的考察和分析

从现存材料看，瞿秋白对中国语言发展状况的关注和考察最早可以追溯到1921年他首次赴苏俄做“新闻记者”的时候。中国人里“识字知书的”太为稀少，这是他一来到莫斯科就升腾起的强烈感受。他惊异于苏俄民众语文生活的巨变："革命前俄国人民有百分之七八十不识字，如今识字者的数目一跃而至百分之五十。"[2]在苏俄采访的两年时间里，他与"终生知己"汉学家郭质生一同就汉语发展状况做过广泛的调查，整理出厚厚的两大本第一手资料。[3]这些采访、调查和交流的成果差不多都被吸纳到瞿秋白20年代末30年代初所完成的约四十万言语言文字学著述中。其中包括《中国文和中国话的现状》等"系列论文"、《中国拉丁化的字母》等"方案设计"以及与郭质生等朋友关于语言文字的"通信"等。长达十年左右的"拉丁化新文字运动"就源于瞿秋白的《中国拉丁化的字母》。可以说，自1921年开始的这十年左右时间，瞿秋白不仅实现了由一个海外记者到革命领袖的转型和成长，同时还形成了一整套系统、全面且相当成熟的现代化中国语言本体规划建设蓝图。后人不难看出，此一蓝图的拟定完全建立在他作为一个现代学者对中国语言国情的深入考察和分析之上。

（一）多音节字眼发展呈现明显增长态势

"词汇是语言诸要素中最活跃、变化最快的部分。"[4]瞿秋白撰写了《普通中国话的字眼的研究》等专业论文，出色地分析了中国20世纪二三十年代汉语字眼（词汇）的发展及其态势。他明确指出，中国现代白话已有"相当"的"进化"，已经是字眼"大半"为"多音节的有字尾的言语"；[5]"中国单音节的字眼虽然比欧美文字多些，可是，现在也不过一千二百多个"。[6]在他看来，现代白话最突出的"进化"就是字眼形态的历史演进，即单音节词已经很少而多音节和带"字头""字尾"的字眼开始迅速普遍化。也就是说，汉语词汇的音节已开始由过去几千年的"单音主体"迅速走向现代白话以"双音节"为主要成分的"多音主体"。

现代白话的这一现象在后世语言学家的相关讨论中一再被证实。20世纪50年代末北京学者就具体而明确地指出：汉语中双音词的大量开始产生是戊戌变法到辛亥革命的事，而"词的继续双音化并且开始多音化，是五四以后汉语构词的一个新的发展"。[7]严格意义上讲，汉语词语双音节化是一个自西周就开启了的缓慢演进过程。这一过程一直在"语音简化"与"词汇增加"的矛盾中推进。如果说，上古汉语复辅音声母（如kl-、pl-等）的分化、消失和辅音字尾（如-b、-d、-g、-r等）的脱落等带来的"语音简化"在齐梁时代有"四声"来补偿，那么戊戌变法之后特别是"五四"时期词汇量的迅猛增长就主要求助于词语的"复音化"了。[8]也就是说，这之后"复音化"取代"四声"，成为解决词汇“量的增长”“义的精密”两大难题的主要途径。

2011年杨霞在其博士论文《初期现代汉语新词语研究——以〈东方杂志〉（1917—1921）为语料》中用大数据再次论证了新词发展中这一“音节主体”转换现象。论文称“五四时期，汉语词汇的音节形式特点，即双音节和三音节以上的词汇发展十分迅猛”。[9] 杨霞的研究进一步表明，初期现代汉语新词语中的词类以实词为主，虚词几乎没有，而实词中名词的比例又高达92.43%。[10] 这些事实无疑佐证了瞿秋白当年高屋建瓴的分析：“实际生活的需要，已经发展了新式的言语；一切新的关系，新的东西，新的概念，新的变化，已经这样厉害的影响了口头上的言语，天天创造着字眼……”[11]

（二）“普通话”发育成长领跑口语统一趋向

最早提出并初步定义“普通话”这一概念的是1906年在日本留学的朱文熊（1883—1961）。朱文熊第一个用“普通话”一词来描述与“北京话”“苏州话”等方言相对应的“共通语”，即“各省通行之话”。实际上，这是一个与标准语“国语”有重要区别的概念。它们最大的不同在于“普通话”是一种事实上的存在，而“国语”的建立和普及那时却很难拿出一个时间表。在朱文熊的未来汉语规划构想图中，既有将省会苏州话发展为“江苏话”标准语的企图，也有将“普通话”作为全国标准语“国语”建立前的过渡形态的积极倡导。瞿秋白有在常州、武汉、北京、上海、广州等中国南北各地的生活经验，对包括汉语发展状况在内的中国语言国情有着较长时间的深切考察。他得出的结论就是非常看好朱文熊提出的“普通话”，认定它的潜力、发展和未来，强调它是中国占人口绝对多数的汉民族的“事实”共通语。

瞿秋白在他的系列论文中分析到，中国方言差异太大，北京话、广州话、江南话的差异堪比英国话、法国话、意大利话之间的差别；民众的现实交流急需一种共通语。而这种共通语“普通话”早已存在且在不断发展着。这种由北京话为基础产生的“官话”在“各省人的运用之中”形成的事实共通语，遵守“互相让步的原则”，有“大致相同”的文法，也有“仿佛相同”的读音，还有与北京官话“大致相同”的词汇和说法，前景无限。而作为标准语的“国语”基本上是在唱片里，还有数量极少的语言学家口中。因此，国语统一时间表遥遥无期。最关键的是“国语”标准还有很多异议，“国语统一政策”的真正实施和贯彻自然也难以保证。[12]

黎锦熙在其《国语运动史纲》中特别强调自然语言定位国语标准的必要

性和重要性。瞿秋白也曾花相当大的篇幅讨论将“北京话”这一种方言确定为“国语”标准的利弊和可能。他认为，北京话的优势当然是独一无二的。首先是地位高。在各类方言中，北京话地位最优越，研究最清楚，写法最确定，对“普通话”的贡献也最为显著，是现代汉语系统中最发达、最成熟的方言。其次是辐射广。北京话不仅有好几百年“京城话”的特别资格，而且与使用人口占汉族绝大多数的北方话，与长江上游、淮河流域以及两湖、江西的大部分方言以及云南、贵州、广西的一部分言语保持“大致相同”的面貌。最后是作品多，这是极其重要的。北京话文学作品资源的丰富，无与伦比。从元代一直到清末，北京话方言文学是中国古代文学的一大景观。“五四”以来的文艺作品以及政治上、学术上的著作差不多都用北京话来完成。[13]然而，瞿秋白坚称，将北京话一地方言直接作为国语标准却是“幻想”，行不通，困难太大。一方面各国国语一般虽然也是以一种方言做基础，但事实上总在吸纳其他许多方言的影响；另一方面这种国语基础方言所在地必须是全国政治、经济和文化的中心。瞿秋白指出，20 世纪 30 年代的北京，不是全国的经济中心，也算不上文化中心，就是几百年的政治中心也丢掉了。其中，最不妙的是，住在北京城的不少文化人都不会说北京话，而其他方言区的人们，特别是南方人，对于学习北京话更是常常感到“十二分的困难”。正是这些观察和分析让瞿秋白放弃了黎锦熙他们的主张而将未来汉语发展和统一的希望明确锁定在“五方杂处”的人群中流行的南腔北调式的“普通话”：这种还在不断发育和成长的“普通话”有着“极大的发展的前途”，它将吸纳各地方言以及外来语还有文言，成为现代化中国言语的主体和书面语的重要基础，是汉语口语统一趋向的真正领跑者。

（三）半象形文字制度妨碍民众文化进步

20 世纪 30 年代前后的瞿秋白是从世界文字共同发展规律认知出发来考察汉字发展的。他认为，早在汉代《说文解字》之前，汉字就是形声为主体的半象形文字了，并由象形制度向表音文字缓慢进化。也就是说，从象形到形声，再从形声到表音，汉字走在半路已三千多年了。同时，他还分析认为，即使是半象形文字也还是“密码文书”，不能改变它在一定程度上妨碍“言文一致”这一口语发展现代化走向的性质。他具体分析到，古代儒士尊奉单音节汉字，“企图每一个意思只准用一个音节”的汉字来表示，例如将两岁的马写作“驹”，三岁的马写作“駣”，七尺高的马写作“騋”，八尺高的马写作“龙”，白色黑鬣的马写作“骆”，赤身黑鬣的马写作“骝”等；这样，每出现一个新的事物、新的意思，就新造一个字，于是汉字总量由汉代《说文解字》的九千三百多字增加为唐代的两万六千多字，明代的三万三千多字，清代《康熙字典》的四万七千多字。[14]很显然，汉字的这种增长方式非但不是瞿秋白所重视和强调的对于民众口语演进的自然回应和有效维护，而且一定程度上束缚、拖累和阻碍了汉语口语的现代化进程。比如，因为差不多每一个汉字都是根据实际意义创制出来的，所以那些意义比较虚泛而语法上极其重要的构成元素，比如“字头”“字尾”和“虚字眼”等，就只能依靠假借的办法来创造，像“与、且、尚、然、耳、也、矣、之”等都是假借来的。然而，这些靠假借造出的实体词以外的字总是有限的，因此常常不够用。瞿秋白认为，汉字制度对新词增长方式影响最大的还是它让人们总是局限于在“一个音节的内部兜圈子”，也就是在“声调”的变化上动脑子、下功夫，而很少去尝试增加音节、变换字头和字尾。

可见，瞿秋白首先看到了在汉字条件下汉语自身的现代化进程缓慢、现代化程度难以充分提高的历史困境。但是，瞿秋白更清楚地看到了，“天量”的汉字总量，繁复的汉字结构，加之汉字在书写上的“密码”特质不求言文一致，使得一般民众远离基本的读写生活。瞿秋白在这方面的考察时间更长、分析也更加深刻。他指出，在汉字制度下，“现在活着的三万万几千万的中国人，单是为着学会运用自己的本国文字——看得懂当天的报纸，写得出自己要说的话——就一定要花费十年八年的功夫！”[15]所以，他尖锐地指出客观的中国语言国情就是“现在各地方的大多数群众……他们都是‘没有文字的人民’”[16]。但是，作为一个现代公民，除了文字工具的学习，还应该花更多的时间和精力去学习哲学、科学、艺术、技术等各类现代文化知识。因此，摆在中国人面前的众多问题中必然有一个传统汉字的现代改造课题。这里，必须明确一个认识，瞿秋白是一个中国传统文化涵养极深的学者，应该说他对汉字有着很深的感情和敬畏之心。但是，在以民族存亡为主题的历史境遇下，站在时代潮头的文化领袖曾发出过一些在今天看来过于“激进”甚至有些刺耳带有“左”的倾向言论，这不仅是下足猛药才见药效的一种策略，也是一种在历史抉择面前所展现出的决绝态度。此中道理，早在“五四”新文化运动初期，陈独秀就说得极其透彻了：“吾宁忍过去国粹之消亡，而不忍现在及将来之民族不适世界之生存而归消灭也。”[17]在“传统文化”和“民族生存”成为“鱼”和“熊掌”之二难选择的时候，高擎“五四精神”的瞿秋白做出的抉择是非常果决的，也是极为清醒的。

2.4.2 瞿秋白对未来汉语口语发展的展望和描绘

除了上述考察、分析，瞿秋白还对“五四”白话文运动的“不彻底”做过深刻的批判，指出直到20世纪30年代初“现在随便拿一种所谓的‘白话’的刊物来看一看，到处可以发见夹杂着很多文言成分的‘假白话’”[18]。在此基础上，瞿秋白明确、全面、系统地提出和阐述了未来汉语本体规划建设的宏伟目标，这就是要“建立真正现代普通话的新中国文”，也就是要建设一种以话语形态为发展基础、以文字形态为核心目标、各形态之间相互贯通一气的现代中国语文体系。瞿秋白的语言规划思想极其鲜明，就是要将一个潜在的不容易被发现的“无意的不自觉的过程”转化为一个知识分子发起、亿万群众参与的“有意的自觉的革命”。[19]

瞿秋白勾画了一幅清晰、完整的未来话语形态的汉语规划建设蓝图。

（一）暂缓国语运动的推动

国语与国语运动是清末就开始倡导的文化进步事业，然而一直进展缓慢。“国语”即“国家标准语”。然而，作为国家标准，国语仅在语音标准方面就一再受到各种力量的牵制和掣肘，其方案一直变动不居。从1913年的《国音汇编草》的“存案”，到1919年《国音字典》初印本的“出版”，到1921年《校改国音字典》的“发行”，再到1926年“国语罗马字”用北京音做标准，最后到1932年《国音常用字汇》的“公布”同时《校改国音字典》“废止”，作为国家标准语的“国音标准”一再处于方案调整甚至博弈状态中。所以，陈章太就指出：“在1949年中华人民共和国成立以前，国语一直没能占据主导地位。”[20]这其中的根本原因在于，国语标准在一个政治动乱、山河破碎、国家主权都不能捍卫的时代是很难确立起来的。瞿秋白较早开始怀疑国语与国语运动。在其系列论文中，他竭力排斥当时所谓的“国定的言语”，即“国语统一”政策语境下的标准语设定，并明确指出“所谓‘国语’，我只承认‘中国的普通话’的意思”。[21]他认为，第一，所谓的“国语统一”政策在民国无法真正实施下去，因为它“还没有完全建立真正全国的统一市场”。[22]第二，“国语统一”政策语境下的国语标准北京话与各地群众的实际语言生活相距太远。即使是生活在北京的北大教授和学生百分之九十以上都只能够讲南腔北调的“蓝青官话”，“北京之外的人更不用说了”。[23]这是对当时中国语言国情的尊重。

当代学者调查也发现，八九十年过后的今天，普通话（“国语”——作者注）

中来自北京话的“轻声、儿化”现象明显减少，“一、七、八、不”等字音的变调也在逐渐简化。[24]应当说，这种共通语对于方言北京话的扬弃和变通，正是瞿秋白所强调的普通话对于各方言的“中立”和“区隔”。

（二）极力倡导“普通话”的发展

中国20世纪二三十年代，“五方杂处”的人一下子多了起来。特别是北京、上海这样的大城市，言语沟通是一个突出的社会问题。然而，瞿秋白发现，“各地方的人聚在一起，谈话，演讲，可以各自说着口音不大相同的普通话”。[25]尽管口音不一，但并不影响沟通。这就是说，在中国现代都市人群中已经“产生了一种事实上”的“民族共通语”。这是历代官话在新的历史条件下衍生出来的新版本。瞿秋白正是从这一语言国情出发，坚守“真正活人口头上说得出来”的原则，即“活人的话”原则，反对“旧小说式的白话”“五四式的白话”，反对纯方言“国语”，而倡导南腔北调式的“普通话”。自然，普通话“不一定是完全的北京官话”“更不是北京土话”，而是以北京话为底色和主要元素的多方言融合与混搭。在瞿秋白看来，这种正在发育走向成熟处在“过渡时期”的“民族共通语”有很多明显的特性。比如，单音节词、同音词（含近音词）和声调的作用在减少，而外国字眼、“文化的字眼”、表达“同一种意义的字眼”在增多，包括演讲在内的应用领域也在不断拓展。因此，瞿秋白在他的系列论文中一再强调，普通话是“中国各种言语之中最进步的一种”，它最有希望、最有前途。

在做这样的研判之后，瞿秋白将“普通话”定位为汉语口语统一趋向的“真正领跑者”，强调未来口语必须首先发展“普通话”、重点建设“普通话”。这主要由两个途径来完成：第一，将“普通话”确立为书面语的主要来源和基础口语。再按照“言文一致”原则，同步建设未来汉语书面语。第二，结合“中国的实际政治经济的形势”发展，在“一切全国公共的事业上”逐渐在人们的口头上“推广这种普通话”。[26]一切的政治演讲、学术谈话、文艺活动和商业往来都实行普通话制度。瞿秋白初步描绘出了“普通话”学习、推广、普及路线图。从地域来说，“普通话”的源头是大城市，然后逐渐推广普及到中小城市和乡村。从人群来看，“普通话”通常由社会上的先进分子传播开来，最后逐渐普及到一般群众。三万万几千万民众都来说“普通话”是瞿秋白汉语规划建设的一个基本目标。

至于“普通话”自身品格的发展，瞿秋白有一个特别鲜明而清晰的思路，这就是像西方德语那样，从“书面语”发展到“口语”，再由“口语”发展到“书面语”。具体来说，就是首先必须将一些书面文言的说法和表达方式变得通俗起来，然后让大众也能自如地运用起来，再落实到书面语上。至于如何将文言以及外国字眼变得通俗起来、好懂好说起来，瞿秋白提出的原则就是“活人的话”，即“根据活人口头上说话的文法习惯去采取外国字眼以及文言等等”。[27]

（三）重视方言土语的现代化

瞿秋白坚持“活人的话”原则而规划建设的未来汉语口语除了民众容易学习的“普通话”，还有他们的母语方言。重视方言的规划建设，强调方言土语的现代化发展是瞿秋白汉语本体规划的重要一环。

未来汉语口语规划中的方言发展策略源于瞿秋白所强调的“普通话”的上述“中立性”和“发展性”。一方面，“普通话”在发展，也需要发展，但在其赖以发展的众多资源中，方言元素极为重要。因为它们本身就是同一语言体系中“活人的话”，所以融入“普通话”所花的“成本”最少。另一方面，“普通话”还在发展中，这就意味着现实的大量沟通交际甚至文学创作等文化生活还必须依赖方言。由方言汇入普通话，这本来是一个自然而然的言语同化过程，只不过瞿秋白期待这个过程既自觉一些，又久远一些。这一同化过程在瞿秋白看来是在“土话”“方言”和“普通话”所构成的两个层面上展开的。第一层面，各个小区域的土话土语不再只有日常生活交际，而开始参与一定的共同的经济、文艺、政治和学术生活，并在一个大的区域内保持其“统一性”，比如它们的字眼在读音上的分别就不是很清楚了。第二层面，各个大区域的方言参与全国性的经济、文艺、政治和学术生活，虽然还保留各自的语法特点，但字眼已经开始逐渐靠近“普通话”。这种同化过程也被当代学者所发现。陈章太就指出：“我国方言呈现小方言向大方言靠拢，地域方言向地点方言靠拢，乡村的方言向城镇的方言靠拢，城镇方言向大中城市或中心城市的方言靠拢，所有方言向民族共同语靠拢的基本趋势。”[28]

值得特别强调指出的是，按照瞿秋白的规划设想，方言的发展还有“方言文”的支持与配合。方言文是在拉丁字母条件下的汉语书写。“拉丁化新文字运动”实际上主要就是根据瞿秋白拟订的“瞿氏方案”而实施的一种“方言文”建设实践，其中“北方话”“上海话”“广州话”等方言文实施力度较大。为了将“没有文字的人民”迅速转变为“识字的人民”，瞿秋白设想像“普通话的新中国文”那样创建拉丁字母书写的“方言文”。一旦掌握了这种方言文，学习“普通话的新中国文”也就变得很容易了。因为二者所用的字母相同、所属的言语系统相同。瞿秋白甚至设计了打通“方言文”与“普通话文”的办法，比如他将那些方言土话中本来就不曾有的“学术上、政治上的字眼”直接写成“普通话的字眼”。

2.4.3　瞿秋白对未来汉语书面语形态的构想和规划

口语白话是书面语的根。可是几千年来，中国人从来“不用白话谈论政治上、学术上的问题”，这势必使得包括方言和普通话在内的汉语口语显得“太穷乏”“太模糊”“太幼稚”，同时也制约了汉语书面语的发展。瞿秋白在特别强调未来口语发展的同时，也提出了未来汉语书面语的发展构想和规划。他明确指出，未来汉语书面语应当是“几万万群众所能够运用，容易学习，而且可以用来参加高深的学术文化生活的一种文字”。[29]可见，“基层民众立场”与“高深文化生活”是瞿秋白中国语言规划的两大基本立足点；其中，“基层民众立场”是瞿秋白规划理念中最根本的诉求。从这两大基本立足点出发，瞿秋白构想和规划了包含“汉字版”和“字母版”两种文字形态的汉语书面语建设蓝图。

（一）“汉字版”汉语书面语的规划建设

毋庸讳言，瞿秋白对汉字与汉字制度做过不少批评，甚至发表过一些在今天看来相当刺耳的言论。然而，谨慎维持汉字在汉语书写上的基本格局还是瞿秋白未来汉语书面语形态发展规划的主要思想；至于“字母版”汉语书写系统的真正建立，那至少是“五十年一百年之后”的事。[30]

这里，瞿秋白的一个重要策略就是试图建立现代汉字的概念，将现代汉字与传统汉字区别开来，以现代新中国文“真正的白话”建设为目标，整理出现代汉字系统。瞿秋白应该是最早讨论现代汉字要走“定量”之路的语言学家。在其系列论文中，瞿秋白不止一次具体谈到未来现代汉字的总体规模。他认为，从现代白话记录的需要来考察，汉字无须太多，至多两千五百字就够了，甚至有可能不要两千字。这不满两千字的标准并不是针对文盲来说的。识字的人们完全可以用这不足两千的汉字做字根来创造几万几十万新的字眼，表达那些“最复杂”“最精细”的意义。[31]这不仅意味着《康熙字典》中绝大多数汉字将退出历史舞台，那些在口语特别是“普通话”里从来不说的“传统汉字”将会被坚决淘汰掉，而且可以推断未来汉字的识读和书写应当是一件轻而易举的事。瞿秋白似乎没具体讨论到传统汉字的“简化”问题，但他严厉批评过汉字“形体十二分的繁杂”。[32] 所以，传统汉字的“简化”是瞿秋白现代汉字规划的题中之义。

后人不难看出，在瞿秋白看来，与传统汉字相比，现代汉字不仅仅有“定量”控制和“简化”要求，更重要的是其功能要实行重大调整，这就是说汉字不再具有独立意义而必须纳入现代白话的字眼建构中。也就是说，现代汉字的挑选和整理必须以现代白话的字眼书写需要为标准、为尺度。瞿秋白认为，现代汉字不等于字眼，大多数汉字单独不发生意义，只剩下字眼中的字根、字头或字尾的作用；那些被称为字头或字尾的汉字实际上就是“失去”了原本意义的字根；汉语在现代社会的高速发展使得大多数汉字即使是在单音节字眼里也早就“丧失”了最初象形会意制度下的那些意义。很明显，这样的汉字功能调整思路源于上文所述瞿秋白现代白话“单音主体”已转向“多音主体”的观察和判断。

（二）“字母版”汉语书面语的规划建设

高调引入拉丁字母的书写系统是瞿秋白汉语规划中着力最多、影响最大的一项工作。从 1929 年 2 月到 1932 年 12 月，瞿秋白先后拟订了三个版本的拉丁字母汉语书写方案。其中 1929 年 10 月正式出版的“瞿氏方案”第二版《中国拉丁化的字母》影响极大，“拉丁化新文字运动”就是以此版本为蓝本展开而名扬天下的。应该说，瞿秋白的整个中国语言本体规划建设蓝图就是在其拉丁字母汉语书写方案的基础上逐渐清晰并完整表述出来的。

如果追溯起来，采用拉丁字母书写汉语应该有五百多年中外语言学家的探索实践。[33] 1892 年出版的卢戆章著《一目了然初阶（中国切音新字厦腔）》是最早的中国方案，今天学术界通常将这一事件标示为中国语文现代化运动的起点。瞿秋白力倡建立拉丁字母汉字书写系统既有文化全球化的历史背景和时代趋势，也体现了中国现代社会吸纳世界先进文化的强烈渴求。在中国百余年的拉丁字母汉语拼写实践探索中，“瞿氏方案”的历史地位是任何中国语言规划史书写都会浓墨重彩的一章。实际上，“瞿氏方案”是 1926 年正式颁布的国家方案——赵元任领衔创制的“赵氏方案”国语罗马字的改进版。“瞿氏方案”作为民间方案最终“胜出”的根本原因早在 20 世纪 30 年代就有许多有识之士清楚地看到了。比如，霍应人（1912—1971）就曾在叶籁士主编的《世界》杂志副刊《语言科学》上发文指出："国语罗马字在创制当时就并未为文盲大众着想过。拼法的累赘繁复，和方块字一样拒绝大家去学取。所以，结果恐怕不过是有教养的文人学者案头的摆设而已。在田野劳动的农妇，是不配，而且无法穿一双高跟皮鞋的。拉丁化是为大众而创制的，虽然穿高跟鞋的人嫌它粗野鄙俗，但在大众看来，却比国语罗马字来得强。"[34]也正是因为赢得了"基层民众"的广泛支持，曾坚决反对和排斥"瞿氏方案"的国语罗马字者不得不接受这一民间方案，表达合作意愿。就连国民党中央宣传部也表示认可，不再查禁。[35]更不用说在陕甘宁边区，源于"瞿氏方案"的拉丁化新文字曾一度被确立为法定文字。

今天的《汉语拼音方案》是"赵氏方案"特别是"瞿氏方案"的继承和发展。作为新的国家方案，《汉语拼音方案》将近六十年了；作为国际标准，它也有三四十年的历史。虽然规范汉字明确为现代汉语书写标准，但由《汉语拼音方案》生成的如"GB（国家标准）""RMB（人民币）"等一批字母词，作为当代字母形态汉语发展的特别现象已正式进入当代中国人的语文生活。瞿秋白"字母版"书面语规划建设的前瞻性，后人不难看出。

（三）"真正的白话"建设才是核心诉求

其实，无论是传统汉字的现代改造还是拉丁字母书写系统的高调引进，瞿秋白的真正目的只有一个，就是要强力建立现代中国"真正的白话"。结束汉字的"密码"历史，解放中国人的"舌头"，让中国语文真正做到"言文一致"，才是瞿秋白中国语言本体规划建设的"终极目标"与"核心诉求"之所在。

瞿秋白对汉语现代化，对中国语言规划建设的自觉探索是胡适等发动的"五四"白话文运动的继续、深化和拓展。或者说，瞿秋白的探索就是由批判白话文运动的"不彻底"、批判"五四白话"与胡适"国语的文学，文学的国语"的建设目标差之甚远展开的。他认为，"真正的白话"确实是从"五四"白话文运动开始渐渐产生出来的，但"五四白话"总体上还绝对算不上"真正的白话""彻底的白话"，甚至不少是"假白话"，或者说"非驴非马"的"骡子话"：①充斥大量"文言"虚字眼，比如"因、应、但、时、尚、倘、如、若、已"等单音节词；②生造很多"生僻"汉字所构成的新字眼，诸如"训诲、碰击"以及"辉耀、耽于、无垢"等；③留恋那些并不能口语化、白话化的"文言"辞藻，比如"骄阳西斜、苦雨秋灯"等；④引入欧化文法时主要只用"文言"习惯文法。[36]他指出，这种"假白话""骡子话"直到20世纪30年代初的书报杂志还是俯拾即是；白话只不过在所谓的“新文学”里通行，文言在中国人的整个语文生活中实际上还占有统治地位。[37]所以，他要发动一场新的革命“文腔革命”。如果将清末梁启超“文体革命”算作是近现代的“第一次文学革命”的话，“文腔革命”就是继“白话革命”之后的“第三次文学革命”。实行“文腔革命”，就是要坚持“活人的话”原则，也就是“说得出、听得懂”的原则，在中国人的一切语文生活中都写出“真正的白话”。不仅文艺创作，而且外文翻译、新闻报道、学术著作乃至实用公文等都强调要写“真正的白话”。

2.4.4 结语

“语言规划”这一术语是20世纪50年代后期美国人豪根（Haugen）引入学界的，但中国自秦始皇“书同文”开始有着两千余年的语言规划史。可以说，瞿秋白中国语言规划的实践探索在从清末到民国的汉语现代化大潮中是极为波澜壮阔的一章。瞿秋白最早明确提出并系统阐述了“现代普通话的新中国文”这一口语本位的、话语与文字各形态全面发展的完整目标，使得“瞿氏方案”以及瞿秋白整个中国语言本体规划建设蓝图展现出极其显明的全面性、前瞻性和战略性。如今八九十年过去了，瞿秋白的这些探索不仅已经成为历史，而且还可能留有当年某种过左倾向的嫌疑。然而，冷静理性剖析这段历史，悉心梳理、深入总结其中那些极具建设性的成果、经验，应当能为当代中国语言规划建设发展找到不少启示和智慧。

注释：

[1][20][24][28]陈章太. 语言规划研究[M]. 北京：商务印书馆，2005：142，20，23，51.

[2]瞿秋白. 瞿秋白文集：文学编第一卷[M]. 北京：人民文学出版社，1985：103-142.

[3]王铁仙，刘福勤. 瞿秋白传[M]. 北京：人民出版社，2011：336.

[4]王铁琨. 语言使用实态考察研究与语言规划——发布年度语言生活状况报告的思考[J]. 语言文字应用，2008（4）：17.

[5][6][11][12][13][14][15][16][18][19][21][22][23][25][26][27][29][30][31][32][36][37]瞿秋白. 瞿秋白文集：文学编第三卷[M]. 北京：人民文学出版社，1985：242-244，216，241，305，296-297，257，274，284，339，342，169，209，228，298，333，337，280，319，249，280，345，137.

[7]北京师范学院中文系汉语教研室. 五四以来汉语书面语言的变迁和发展[M]. 北

京：商务印书馆，1959：116.

［8］黄志强，杨剑桥. 论汉语词汇双音化的原因［J］. 复旦学报（社会科学版），1990（1）：99.

［9］［10］杨霞. 初期现代汉语新词语研究——以《东方杂志》（1917—1921）为语料［D］. 保定：河北大学，2011：43，86.

［17］陈独秀.《独秀文存》选［M］. 贵阳：贵州教育出版社，2005：3.

［33］［35］陈望道. 陈望道文集：第3卷［M］. 上海：上海人民出版社，1981：158，156.

［34］倪海曙. 拉丁化新文字运动的始末和编年纪事［M］. 上海：知识出版社，1987：94.

本节内容发表于2017年第10期《名作欣赏》。原文题目是《瞿秋白中国语言本体规划的实践探索》，有改动。

第二部分

汉语母语基础教育

第三章　汉语母语课程改革研究

第一节　语文课程：基础学力是价值所在

3.1.1　基础教育与教育基础

多少年来，我国一直将“大学前教育”分为幼儿教育、初等教育和中等教育。而普遍地将幼儿教育、义务教育和普通高中教育这前后十四五年的普通教育统称为“基础教育”，时间并不长。但是，近年来，在整个社会，尤其是教育界，“基础教育”这一语词出现的频率越来越高。推究其原因，主要有三个方面：

第一，虽然幼儿教育、义务教育和普通高中教育这几个阶段各自的特点无疑有很大的不同，但是相对于学生一生的发展，它们所起的作用基本是相同的，即都是起的基础性作用。尽管近些年来国内许多高校，甚至像北京大学、清华大学这样的著名高校，都强调它们的本科教育要“淡化专业”，重要的是搞好“通识教育”，仍是打基础，但这时所谓的“基础”还是具有一定专业性质的。

第二，改革开放以来我国教育事业有了长足发展，高等教育开始从“精英型教育”走向“大众化教育”。在这种历史条件下，无论是政府官员还是普通百姓，谈及“大学前教育”总是要把它与“大学教育”联系起来。因为从教育与人才市场、教育与人力资源积累的关系来看，大学前教育，包括普通高中教育都只能算是“基础教育”。它们加起来即使有十四五年，也不能算是完整的教育，或者说自足的教育。称它是“基础教育”，也就意味着，这样的教育之后，还必须有高等教育或职业教育作为技术方面和专业方面的必要提升，才能将这些潜在的人才、潜在的人力资源转化为现实生产力。

第三，历史已进入21世纪。踏着WTO的平台，中国正式融入国际大家庭。然而，作为发展中国家，在全球化的竞争中，中国面临的一个严峻现实是：人满为患，而又人才奇缺，特别是在高新技术和尖端科学产业。资料显示，我国国际专利批准数不足世界的1%。可是据世界银行专家对192个国家资源存量的统计，目前全世界物质资源、自然资源和人力资源这三大资源的构成比例约为16∶20∶64。[1]可见，人才资源是最重要的资源，最富有的国家首先是人力资源最丰富的国家。那么，如何把我国沉重的人口负担转化为巨大的人力资源？大力发展教育，特别是高等教育和职业教育是我国应对经济政治全球化，提高竞争实力的一个重要战略决策。但是，职业教育、高等教育的发展却在相当大的程度上仰仗于基础教育。因为很明显，职业教育、高等教育的发展规模、发展起点都依赖于基础教育的数量、质量和水平。就学生个体来说，基础教育阶段的学习，为他们日后在职业教育或高等教育期间的学习以及终身学习准备着必不可少的知识基础、智力基础、学力基础、语言基础以及基本的情感、态度、价值观。

鉴于以上的分析，我们认为：①幼儿教育也好，中小学教育也好，都应是学生的基础教育，都应着眼于“基础”，全力搞好“基础性”教育，养成教育，不可将本来属于职业教育或高等教育完成的任务“提前完成”；②基础教育应着力打造好“基础”，切实为学生日后的职业学习、大学学习以及终身学习养成良好的学习习惯，做好心理上和精神上的准备。

3.1.2 基础教育课程改革与“基础学力”

新一轮基础教育课程改革便是从课程的深度和力度上去扭转基础教育这一现状，从而为每位学生日后的学习和发展奠定坚实而宽厚的“基础”。这一“基础”也是一个一国国民所必须具备的由“最低限度知识”和“基本能力”所构成的“共同教养”。我们不妨将这种一般公民所必须拥有的“共国教养”定义为“基础教养”。

那么，这一“基础教养”的标准是什么呢？基础教育新课程的“培养目标”为我们做了一个原则性的描述：“具有爱国主义、集体主义精神，热爱社会主义，继承和发扬中华民族的优秀传统和革命传统；具有社会主义民主法制意识，遵守国家法律和社会公德；逐步形成正确的世界观、人生观、价值观；具有社会责任感，努力为人民服务；具有初步的创新精神、实践能力、科学和人文素养以及环境意识；具有适应终身学习的基础知识、基本技能和方法；具有健壮的体魄和良好的心理素质，养成健康的审美情趣和生活方式，成为有理想、有道德、有文化、有纪律的一代新人。”[2]

上述目标可以初步概括为相互关联、互为一体的四个方面，即“文化观念”“公民意识和素养”“身心素质”和“基础学力”。这就是说，我们的基础教育应主要从“文化观念”“公民意识和素养”“身心素质”和“基础学力”四个方面为学生打造好基础，奠定好他们进一步发展所必需的“基础教养”。

第一方面，“文化观念”具有精神引导意义。它可以看作近代学校体系建立以来造就社会所需国民的基本任务之一。就我国来说，基础教育阶段应让学生浸润于深厚的中华文化中。这是一种新型的民族文化，它植根于五千年辉煌灿烂的传统文化，又不断吸纳继往开来、与时俱进的革命文化。在这种具有鲜明民族性和时代性的文化熏陶浸染下，学生的思想政治觉悟将会不断提高，“具有爱国主义、集体主义精神，热爱社会主义”是这一思想觉悟的最集中体现。

第二方面，“公民意识和素养”是一个现代成熟公民的基本要求。它以社会责任感为核心，具体表现为一个公民在社会群体活动中所必需的公共意识、群体意识。如调整社会利益关系的民主意识和法制意识，解释个体存在意义、存在价值的“世界观、人生观、价值观”以及个体从群体中寻求生命意义的“为人民服务”精神等。

第三方面，“身心素质”在这里主要是指学生学习和创造所必需的生理和心理素质。学生“身心素质”良好、过硬不但因为他具有健康、强壮的体魄，更因为他具有一种积极向上的生活态度、情意盎然的生活方式，以及不怕任何困难，敢于冒险拼搏的精神。

上述三个方面基本上可以归结为一个精神问题、信念问题。因为从它们各自内容的分析来看，无论是“文化观念”，还是“公民意识和素养”，还是以健康、强壮的体魄为基本要求的“身心素质”，无不关涉人的“精神”、人的“信念”。学生在这些方面的发展，首先是他们的“精神成长”“信念生长”。

第四方面，“基础学力”是学生通过学校系统学习发展起来的以“读、写、算”为核心的学习能力。[3]借助于“冰山模型”，可以比较清楚地找出其基本结构。那种显性的“知识、理解和技能”是浮出水面的“冰山一角”，而隐性的“思考力、判断力”和“关心、动机、态度”虽隐匿于“水下”却支撑着其浮出水面部分。这就是说，“读、写、算”等“基础知识、基本技能和方法”有“思考力、判断力”和“关心、动机、态度”等因素作为智力支撑和动力保证。

主要由这四个方面形成的“基础教养”有一个发展的基点，这个基点就是“基础学力”。“基础学力”之所以成为“基础教养”发展的“基点”，是因为其他三个方面的发展，或者说学生的“精神成长”“信念生长”是建立在“基础学力”，尤其是“读、写、算”等“基础知识、基本技能和方法”的基础之上的。

因此，基础教育应当主要从以上四个方面为学生奠定宽而实的基础，并以“基础学力”为发展基点，形成他们进一步学习和终身发展的“基础教养”！

3.1.3 基础学力与奠基性课程

在我们所讨论的“基础教养”的形成过程中，语文课程发挥着非同一般的奠基性作用。

（一）精神信念的潜在影响力

在我们所说的学生“精神成长”“信念生长”方面，语文课程的影响和作用是潜移默化的，也是极为深刻的。

从课程发展来看，我国古代的“基础教育”，基本上就是围绕语文课程而展开的“百科全书式”教育。从课程设置看，其实就只有语文一科。但语文课程囊括了几乎一切学科。举凡语言、文字、文学、哲学、伦理、地理、历史、科学都属于语文教育的范畴。人文也好，科学也罢，都在语文教育中。只是近现代以来，课程分化为众多学科，语文才从中独立出来，“专司语言、文字的理解和运用之职”。[4]

但是，语言文字的理解和运用绝不单单是一个技术性的语言文字掌握问题。语文学习、言语习得过程，实际上就是一个主体精神、主体人格的成长和发展过程。从某种意义上说，“学习一个词，就是给人的精神打开一扇窗；学习一句话，就是给人的精神打开一扇门；学习一篇文章，就是把人领进一番新天地！语文教育中常常要替换一个语词，调整一个句序，说透了，实际就是精神动作——精神替换、精神调整！”[5]中国古代早有“文道合一”之说，今天论者更是进一步宣称：“文”就是“道”，二者其实是“一体二名”！[6]就如同“光”和“波”，“文”和“道”其实是一个事物两种不同的表征。从“文道合一”到“一体二名”，虽然古人与今人的“道”有相当大的差异，[7]但在我们看来，“文”与“道”从来不曾分离过。人接受语言的过程与人的精神成长、信念生长过程几乎是同步的。从这个意义上说，任何时候语文的学习、语言的习得，都是跟人的精神成长和人格发展联系在一起的。

语文课程在学生的精神领域具有如此重要的影响，我们认为，其深层次的原因在于“语言是文化”。语言的学习过程首先是文化的习染过程、熏陶过程。而母语的学习过程，就是本民族文化的教化过程、濡染过程、接受过程。所以日本学者就宣称，只要日文在，就有日本文化在，就有这个民族在，因而也就不会出现全盘西化问题。[8]日本人有如此胆识，如此信念，其他国家也是这样。美国作为一个移民国家，独立之后遇到的一个主要问题，就是如何使得来自不同国家、不同民族的人民“美国化”。他们制订的学校课程计划就很有意思，即其他学科，包括理、化、生，甚至数学都可以是选修课，但其民族共同语——英语，始终是“学校课程中主要的必修科”！[9]也因为如此，法、德等欧洲国家的语文课程都非常重视和强调民族文化、民族人文精神的弘扬。它们强调语文实际上就是思想、道德、伦理、信念等精神的载体。

所以，母语教育，语文课程，说到底，就是“民族文化的教化”，就是“人的精神培植”，就是“丰富和发展人的个性生命”！这是母语教育最根本的内在本质，也是语文课程对于学生“基础教养”的形成和提高具有不可估量的奠基性作用之一。

（二）“基础学力”的奠基性课程

如果我们从学生“基础学力”的获得来看，语文课程的意义和地位也是极不寻常的，其奠基性更加鲜明、突出。

随着社会和认识的发展，一方面，作为“基础学力”核心的“读、写、算”的具体内涵在不断地变化和发展。早先，在西方，学习读、写、算，就是为了读圣经、抄圣书、算祭典日。直到100多年前，中国读书人的“基础学力”还是读和写，读主要是背四书五经，写主要指写毛笔字及八股文。世纪之交，随着信息社会的逼近，作为“基础学力”的“读、写、算”有了新的内涵。比如，“阅读能力不仅仅是语言文字的阅读能力，而是以语文阅读能力为基础，包括外语阅读能力、数学阅读能力、科技阅读能力在内的综合阅读能力；而运算能力不仅包含纸笔演算、心算、口算能力，还包含了应用计算器、计算机完成基本计算的能力”。[10]另一方面，作为学校基本教学目标的“基础学力”本身的具体内涵也在不断地变化和发展。在日本，1989年《学习指导要领》着力倡导的一种新学力观，这是“重视每一个学生的‘兴趣、爱好、动机、态度’并求得‘兴趣、动机、态度’与‘知识、理解’的均衡学力观”。[11]它要打破长期一贯的“应试学力”，即一味强调学生做出“知识、理解”的“正答”的死记硬背，从而尊重每一个学生的个性，培育每一个学生的思考力、判断力、想象力、创造力。这种学力观重视人际沟通，重视合作能力的培养，因而在教学中重视学生的阅读、写作、讨论、判断和表达。在中国，基础教育课程改革倡导一种“学生发展为本”的新基础学力观。这种新的基础学力观是主张构建一种由基础性学力、发展性学力、创造性学力构成的基础学力体系。[12]其中，创造性学力有着丰富的内涵，它不仅包括适应知识经济时代要求所必需的知识、经验积累，必需的探求态度、批判与创新能力，而且还包括现代社会人们对知识的开放性（无限性）、多维性（多元性）认识。这种创造性学力的培养是以往基础教育课程不曾有过的。

我们不难看出，尽管“基础学力”及其核心“读、写、算”的具体内涵随着时代和教育的发展有这样那样的变化，但是，人们对“基础学力”特别是以“读、写、算”为基本内容的“基础知识、基本技能和方法”的重视始终不变；同时，作为基础教育“奠基性课程”，语文课程对“基础学力”的具体内涵的最终实现起着“奠基性”作用这一发展趋势始终不变。

从历史来看，早在19世纪后半叶，近代学校教育最早普及的西欧各国，其公共教育都将重点瞄准被称为“三基”的“读、写、算”。整个20世纪及至21世纪的今日，西欧各国学校仍坚持承担这一使命。[13]而从当前终身学习的角度来说，“任何一个学习课题的完成都可能回归到最初的认知状态，因此，作为教师对那些学习困难的学生应当及时地加以补课，特别是语文学科、数学学科”。[14]就是说，没有在“语文学科、数学学科”所获得的“读、写、算”基础，人们终身学习遇到的任何一个学习课题都有可能难以完成。

正因为如此，“语文”作为基础教育最重要的课程，在美国等发达国家那里一直在呼吁、在强调。其中对阅读能力就相当重视。他们明确指出，一个人的阅读水平的高低，决定着他知识总量的多少，知识总量的多少决定了他的工作质量的优劣，而工作质量的优劣，则决定着他薪金数目的多少。因此，阅读能力能够转化为一笔经济财富。[15]而这个连环，不仅适合于个人，也适合于地区以至国家。阅读是这样，听、说、写更是这样。

所以，我们说，中小学教育是基础教育，在整个基础教育课程体系中，语文课程是最基础的“奠基性课程”，或者说“母课程”。从课程之间的关系看，其他任何一门课程的学习，包括外语课程的学习都需要语文课程提供最基本的语言基础、学力基础、智力和情感动力支持。因此，在课程计划中，它的课时量总是最多的。新一轮基础教育课程改革后，虽然因为增加了6%～8%的综合实践活动及10%～12%的地方和校本课程，语文课程的课时量由1992年的24%减少到现在的20%～22%，但仍高出数学课程7个百分点，[16]其他课程更不能与之相提并论了。

注释：

[1] 吴迎春．政府、企业与教育界合作开发人力资源［N］．环球时报，2001-05-25.

[2][16] 钟启泉等．《基础教育课程改革纲要（试行）》解读［M］．上海：华东师范大学出版社，2001：4，69.

[3][13] 钟启泉．学科教学论基础［M］．上海：华东师范大学出版社，2001：181-183，181.

[4] 施仲谋．语文学科性质的探讨［C］// 欧阳汝颖．高效能中文教学．香港：香港中文教育学会，1998：75.

[5][6] 韩军．母语教育的实质就是精神教育［J］．语文学习，2000（6）.

[7] 张公瑾，丁石庆．文化语言学教程［M］．北京：教育科学出版社，2004：40.

[8][14] 钟启泉．"指导纲要"与学科教学改革［J］．中学语文教学，2001（1）：6，3.

[9][15] 倪文锦．语文教育展望［M］．上海：华东师范大学出版社，2002：11，72.

[10] 许世红．信息素养在课程与教学改革中的地位［N］．中国教育报，2002-10-06.

[11] 钟启泉．论"教学的创造"——与日本教育学者佐藤学教授的对话［J］．教育发展研究，2002（7-8）.

[12] 章淳立．高中研究型课程及其它的开发与实施［J］.上海教学研究，2000（7-8）.

本节内容发表于2005年第4期《天津师范大学学报（基础教育版）》。原文题目是《从"基础学力"看基础教育和语文课程》，有改动。

第二节 语文课改：民族化是不变的灵魂

3.2.1 回眸百年语文，警惕教改中的花拳绣腿

1904年语文与经学、史学分离，独立成为一门学科，标志着我国语文教育踏上了现代化的道路。[1]然而语文教育的现代化是一个坎坷而漫长的行程。近

百年来，五六代语文学家、语文教师为之做出了不懈的努力；特别是近二十年来，语文教改的浪潮一浪高过一浪，参与教改的人员一年多于一年。

他们的成果是可喜的，他们的功劳是不容抹煞的。

——清朝末年，“中国文学”课，简称“国文”，作为语文课最早的名称，在“中学为体，西学为用”的口号声中诞生，将语文教育从读经、读史、写八股的科举教育中解放出来，西方新的科学知识开始进入语文课堂。

——“五四”时期，为革新文言，以开启民智，纯文言的“中国文学”课一变而为“国语”课。文言文一统天下的局面开始被打破，各门科学开阔了学生的现代视野，言文一致，“我手写我口”的文风得到大力提倡。

——20世纪50年代，原来的“国文”“国语”第一次正式改成“语文”，认为“语”“文”密不可分，听说读写并重；同时学习苏联俄语和文学分科教学的经验，强调汉语知识、文学知识的系统性，并尝试将“语文教育与文学教育分开”。[2]

——改革开放以来，各地语文教改、实验全面展开。1986年开始实行的“一纲多本”，1992年后实行的“多纲多本”取代了过去几十年一贯的“一纲一本”制，开启了语文课程、语文教材乃至于语文教育教学百花齐放的新局面。

从这简单的百年步履回眸中，我们不难发现，我国语文教育紧跟时代的步伐，一路学习西方教育发达国家，在向现代化目标前进的道路上，取得了令人瞩目的成就。然而，只要清醒地反思一下语文教育现代化走过来的路程，我们又会看到，这一学科教育的每一次进步，都是对西方发达国家教育的一次借鉴、一次靠近。或“效仿”欧美，或“师从”苏联。而它的每一次进步都伴随着对我国汉语教育传统的一次“否定”，或者进一步来说，它的每一次进步都是以对民族传统的“否定”为代价的。

——“中国文学”课开始吹进了西洋西学的新鲜空气，但却慢慢失去了传统“经”“史”的厚重。

——“国语”课一改我国语文教育长期“言文分离”的局面，为解除民智不开的症结立下了汗马功劳，但一味贬损和拒绝文言却又为以后出现语言“粗俗贫乏”的不良状况提供了土壤。[3]

——语文分科教学促进了学科发展的科学性，也突出了语文教育中的关键内容——文学教育，却助长了语文教学过分追求知识系统化，教学“满堂灌”，甚至以“语文知识”的掌握为学习终极目标的恶劣风气；时至今日，这种风气一发而不可收。

——“一纲多本”“多纲多本”无疑给语文教学带来了无限生机，给广大教师参与教改、进行教育教学研究提供了广阔的舞台。很快，语文教坛上就不断涌现出各种教学新模式、新方法；但是在这一过程中，语文教学的形式主义也开始泛滥起来。许多教师不顾这些模式、方法的实质，只是一味争相模仿，仿佛语文教学的真谛全在这些模式、方法花样不断翻新的“形式”上。

不难看出，在向他人学习的过程中，我们自觉不自觉地将我们的传统差不多一股脑儿全部丢掉了，最后在我们的语文教育教学当中几乎很难找到属于自己的东西，更别说语文教改有实质性的进展，学生的语文能力有实质性的提高了。

3.2.2　悉心整理过往，珍惜曾经有的教育智慧

教育观念、教学内容应随着时代的发展而不断更新。语文教育当然也不例外。但是我们在借鉴他人发展自己的时候，却不能不慎重考虑“留住”属于自己的东西，保持自己的个性。我国传统语文教育有许多值得后人好好继承的东西。它们当中很多是我们民族教育文化的精华，是我们本应该非常熟悉、感觉非常亲切的。比如“温故而知新”，比如“三人行，必有我师”，比如“书读百遍，其义自见”，等等，不胜枚举。作为一个拥有辉煌历史的文明古国，我国拥有极其丰富的母语学习智慧。这里主要集中谈谈六个方面的传统经验和做法。

（一）文史结合

传统语文教育中，学“文”往往也就是读“史”。俗话说，“文史不分家”。但是，我们看到，在现在的语文教材编写方案中，总要突出语言知识和文章知识在整个教材结构中的地位；于是以五千年璀璨历史为主要内容的民族文化知识在教材中的比重显得非常薄弱。“语言是文化的载体”为语文界的广泛共识。但现在语文教材的文化“含金量”，特别是民族文化的“含金量”并不高。中华民族的灿烂文化，尤其是汉语汉民族的悠久文化，不同地区的风俗习惯，特别是具有浓郁地方色彩的风土人情，在所选的课文中很少得到反映。学生中学毕业，对我们这个民族究竟了解多少，我们实在没有底。因而，学生对自己民族的感情，对自己民族的责任感、使命感从何产生，我们不能不打一个问号。

特别是在外来文化不断涌入的今天，我们更应该对这个问题保持警觉。要

让我们的学生在学习祖国语言、民族语言的同时，熟悉我们民族的历史，增强我们的民族感情，从而激发他们的民族自信心、民族自豪感。

（二）名篇背诵

对于语文学习来说，究竟是掌握语文知识重要一些呢，还是积累言语材料更具有本质的意义？应当说，语文，在语文学家那里，是一门“科学”，讲究“分析”，讲究“结构”，讲究知识的系统性、完整性。但是，在学生这里，作为一门“学科”，它又不同于其他学科，讲究“感受”，讲究“意会”，讲究一定积累之后的“妙悟”。特别是王力先生说的“人治”的东方语言汉语，作为一种非形态语言，不像西洋语言那样，非得遵循严格的语法规则，非得考虑语词不同形态的变化。[4]汉语语素的组合以意义的完整为目的，语词的意义依具体语境的不同而不同。语词组合的高度灵活为汉语表达提供了广阔的驰骋空间，又给学习汉语、掌握汉语提出了更高的要求。

语文这门学科的特点，尤其是汉语这种语言的特点，要求学生不能只是凭借“分析”去把握知识，而必须通过大量言语材料的积累，在广泛的语言运用实践中，增强语感，领悟到言语的真谛，最终达到汉语言文字的运用自如。究其本质，语文学习的过程，绝不仅仅是一个理解的过程，而是一个全面调动学生的心理，感性与理性共同参与的过程，一个亲身体验的过程，一个积淀的过程。那种认为只要“懂”了就一切都迎刃而解的观点，是不符合语文学习实际的。

可见，语文学习的一个至关重要的内容是积累足够数量的言语材料，而且这些言语材料是“活生生”的，“有血有肉”的，是和说这些“话”的人，说这些“话”的时代氛围、具体环境联系在一起的。这样的材料绝不可以从词典中找到，而只能从具体的言语作品，特别是从作为语言艺术的文学作品中找出来。

所以，背诵名家名篇成为当前有识之士的共同呼声，同时这条语文学习的路子也是前人留下来的宝贵经验。

如果我们不对“名家名篇”作过于狭隘的理解的话，那么，学生背诵的内容不光是经典篇目，还应该包括现时代的“名家名篇”。

（三）对仗训练

我们的语文课堂里，我们的语文作业中，有太多的语法训练、修辞练习，但其实都不是真正意义上的语文训练，充其量只能说是对语文知识的强化和巩固。这些训练，这些练习，毫不客气地说，非但对学生语文能力的提高、语文素养的形成帮助不大，反而打消了学生的语文学习兴趣，将学生的语文学习引入歧途。

最能体现中国民族语文的特点，而且会比较快地“提升”学生语文素养的语文训练，恐怕是我们先辈们创造的对仗、对对子。中国字有平上去入，这是西洋文字所没有的；平上去入使诗句对仗、音节铿锵，更是西洋诗歌所没有的。20世纪30年代初，陈寅恪先生为清华大学命拟入学考试国文试题，就让学生对对子。[5]此举至今传为美谈。因为“孙行者”仅仅三个字，既考了语法，又考了音律，最值得珍视的是考生所对的“胡适之”“祖冲之”，出题者所拟的“王引之”等又极其鲜明地反映出了他们各自的知识、见闻、思维和学养。无独有偶，当年鲁迅在“三味书屋”读私塾时，那位令人尊敬的寿老先生就是这样通过对对子，引导这位世界顶级文豪走上文学之路的。

足以让后人扼腕长叹的是，对对子这种完全行之有效的语文训练方法，在人们一味拒绝文言、贬损旧诗的时候，不是被束之高阁，就是简单而又轻率地被“送到历史的垃圾堆里”去了。

（四）书法研习

毋庸置疑，电脑这一现代书写工具的普及，对我国的汉字书法教育是一次前所未有的冲击。但是，汉字书法作为我们民族的一门传统艺术，它所具有的陶冶心性的作用，它所具有的独特的教育价值，则是电脑所不能代替的；况且，电脑所能显示的各种字体大都是手写体的模仿和再加工。可以说，没有书法艺术的“千姿百态”，就没有电脑字体的“花样翻新”。

能写一手漂亮的好字，不知能为你的文才增色多少。很多学生对语文课的喜爱，对文学艺术的痴情，都源于他们对书法艺术的嗜好和灵感。历史上有多少文章大家的书法不是有口皆碑、世代传颂啊！比如王羲之、苏轼、毛泽东，等等。

但是，不知从什么时候起，中学的书法课不见了。即使有的学校课程表上排了，有关的教材也发了，但是学生就是见不着书法老师。

（五）策论写作

现在的中学生，包括高中生，写的主要是记叙文。即使是议论文，也多为读后感、杂感之类。他们接触到的话题也许有“家事”，但却很少深入到“国事”“天下事”。在他们的文章中，他们永远是火热生活的“旁观者”，只是要求客观地记叙周围发生的事情，或轻描淡写地发表一通所谓的“感想”，或隔靴搔痒地摆出一些所谓的“议论”。

儒家的礼教传统、科举教育的直接影响，使得传统的语文教育十分重视学生策论的写作。“修身、齐家、治国、平天下”一直是士子们文章写作的“永恒的主题”。客观上，传统语文教育这一特殊的环境让普通的“读书人”有了一种对社会“发言”的机会，作为国家“主人”的机会（当然，这完全仅仅停留在文字上，停留在考卷上，并且与忠君思想紧密地联系在一起）。

1912 年，毛泽东中学时代的一篇作文《商鞅徙木立信论》，在先生那里拿了一个满分。[6] 毋庸置疑，这与他那鞭辟入里、言之凿凿的文采和议论有关。但难道我们不认为，更主要的是因为青年毛泽东忧国忧民的宽大胸怀，以及作为中学生就关注全民素质的宏伟胆略将他的先生“征服”了吗？

中学生的写作，不应仅仅停留在“一般的情意传递”上，还应该是一种政治参与手段、民主表达手段。而当写作成为学生个体对群体、对社会的一种“发言”时，他们的人格素养便能够得到更为全面、更为协调的发展。

（六）诗歌创作

魏晋以来，特别是到了唐代，审美文化教育蓬勃地发展起来。[7] 知识分子都以写得一手好诗而洋洋自得。这种风气一直流传到近代。但是，伴随着文言与旧体格律的受贬损、受排斥，诗歌在学生心目中的“崇高”地位动摇了，文学教育、审美教育被冷落到一旁；学生趋之若鹜的是纯理论的以语法为核心的语言知识和以文体为核心的文章知识。到头来是中学学大学的知识，大学又要花大气力补中学的课程。

文学语言，特别是诗歌语言最具灵性，最能体现人的个性和创造力。中学生这个年龄段最具活力和浪漫色彩，因而也适于写诗。所以，在中学，特别是高中，要让文学习作有一席之地，尤其是诗歌习作。反对中学生写诗无异于扼杀青少年的天性。中学生应当养成诗文写作的终身爱好。

3.2.3　面向新的世纪，创新民族化的母语教育

由此可见，从课程设置、教材编写（文史结合）到教学方法、训练方法（名篇背诵、对仗训练、书法研习）乃至教学目标、学科目标（策论写作、诗歌

创作），传统语文教育中都有许多值得我们继承的东西。

在语文教育向现代化进一步迈进的过程中，我们开始有了许多迷茫和困惑。这些迷茫和困惑，使得语文教育的现代化道路步履维艰，是影响母语教育进一步发展的巨大障碍。

笔者认为这些迷茫和困惑主要是：

——如何评价一个学生的语文学习成绩，怎样评价一个语文教师的专业能力？

——学生究竟需要什么样的语文修养，什么样的语文课才能使他们具备这种修养？

——语文学科应该向其他学科借鉴些什么，语文学科应该保持自己怎样的色彩，怎样的个性？

应该说，我们之所以对上述语文教育带根本性的问题迷惑不解，就是因为我们一度把我们语文教育许多非常好的传统丢在了一边：学的是汉语，用的却是其他国家某些语言的学习方法；学的是汉语，却不能很好地激起对汉语以及以汉语为民族共同语的中华民族的深厚感情。

如果我们对传统的语文教育的理论与实践重新加以审视和估价，解决上述诸多带有根本性的问题或许就能找到新的突破口。

（一）评价标准

我们需要检测学生现实的语文成绩，我们也要考查他们将来的语文潜力。我们有必要检查学生对课本语文基础知识的运用情况，我们更应该了解他们对课外阅读材料涉猎的广度和深度。我们需要看看学生在其表达实践中综合运用各种知识、各类材料的能力，我们更应当关注他们对学校、对家乡、对社会、对国家、对整个世界究竟了解多少，关注他们作为一个公民、作为公众的一分子，对群体、对社会做出了怎样的“发言”。

至于语文教师的专业能力，首先我们得看他本人的语文基本功如何，如是否具有扎实的文学功底，其口才、书法、文笔是否足以让学生钦佩和仰慕；其次，我们要看他在语文这一学科的教育教学理论方面是否有独到的见解和主张，是否在自己乃至一定范围内的实践上有独创，而且这些独创是系统的、有逻辑的。

（二）课堂范型

语文知识可以作为学生语文能力发展的脉络和线索，语文知识也可以是语文能力发展的准备和手段。但学生所需要的语文修养并不是对于语文知识的“烂熟于心”，而应该是以对言语材料的熟悉和敏感为基础，以对言语材料的文化内涵、文化背景的领悟及其储备为核心的一种综合文化底蕴。语文课堂活动本质上不是一种仅以对言语内容的理解为目的的活动，而是一种以言语材料的内容和形式作为一个整体为学生所熟稔、所掌握，并化为他们自己的思维工具、思维方式的活动。这样看来，什么样的语文课堂活动形式最能体现这一本质呢？这不是一个可以简单回答的问题。一段时间以来，形式主义的做法搞乱了人们的思想，形而上学的倾向更使语文教学蒙上层层阴影。最后，弄得广大教师束手无策。

其实，传统的“讲析法”如果用得好，“讲”得精彩，“析”得入情入理，学生会听得入神，有“如坐春风”之感，他们便不知不觉地受到“讲析”语言的感染，不知不觉地开始运用所听到的这些富有感染力的语言进行思考、想象和判断。相反，如果新型的“问答讨论法”用到课堂上，只是以通过共同讨论的途径达到仅仅理解内容为目的，那么，具体的言语材料形式学生还没有掌握，学生的语文能力还是不能上一个新的台阶。所以，关键是我们的这些方法用在此时此刻，能不能促进学生将当下的言语材料的内容和形式做整体的内化。

（三）学科特色

语文学科需要借鉴和吸收其他学科的一些成功经验和做法。外语学科坚持以理论知识作为教材主线，数学学科把学生训练作为课堂活动的“重头戏”，这些对语文教学无不具有启发意义。但是，作为本民族语言的学习，作为“重人治”的汉语的学习，语文学习无论是其内容还是方法，都应具有民族性、具有我们民族的特色。我们要通过本民族语言的学习更多地了解我们本民族的东西，并使我们对社会的“发言”无论是形式、内容，还是主题倾向都带有鲜明的民族性。而我们对于本民族语言的学习方法也因为其“重人治”“重体验”“重意会”的民族特色而区别于其他语言的学习。在我们的教材中淡化语法内容，突出语用学知识在学习中的“渗透”，应该是一种明智的选择。至于强化背诵要求，继承对仗训练的好传统，更在不言之中了。

同时，语文学习不是一种纯理论的学习，像数学那样。语文学科因为具有鲜明的综合性、实践性，与学生的生活关系十分密切，注定它要与学生的生活紧密联系起来。所以，课堂以外的以语文活动为形式的实践活动是语文能力发展的真正舞台。那些属“作业”性质的种种语文活动对于语文能力的发展来说终究“成不了什么大气候”。学生时代写作政论、策论，创作诗歌、小说，对语文能力的发展来说，是再怎么强调也不过分的。

总之，未来21世纪语文教育的现代化不可忘掉其个性化、民族化，民族化是语文教育的灵魂。

注释：

[1] 谢象贤. 语文教育学 [M]. 杭州：浙江教育出版社，1993：93–95.
[2] 陈新民. 语文学科亟需更名 [J]. 社科纵横，1999（6）：84.
[3] 杜善常. 语言粗俗贫乏与语文教育理论 [J]. 语文学习，1999（2）.
[4] 王力. 王力文集：第一卷 [M]. 济南：山东教育出版社，1984：35.
[5] 丁零. 关于“对对子” [N]. 世界日报，1932–08–07（12）.
[6] 竺柏岳. 读毛泽东19岁时的作文 [J]. 语文学习，1994（10）.
[7] 丁钢. 文化的传递与嬗变 [M]. 上海：上海教育出版社，1990：55.

本节内容发表于1999年第7期《中学语文教学参考》。原文题目是《民族化：语文教育的灵魂》，有改动。

第三节 语文课名：汉语课程是法律规范

母语当然是民族的，母语课程走民族化道路毋庸置疑。但大约从“语文”成为课名那天起，中国主体母语课程的民族特质不断丢失，最终导致母语课程成为国人不能不为之感到纠结的教育话题。

3.3.1 规范课程名称：汉语课程

（一）“汉语”课名合乎学术规范

“语文”不是一门课程的规范名称。充其量只是汉语特定语境下的一个俗称或特称。因为，从严格学术意义上讲，“语文”是表集合概念的统称，指“各种”曾经和正在使用的拥有文字的成熟语言。对全球来说，包括英语、法语、德语、俄语和日语，也包括拉丁语、希腊语。对当今中国来说，中国语文除了早已进入联合国官方语言系统的汉语外，还有受中国法律保护在一定范围使用、交流和教学的蒙古语、藏语、维吾尔语和壮语等少数民族语言。

汉语是中国90%以上人口的母语。明确并郑重标识中国主体母语课程为“汉语课程”，是尊重学术规范，尊重历史和现实，彰显课程命名规范性、严肃性的重要体现。

“汉语”课名合乎学术规范。[1]国际上，母语课名通常都是拿自己的民族名来称呼的，如英吉利称英语，法兰西称法语，俄罗斯便称俄语。明确以民族名称称谓母语课程，不仅彰显其语种类别和民族特征，也是国际上的通行做法和学术规范。汉语一直是中国的官方语言，是汉族母语与各少数民族母语在互动中发展、繁荣起来的中华民族共同语。[2]历史上，中国各少数民族乃至周边国家不仅都有不少汉语学习经验，而且形成了以中国中原地区为中心的汉语文化圈。今天，作为联合国正式用语的中国语文，汉语有着比历史更广泛的国际知名度。世界因汉语而了解和走近中国。

将汉语课程统称为语文课程，忽视、模糊和掩盖了所学语言的个性特征，特别是其最基本的民族性也被忽略甚至湮灭掉了。无视语言的个性特征，看不到语言与学生的生命和文化身份关联，这不仅消解了学生的学习动机，而且妨碍了他们的精神成长。如仅仅将母语视为一般意义上的交际工具，事实证明，学生的学习热情、学习劲头会大打折扣，这门课程的“基础”和“必修”性质也因此遭致怀疑和贬损。对心理等各方面还不成熟的学生来说，若学习对象跟他没有特殊的情感联系，与他的生命和文化身份没有太多瓜葛，很难让他真正花精力去学习。对此，法国人阿尔封斯·都德早在一百多年前就曾做过生动而真切的文学阐释！[3]明确强调学的语文是汉语文，让学生深切感知汉语的特点和优势，了解以汉民族为主体的中华民族由汉字记载的悠久历史、灿烂文化和独特智慧，体认自己是以汉民族为主体的中华民族的一员，母语课堂将会展现出一派新气象。厚重的汉语文化及由此激起的民族自豪感、责任感和使命感，是学生汉语文课程学习的不竭动力！

（二）“汉语”课名合乎法律规范

“汉语”课名符合中国法律及中国语文教育的实际。2000年颁布的《中华人民共和国国家通用语言文字法》规定：“国家通用语言文字是普通话和规范汉字”，同时明确指出“学校及其他教育机构通过汉语文课程教授普通话和规范汉字”。[4]中国法律条文中“汉语文课程”的表述是确认中国主体母语课程为

“汉语课程”的明确法律依据。这一法律条款的拟定尊重了中国语文教育的实际。在中国，通用语言文字是普通话和规范汉字，汉语教育属于民族共同语教育。中国语文教育除了民族共同语教育外，还有以英语、俄语、日语为主要语种的外语教育，以及藏语、维吾尔语、蒙古语等少数民族母语教育。所有这些语文课程都是中国语文教育的管理和研究范畴，中国语文教育是涵盖作为民族共同语的母语、外国语以及少数民族母语三个层次的教育结构和网络。把汉语教育统称为语文教育不能准确反映中国语文教育的实际。其实，20 世纪 50 年代，即 1956 年至 1958 年，中国普通中学曾普遍推行汉语、文学分科教学。[5]那时的母语课程之一就明确称为“汉语”，中国有过将主体母语课程称为“汉语”的实践。后来回归到“语文”，不是因为“汉语”称名出现失误；恰恰相反，是中国母语教育迷失了民族化道路，盲目陷入分科教学泥潭，不得不回归到作为汉语文教育传统的统整课程。这正如一位资深教育专家所指出的：“民族语教育：语文教学之‘魂’。”[6]

3.3.2　提高课程目标：修身做人

（一）高举修身宗旨

修身做人是教育的终极目标，也是每一门课程的共同目标，更是汉语文教育的民族优良传统。以汉语文教育为基轴的中国传统教育一直看重修身做人在教育目标中的地位。《礼记·大学》就明确指出：“自天子以至于庶人，壹是皆以修身为本。”[7]从汉唐官学到晚近私塾、书院，读书都与修身做人紧密联系在一起。“风声雨声读书声，声声入耳；家事国事天下事，事事关心。”形象地描述了学习与修身做人间的紧密关联。中国现代教育将汉语文教育从整体教育中剥离独立出来，凸显了母语教育在整体国民教育中的价值和地位，也有利于汉语文教育规律的集中探讨和研究。但因众所周知的原因，中国现代教育史在很大程度上就是以汉语文为标志的民族文化一再被厌弃、被漠视的历史。在这样的文化演进情势下，本土汉语文的特点优势根本无法得到应有的关注、重视和研究，西方他族语言则奉为世界语文发展的范本，外语学习办法也被认作母语学习的圭臬。这严重阻碍了中国学生汉语学习的成效以及健康心灵的成长。

新课程改革试图倡导一种能够彰显民族文化的课程取向。汉语文课程不仅“总目标”有“考虑汉语言文字的特点”“吸收民族文化智慧”等新理念，“阶段目标”也有“感受汉字的形体美”“书写中体会汉字的优美”“体会书法的审美价值”等反映汉语文特点的要求，甚至“注重继承和弘扬中华民族优秀文化”，注重“体验、感悟”等理念成为教材编写和课堂教学的新指南。[8]但在课程实施中，这一课程取向并不十分清晰。若汉语文课程旗帜鲜明地倡导“要做人，学语文”的修身宗旨，并以此作为课程开发和实施的重要策略，汉语母语就不会再沦落为一种与生命意义关联不大的普通工具了。

（二）传承中华文化

汉语文教育的民族文化课程取向并不清晰的另一重要原因是，汉语文文本究竟应该展现以汉民族为主体的中华民族哪些文化精华、哪些做人的智慧、哪些可以流入学生血液中的精神遗产，国人还是很模糊、很彷徨甚至还存有疑虑。这一“文化困惑”现象直接导致课程教学实践中大家对汉语文文本的读解没有一个严肃的态度。课堂中一再上演一些不具备教学意义却带“反教学”性质的教学事件。在培养批判性阅读方法和精神的名义下，放任文本，对文本做无基本立场的解读。本意是激发学生的创造性思维，结果却是误导学生，甚至戕害学生心灵。比如，阅读《愚公移山》，学生在愚公及其家人身上看到的本应是一种不畏艰难、坚毅执着、精诚一致的精神和智慧，结果竟然是愚公“真愚”！什么没有环保意识，没有发展眼光，没有灵活的头脑，“一根筋到底”，不一而足。甚至质疑山不是愚公所移，而是夸娥氏二子完成。[9]一个瑰丽无比的民族神话被亵渎为一个普通的现代农村叙事。教材也好，教师也好，对汉语文文本究竟蕴含哪些文化精华值得学生去传承处于一种困惑甚至缄默状态，那么怎么能要求学生进行创造性阅读和写作呢？他们在课堂不放野马还能怎样？令人欣喜的是，国人终于在洋人众目睽睽面前拣出了一个“和”字。那还有哪些字可以自豪地亮出来呢？“孝”字可以吗？——汉语课程言语作品的文化内涵一旦明确，学生就有可能满怀期待地沿着清晰的文化方向修身做人。以大学“国学院”的组建为标志的国学研究思潮应该会为母语课程这一重要困惑做出回答。

对包括中国神话在内的民族文化遗产的疏远、麻木和无知直接导致母语课程在修身做人等育人功能上的不作为。作为一个新世纪的中国公民，究竟应该在文化素养的哪些方面不同于外国人？以《语文课程标准》为主要文本的课程文件应有一个比较清晰的方案，最好还要配备一个与时代精神相契合的民族文化浸淫路线图。

3.3.3　明确课程内容：言语学习

（一）言语学习才是核心

盲目崇尚西方的一切，走纯技术化的语文教育道路，曾让母语教育一度陷入语言研究的泥潭中。中小学母语课程原封不动地照搬大学里的语言学、修辞学等知识，“事实证明，照搬这些知识并不能有效地培养和发展学生的言语实践能力。”[10]

“言语学习”是汉语文教育的优秀民族传统。从“文选”到“三百千”，从“四书”到“五经”，贯穿的一个精神就是“言语学习”。历史和现实中的每一个人的“言语”都有其文化内涵可以挖掘。究竟该学习谁的言语，学习哪个时代的言语，是课程设计时必须明确的。没有知识可学，是当今汉语文课程最为世人诟病的地方。曾被传说是一门“博大精深的学科”，今天竟变成一种没有什么知识可学的课程。导致课程“无知识”状态可以理解为课程专家在知识观上的犹豫不决，也可以理解为“知识的放任”。言语学习是汉语文课程的核心。汉语知识由言语学习而产生。文学作品当然是言语学习的重心，但言语作品不仅仅是文学作品。能够体现汉语文化智慧和德行的所有作品都应该进入本课程资源视域。汉语文中举凡文学、历史、哲学和政治文本都有今人学习的必要和可能。究竟哪些具体作品能够放进来，应由包括课程专家在内的所有人文领域的专家讨论出一些可以选择的方案来。《语文课程标准》的修订应当在这个方面取得一些突破。

西方作品译本的选择应慎重。即使选定，学习的立足点也应放在言语机制与言语策略上。由此出发，再去认识东西文化的差异。在文化差异中做鉴别、做比较，增长智慧。人文精神的学习还可以与英语等其他课程做统筹安排。那种企图借母语课程全面展示西方文化的做法与母语课程目标多有龃龉。在汉语课程中选用西方作品译本来学习汉语，常常让师生迷失母语课程学习的方向。可以考虑的变通或保险的做法，是选择一些反映西方世界和文化的汉语原作。比如熊秉明的《佛像和我们》等。这些言语作品不仅能够让学生窥见西方社会，还能让学生了解国人对西方世界认识的变化，更重要的是能让学生找到认知海外生活的基本立场。

（二）汉语知识不只纠错

“晒太阳”“打扫卫生”等组合具有鲜明的“反语法”“反规则”品格。但这些表达可以运用汉语知识寻觅、领略它们的“超语法”“超规则”意蕴。汉语中这种“反语法”“反规则”现象相当普遍。准确而恰当地学习相关的汉语知识，不仅能让学生体会“人治”汉语词语组合的灵活和便利，而且能让学生去领悟汉语表达的简洁与生动。把握汉语文的这些特点，可以领略汉语作为表意文字的优势，还能深切地体验其学习的简便。从积极的意义上领会汉语的优点是汉语文课程必须明确和努力的方向。比如成语的特点、押韵的优势、表达的简练，这些应当成为重点学习的汉语知识。汉语文知识学习应该主要不是为了纠错，而是要让学生认识汉语文表达的特点和优势，要让学生认识到汉语文表述简洁、音韵和谐等是西方表音语文所不具备的。

汉语文学习当然需要记忆一些汉语知识，但更需要记忆背诵的是经典言语作品。汉语知识学习的价值全在于学生熟悉汉语特点后言语学习品质的提高。有关言语表达的精妙、意象选择的灵活多样等是汉语文课程知识学习的重要内容。

3.3.4 改进课程实施：历练实践

（一）强化实践

汉语文课程实践性弱，直接导致学生以至国民汉语能力水平捉襟见肘甚至呈现衰退趋向。如今不少的所谓文化人，不要说对中国古书古文望洋兴叹，就是对整本的现代书籍也是有心无力。如要动笔写，哪怕是应用性写作都有相当大比例的人面有难色。强调汉语文课程的实践性，明确指出母语课程应着重培养汉语文实践能力，是新课程特别是其首创者、研制者们的一个重要理念。倡导和践行这一理念对过去“语言研究”式课程无疑是一种反动。它给中国学生在母语课程中找到自信、体验成功，带来了不少希望。然而，新课程的执行和实施与其首创者们的期待存在落差，汉语文课程的实践性多停留在一种口号宣传状态。不仅学生的课外阅读依然备受压抑，而且课内的种种“实践”很多也是流于形式。原因何在？很简单，如何真正让“实践性”成为课程的特点并贯彻到底，进而让学生从丰富多彩的实践中获益，需加紧深入研究，取得一批实质性成果，并切实纳入到课程体系中来。比如，实践性，几乎每门课程都有，都有必要加强。那么，为什么汉语文课程的实践性来得如此急迫？汉语文学习的实践性究竟主要体现在哪些方面？前人在汉语文学习的实践性方面有哪些有益的经验可以吸取？现在看来，那种社会调查式的实践活动对于汉语文学习来说是不是过于宽泛？社会综合实践活动与汉语文课程真的没有边界？

（二）讲究历练

笔者认为，“历练”是汉语文教育的优秀传统。传统汉语文教育“文史结合、名篇背诵、对仗训练、书法研习、策论写作、诗歌创作”等措施充满了历练精神，[11]是今天汉语文课程值得认真研究、好好继承的一笔丰厚的母语教育文化遗产。

何为历练？主要包括两点：一是重视学生的“生活经历”，关注他们的生命和文化身份。这种经历是汉语文学习不可或缺的重要课程资源之一。从学生身上挖掘这些有益于母语学习的经验性课程资源，将大大促进学生的学习兴趣、进度和效率。无视这种资源，是没有历练理念的重要表现。二是要放手让学生在各种具有汉语文特色和规律的母语活动中主动历练自己的理解能力与表达能力。这样的母语历练活动有不少很好的民族传统形式。比如，梁启超《少年中国说》一文的结尾就可依循和选择上述“文史结合、名篇背诵、对仗训练、书法研习、策论写作、诗歌创作”等办法来历练学生：

> 红日初升，其道大光；河出伏流，一泻汪洋；潜龙腾渊，鳞爪飞扬；乳虎啸谷，百兽震惶；鹰隼试翼，风尘吸张；奇花初胎，矞矞皇皇；干将发硎，有作其芒；天戴其苍，地履其黄；纵有千古，横有八荒；前途似海，来日方长。美哉，我少年中国，与天不老！壮哉，我中国少年，与国无疆！

学生可“文史结合”，在历史的回溯中体悟作者蔑视大清帝国的老迈做派，心中涌起对中华民族未来的热切期盼，一个如虎似龙的少年中国要从东方站起；可“名篇背诵”，深情诵读作品，让这些热血沸腾的语句像作者那样都从心底涌出，眼前是一轮红日初升的少年中国；可“对仗训练”，将“日、龙、天、纵、美”等词对仗出“流、虎、地、横、壮”，看到未来中国的柔美与壮丽；可“书法研习”，用自己的笔自由而又优美地书写出这段诗情洋溢的文字，表达自己对民族未来的无限憧憬；可“策论写作”，联系今天中国软硬实力及国际地位的全面提升阐述自己对未来中国的认识，明确作为炎黄子孙的自豪和责任的重大；还可“诗歌创作”，用类似作者一样的诗情抒发今天一个中国少年对和谐世界的期望，鼓舞人们对人类美好未来的信心。无疑，这里的“体悟、诵读、对仗、书写、阐述、抒发”等方式熔铸了汉语文教育的历练思想和民族传统。

注释：

［1］现今有“华语”一说。但主要是在亚洲，特别是东南亚。从古文字学角度看，华、夏是汉族古称。汉代起就不大称夏、华或华夏而称为汉了。目前国际最通行的说法，是称“汉语”不称“华语”。中国孔子学院称“学习汉语”，不称“学习华语”。

［2］中国不仅有“各民族同宗共祖亲兄弟”的传说，而且从语言文化学角度看，汉语与少数民族语言有许多同源词现象。比如“三”汉语读“sān”，藏语说“sam”；表示“早晨”的词苗语是“dat”，古汉语有“旦”，音“dàn”；表示“回答”的词苗语是“dab”，古汉语有“答”，音“dá”；表示“自己”的苗语有“jid”，古汉语有“己”，音“jǐ”。

［3］〔法〕都德. 都德小说：最后一课［M］. 柳鸣九译，杭州：浙江文艺出版社，2003：1–6.

［4］全国人民代表大会常务委员会. 中华人民共和国国家通用语言文字法 [A]// 全国人大教科文卫委员会教育室、教育部语言文字应用管理司编写. 中华人民共和国国家通用语言文字法学习读本. 北京：语文出版社，2001：4–6.

［5］倪文锦，欧阳汝颖. 语文教育展望［M］. 上海：华东师范大学出版社，2002：119.

［6］钱梦龙. 钱梦龙与导读艺术［M］. 北京：北京师范大学出版社，2006：47.

［7］徐中玉，齐森华. 大学语文［M］. 上海：华东师范大学出版社，2005：86.

［8］教育部. 全日制义务教育语文课程标准［M］. 北京：北京师范大学出版社，2001：2，4，5，9，11，14，17.

［9］王荣生. 语文科课程论基础［M］. 上海：上海教育出版社，2005：327.

［10］倪文锦. 语文教学的去知识化和技能化倾向——六十年语文教育最大的失［J］. 语文建设，2009（7–8）：14–16.

［11］汪禄应. 民族化：语文教育的灵魂［J］. 中学语文教学参考，1999（7）：4–7.

本节内容发表于 2011 年第 2 期《常州工学院学报（社科版）》。原文题目是《母语课程民族化论纲——写在新课程实施 10 周年之际》，有改动。

第四节　语文教材：时代性是首要标准

3.4.1　教材时代意识亟待增强

尽管泰勒的课程开发理论还是受到后人非难，但无论怎样，社会经济、文化、科学技术的发展以及人们思想意识的变化无疑是推动课程教材变革、发展的巨大原动力。过去是这样，今天更是如此。

当前，我国的经济结构正处在由农业经济向工业经济、工业经济向知识经济迅速转变的大好时期。伴随着经济结构的这一根本转变，社会的文化形态、人们的思想意识乃至于人们的语言表达方式已经有了质的飞跃和新的面貌。

课程与教材的开发不可无视中国社会的这些发展。恰恰相反，作为社会意识形态的一个重要方面（主要指人文学科），课程与教材应积极“响应”并努力促进社会进步！特别是我们的语文课程与教材更应该在这方面迈出实质性的步伐。这是因为：

（1）从历史来看，语文单独设科近一个世纪以来，我国语文教育（包括语文教材）所经历的每一次比较大的变化与改革都和当时社会的发展变化有着密切的关系。

（2）从当前语文教改的现实来看，语文教材内容陈旧、体系落后是制约语文教育发展主要的因素之一。“语文教学的问题，首先是教材陈旧、落后。”[1]现行语文教材较之过去确有长足的进步。但是，在理论界和出版界，有关语文教材的“文化标准”问题，课文篇目的选择标准问题，特别是课文的“典范性”与“时代性”问题，人们还有相当大的分歧。

（3）从语文教育的未来发展来看，呼之欲出的知识经济时代要求社会公民有更高的人格独立性、思维独创性以及更强的社会责任感，语文教育的目标将必然由侧重于知识积累、能力训练转向强调能力训练、思维训练和以社会责任感为核心的人格素养的培养。自然，现行语文教材无论是其编写旨趣、教材内容，还是其编排结构、课文形式都应该进行调整和改革，从而表现出强烈的时代意识和鲜明的时代色彩。

3.4.2　经典性对立于时代性

语文教材的时代性体现在教材的结构编排上，当然也表现在编选课文的思想内容上。课文内容是表现教材时代性的一个极其重要的方面。

第一，从理论上说，“老”课文可以“新”编，更可以“新”上。几千年、几百年、几十年前的作品完全有可能与今天的时代精神水乳交融。但必须有一个前提，那就是教材要做这种“提示”和引导，我们教师有“条件”（主观的和客观的）做这方面的努力。

第二，从根本上说，历史上的名家名篇代表着它那个时代的最高成就，具有权威性，是“经典”之作，并且很有可能在某种意义上体现着一定程度上的历史预见性，或者说“时代精神”，但不可避免地表现的是它那个时代的主题，倾诉的是它那个时代的幽思，因而还是留下了它那个时代的历史局限性。所以，如果语文教材绝大多数课文都是这些“经典”，一来毫无疑问增加了教材的难度；二来客观上使学生感觉到语文学习与生动活泼的社会生活相隔膜，学习语文的直接兴趣大打折扣。更主要的是，名家名篇的价值是阅读，硬是要拿它作为写作的“典范”，让学生“仿效”，他们必然望“文”兴叹，可望而不可即。有意识地将“经典”作为“典范”，或无意识地视“经典”为“典范”，这也许就是导致今天学生写作能力上不去的原因之一。

第三，考察一下历史，人们不禁要问，为什么百年中国文坛独在 20 世纪 30 年代群星灿烂、大放异彩？我们可以找出政治、经济、文化许多方面的原因。但是，说“五四”时期前后的语文教材对十年后活跃在中国文坛上的文学青年没有影响，那是怎么也说不过去的。将鲁迅的小说，郭沫若的新诗，李大钊、陈独秀、胡适、蔡元培的讲演、论文等许多反映“五四”新思想、新文化的“时文”选录进当时的新式语文教材，是先驱们的一大贡献。[2]这一创举无疑给今天的语文课程教材的开发和编写提供了弥足珍贵的启示。

3.4.3 典范性要求时代性

典范性无疑是语文教材中课文篇目选择的根本标准。语文教学挑选典型规范的作品作为教材的主体，就在于通过定向、规范的语文训练，使学生能够集中、高效地学习语文。课堂学习语文既要保持生活学习语文的生动性、灵活性和时代性，又要在此基础上提高自己的有序性、规范性、高效性。因此，我们说，典范性涵盖了时代性。没有时代性也就谈不上典范性。对课文的典范性来说，再怎么强调它的时代性也是不过分的。

这里，必须特别指出的是：时代性并非只表现在课文的思想内容方面。时代精神、现代气息弥漫于整个课本的各个方面。课文内容以及教材内容上所具有的现代意识、作品语言以及编辑语言的现代表达方式、课本结构以及编排体系所表现的现代语文教材观都是语文教材的时代性、现代化所要求的重要内容。甚至教材开发商所策划设计的各类插图、装帧，也不可忽视其时代性。

真正具有现代面貌的语文课本，应该是以现代语文教材观为编辑思想，以现代语言表达方式为主要表达手段，体现现代文明、传播现代意识的课本。现代语文教材论认为，社会需求、学科体系、学生发展是制约课程教材面貌的三个主要方面。[3]而无论是社会需求，还是学科体系、学生发展都随着社会的发展呈现出不同的发展水平。也就是说，它们无不具有鲜明的时代特点。自然，这三个方面所要求的现代语言，是正在应用和发展着的当代语言，其表达方式当然不同于古代语言，也应该有别于几十年前的那些语言。难道不是这样吗？今天我们九十年代的中学生习作，其语言面貌竟与四五十年前他们祖辈的作文一个样，这是语文教育的一大“幸事”呢，还是别的什么？至于它们所要求的现代意识则主要指的是，现代社会人们生存和发展所必需的民主与法律意识、竞争与合作意识、人口与环保意识、科学与文化意识等。对于语文课本来说，这些意识多一点、强一点，又有什么不应该呢？

课文具有时代性也就有了趣味性，没有时代性自然也就失去了它原有的魅力。作品时代感不强，学生与作者当时的思想感情有了隔膜，觉得不好理解，他们学习起来兴趣自然也就高不到哪里去。

语文课本要想真正成为“所有课本中最有魅力的课本”，必须大力倡导主要课文篇目的时代性，并为之做出切实的努力。提高语文教材典范性，促进语文教育现代化，当务之急是增强语文教材的时代性，解决其内容陈旧、体系落后这一“老大难问题”。

注释：

[1] 王丽. 中学语文教学手记 [J]. 北京文学，1997（11）.

[2] 王建军. 论近代白话文教科书的产生 [J]. 华东师范大学学报（教育科学版），1996（2）：68.

[3] 王生洪. 课程改革要为社会主义建设服务 [N]. 解放日报，1989-02-10.

本节内容发表于 1999 年第 1 期《语文学习》。原文题目是《增强语文教材的时代性》，有改动。

第五节 语文能力：言语交际对话能力是本质内涵

不管人们的认识有多大差异，在认知、技能、情感、态度等众多目标中，能力目标是语文课程的基本目标，这一点已成为语文教育界的共识。说它是基本目标，有两个方面的含义：第一，该目标的逐步实现是语文课程整体目标最终实现的基本前提；第二，整体目标中的其他目标都是它的必然衍生物，或者说，都是在肯定了它的基础上必然要提出的目标。在基础教育中，确立能力目标为语文课程的基本目标，保证了这一课程及其教学的基本方向，使语文课程与一般的“知识性”课程和“伦理性”课程区别开来。能力目标是语文课程设计与实施必须坚持和牢牢把握的方向和基本点，应当说，这是20世纪我国语文课程发展的一个重要成果。

3.5.1 语文课程的能力目标应是学生的言语交际对话能力

语文能力目标是语文课程的基本目标。但是能力目标的基本内涵究竟是什么？

对于这一问题，语文教育界一般的认识和看法是：能力目标，也就是学生的语文能力，是指伴随着注意力、观察力、想象力、思维力和记忆力等一般能力的发展，学生所形成的理解和运用祖国语言文字的能力，即听说读写能力。也就是说，语文能力目标，实际上就是听说读写能力的发展目标，发展学生的语文能力，就是发展学生的听说读写能力。[1]

然而，笔者认为：“听说读写能力”并不就是“语文能力”，或者说，“听说读写能力”并不等于“语文能力”。“听说读写能力”只能说是“语文能力”的外在表现形式；“语文能力”就其本质来说，应是指以言语为媒介或凭借的作为一个社会人的交际对话能力，它在听说读写等言语交际活动中表现出来，并使人们的听说读写等活动变得有灵性、有色彩，从而使整个言语活动显示出人作为“活动主体”的智慧和力量。

笔者主张这种观点，主要依据以下几点。

（一）听说读写并非总指向人的能力，而主要指向人的活动

听说读写间的主要区别，并非能力间的区别，而是语文活动的形式不同而已。形成学生听说读写活动表现本质差异的，是以“作为一个社会人的言语交际对话能力”为其内涵的语文能力。自然，这种交际对话能力必须以一般的观察、思维、记忆、想象等心智发展为其智力支撑，并以活动主体的兴趣、爱好、情感、态度、意志等人格素养为其动力保证。也就是说，听说读写能力是语文能力的外在表现和具体呈现方式，人的思维、想象以及情感、意志是语文能力

赖以形成和发展的内在心理机制和智力支撑，这种以言语（包括人的内部言语和外部言语）为凭借和媒介的交际对话能力才是语文能力的本质内涵。三者的关系属于一种层级关系，居表层的为听说读写能力，处于最底层的为智力和人格素养构成，是语文能力发展的动力和智力基础，介于二者之间的为言语交际对话能力，这才是我们所强调的本质意义上的语文能力。

言语交际对话能力不同于听说读写能力，只注重言语表达的组织形式，或者说，只注重外部言语的形式与结构。同时，它也不同于思维、想象等“一般能力”，只是内部言语的酝酿。言语交际对话能力主要表现为言语活动主体如何迅速、准确地将心中酝酿的内部语言转化为对活动客体发挥作用，并能体现主体意志和情感的外部言语。

（二）强调听说读写活动能力就是语文能力，使人们淡漠活动的主体，更不关心活动的环境和客体

实际上，任何有关语文的实践活动，不管是听说读写的哪种形式，都是活动主体的内心活动和精神活动的外现，都是活动主体在一定的社会情势和具体的话语语境以及当下自身的特定心境作用下的产物。很多情况下，学生说不好，或者写不好，并不能说明他们的语文能力差；同样，有的时候，学生听不进或者读不下去，也不是因为他们的语文能力跟不上。拥有足够语文能力的同时，还必须保证语文活动实践的主体具备具体的主客观条件，否则，活动仍然不能顺畅、有效地进行。也就是说，相对于听说读写能力来说，语文能力是一种更本质、更抽象、更具稳定性的能力。因此，我们说，语文能力并不等同于听说读写能力，而以良好的言语交际对话能力为本质内涵的语文能力是听说读写活动得以顺畅推进的必要前提。

（三）听说读写四种能力不可单独观察和分析，更不应该分开训练和培养

首先，作为口语交际的听说和作为书面语交际的读写，只是人们运用语言进行交际的两种形式，就活动的性质来说，它们是相通的，都是以言语作为媒介或凭借，求得活动主体与活动客体间的信息交换和心灵沟通的交际方式和手段。也就是说，在信息交换和心灵沟通这一活动的本质方面，它们是一回事，没有什么不同，只是活动的形式略有区别而已。前者媒介是口语，活动在同一空间进行，后者媒介为书面语，活动在多个空间进行。其次，以口语为媒介的

听说之间，以书面语为媒介的读写之间，关系则更为密切。且不说听与说这两种活动单独进行的情况几乎没有，它们一般总是在同一空间“面对面”进行；就是读与写，即使不是在同一空间展开，但是读的时候，人们也总要想写的人为什么要这么写；写的时候，人们也不能不想，读的人会做怎样的解读。这也就是说，听与说，并非仅仅是语言声音符号的输进与输出，本质上是人们面对面的交流；写与读，也并不仅仅是语言书面符号的展示和还原，本质上是人们之间心与心的沟通。然而，无论是“面对面的交流”，还是“心与心的沟通”，表现的都是人们以言语为凭借的交际能力、对话能力；交际对话能力是听说读写活动及能力的本质内涵。从这个意义上说，听说读写四者之间都是相通的，它们都强调活动主体与客体间心灵、精神的熟悉和融洽，都是在主客体所营造的交流时空中进行的对话和交际。阅读古文就是与古人对话，写作新诗便是与今人交流。

（四）语文能力作为以言语为媒介的交际对话能力，不仅包括外部言语的交际和对话，还包括内部言语的交际和对话

听说读写很显然只看重外部语言的交流与沟通，对人们的内部语言活动却不够关心、不够重视。事实上，就某个个体来说，人的内部语言比外部语言更为丰富，更能反映一个人的精神世界。人的内部语言虽然看不见、摸不着，但却异常丰富。从某种意义上说，一个人的语文活动及语文能力并不单是表现在和他人进行交流和沟通，而更多地表现在自身的内在交流和丰富。良好的语文能力和素养可以极大地丰富我们的精神生活。面对自然美景，语文素养不同的人，产生的感受和获得的享受有着相当大的差别。语文素养好的人阅读积累丰富，产生的联想和想象也非同一般，随之获得的审美感受更非一般人所比。而对于语文素养差的人来说，山永远是山，水永远是水。由此可见，语文能力作为一种素养，不仅关乎人们之间相互交流、相互沟通的质量，还关乎人们自身内在精神生活和情感生活的质量。人们内部语言的交流作用使其精神变得崇高起来，感情变得丰富起来，思想变得深刻起来，人格变得健全起来。

鉴于以上分析，我认为：通常所说的语文能力，不能简单地理解为那种表面的、浅层次的听说读写能力，而应该从人们言语活动的实际出发，尊重言语活动的主体，更深入地认识到，语文能力本质上是人的言语交际对话能力，语文课程的能力目标便是发展学生以言语为凭借的交际对话能力。应该说，这一认识与语文课程的“言语性”认识是一致的，[2]也是与语文课程的“对话型”教学思想相契合的。

3.5.2　言语交际对话能力目标的确立将带来语文课程的深刻变革

现代课程论的一般原理告诉我们：课程目标、课程内容、课程实施、课程评价是课程设计的四个基本要素；其中，课程目标是首要的、起决定性作用的因素。课程目标的任何发展与革新，都将带动和影响课程内容、课程实施和课程评价的全面发展和更新。在新的世纪，伴随着我国中小学课程的全面改革，语文课程正在发生深刻的变革。在这个具有历史意义的变革中，语文课程目标的变革最为根本，具有相当程度的革命性意义。因此，在语文课程的整体改革中，应该积极探索语文课程目标的改革。我认为，上述交际对话能力的确立将带来语文课程的整体进步和发展，也必然迎来语文教育乃至整个基础教育的新变化、新气象。

（一）能力培养体系将真正成为教材编写及整个课程内容安排的主要特色

语文课程确立言语交际对话能力目标，必然引起师生语文课程观念的深刻变化。一方面，教师必然会强调学生的言语交际对话意识以及他们交际对话中的主体意识和个体个性意识；另一方面，学生也必然会激起与古今中外的各类大师以及各个阶层的各色人物的交流与对话的热情和兴趣。他们再也不会感到语文活动只是毫无意趣的文字工具的机械操作。相反，学生会认为，语文活动不是别的，它是作为一个社会成员向社会或社会的某个群体或个人做出的自己的发言和表态，是自己作为社会的“独一无二”的一分子与其他成员进行的“独一无二”的交流和对话。读一篇课文，不是像以前那样，按照老师的意思（准确地说是按教参的意思）去理解课文，把握作者的思想脉络和写作意图，而是在老师的引导之下与作者对话，与课文文本交流，根据自己的人生体验，拿出自己的判断，做出自己的解读。写一篇文章，也不是像过去那样，根据老师的题目，按照老师所讲的大致思路，组织语言大致相仿、要求无非思想健康和文从字顺的文章；而是在老师的启发下，依照特定的情境，面对特定的读者对象，完成特定的交际对话任务，即在交际对话中，或向他人陈述事情的原委，或向友人解说某物的性能特征，或向公众阐述和发表自己或己方对某件事的看法。

在这种意识下，纯语言知识，包括语法知识、修辞知识、逻辑知识等自然将淡出语文教材，至多只作为附录，让学生课后阅读，了解了解。那种系统的语言知识的学习乃至研究是大学中文系课程所要求的，因为它们的主要目的显然不是用来提高学生的语文能力。同时单独分开的听说读写训练序列在语文教材中也将很难看到，有的则是以各时代的文章精品和学生感兴趣的各种话题为基本线索组织起来的、融听说读写为一炉的言语交际对话能力培养学程。整个教材按照学生思维能力的发展脉络而展开。在学习过程中，教师可以有意识地引导学生归纳学习后的经验，包括学习方法方面的经验以及学习内容方面的规律，这样的语文知识更多地表现为一种经验知识，更多地凝结在学生自身的具体语文实践中，凝结在他们的实际的言语交际对话实践中。

这个以学生的思维能力发展而展开的过程是一个由“语”到“文”的过程，一个从听说量到读写量不断增加的过程，一个言语表达由粗到细、由俗到雅的过程。具体来说，小学阶段，以“听说”带“读写”，以“语”促“文”；初中阶段，“听说”和“读写”交融，“语”“文”并重；高中阶段，则由“听说”而“读写”，“文”不离“语”。贯穿整个过程始终的，不是表面的听说读写能力的训练，而是学生的言语交际能力、对话能力的培养和不断提高。

（二）师生间的互动、学习与生活间的互动将成为课程实施的重要途径

确立语文课程的言语交际对话能力目标，必然带来语文课堂教学中师生间频繁的交流和对话，至于学生间的对话与交流更是课堂活动的重要形式。

在语文课程的实施过程中，不仅作为口语交际的“听说”与作为书面语交际的“读写”在本质上是相通的，而且听与说之间，读与写之间也没有本质上的不同。它们都是借助于言语（口语或书面语）打通语文活动主客体相互间的“隔膜”，缩短彼此间的“距离”，从而实现信息交换和心灵沟通的活动。比如阅读课，师生的种种活动并非以学生理解和掌握某特定课文为目标，以教参上的某些说法为理解标准，从而积累课本及教参所归纳的那些所谓的“知识”，而是在教师的积极引导下，学生就课文以及与课文相关的话题，师生之间、学生之间展开交流与对话。这一交流、对话的过程就是阅读课展开、深入的过程。又如写作课，学生的写作绝非教师在写前所授“知识”的演绎，而是他们在教师所创设的特定情境的激发下，针对某一特定的问题，运用特定言语格式，发表自己或己方的看法和见解，表露自己或己方的情绪体验，从而实现信息交换、情感沟通的目的。

作为语文课程重要内容之一的“话题”，可以是课文本身的话题，但在很多

情况下，是从课文中引申出来的，与学生的现实生活息息相关的热点话题。以这些话题为讨论和交流的内容，可以充分发挥学生的交际和对话意识，最终实现以交际能力、对话能力为本质内涵的语文能力的整体提高。

因此，我们说，语文课程及其教学绝非以掌握课文为目的，语文教材中的课文与话题，只是用来培养和提升学生的交际能力、对话能力，进行听说读写活动的基本素材。

需要指出的是，为了保证听说读写活动的质量，保证学生交际对话能力有计划、有步骤、循序渐进的提高，收进教材的课文必须是经过严格筛选、精心组织的，其内容和形式的难度必须能够满足听说读写等语文活动的需要。但是，只要能够保证活动的需要，教师对具体的课文和话题有自己的选择权和决定权。这也就是说，确立言语交际对话能力这一语文能力目标，在很大意义上意味着教师将不仅是传统意义上课程的实施者、执行者，同时也意味着他们还是课程的决策者、编制者，或者说课程决策、课程编制的参与者。显然，随着课程改革的日益深入，教师的地位及其意义也定将发生深刻的变革。

（三）语言评价与思想评价将在新的课程评价理念中更好地结合在一起

确立言语交际对话能力为语文能力，在课程评价方面，教师将不再只是看学生听说读写的表面情况，而要看学生作为交际活动的主体在听说读写等活动中究竟表现了多强的交际对话意识，具有怎样的社会主体意识，发挥了和将会发挥怎样的交际对话效果。也就是说，语文课程及其教学评价的重点将放在一个新的标准上，那就是看学生在怎样的交际对话活动中发表了怎样的见解，做出过怎样的思考，会有怎样的言语交际和言语表达效果。这样的评价必然重视对学生个体的话语系统进行分析。通过这一话语系统的分析，可以看出它在多大程度上与其群体话语相黏合或相分离，在多大的程度上表现出其个性话语的特征。很显然，只有具备鲜明特征的个性话语，才能真正显示出语文活动主体的精神世界和思想境界；那种人云亦云的大话、套话后面，有谁能够看得清说话者的真实面目，了解到他的真正立场呢？

多少年来，我们的语文教育存在着一种典型的精神虚无主义和“伪圣化”倾向。[3]一方面，整个语文教育被笼罩在一种不断制造群性话语、同时也被群性话语统驭的课堂氛围中，描述一件事，表达某种感受，师生不约而同地、下意识地站在同一个角度，那就是公共的角度、集体的角度，个人的角度只是一个陪衬和辅助；另一方面，语文教育只知道对着“语言”本身使力气，以为只要在言语的形式和结构上下功夫，就必然会从“语文能力”上获得收益，因而忽略了一个十分重要的方面，那就是着意于学生个体精神世界的挖掘、着意于他们心灵空间的开拓。其实，语言乃是人性的“胎记”，语言绝不只是人所使用的工具，或是一种文化的载体，语言分明就是人之所在，就是文化之所在，就是人的精神境界之所在。[4] 作为一个社会人，他的所有特质，他的所有性情，都深嵌在他的言语中，深嵌在他所进行的言语交际对话的行为中。成人是这样，学生也是如此。

因此，透过听说读写的表面，鉴别学生言语交际对话的精神境界，是我们所主张的语文课程评价理念必须把握的要义。

注释：

[1] 教材编写委员会. 小学语文教学概论 [M]. 北京：开明出版社，1998：74–75.
[2] 潘新和. 语文课程性质当是“言语性” [J]. 中学语文教学，2001 (5).
[3] 李海林，韩军. 关于“新语文教育”的通信 [J]. 中学语文教学，2000 (11).
[4] 申小龙. 论语言与人性的本质联系 [J]. 江苏社会科学，1991 (2)：89.

本节内容发表于 2002 年第 2 期《上饶师范学院学报》。原文题目是《语文课程与教学中的能力目标》，有改动。

第六节　语文教学：对话讨论是课改基本走向

3.6.1　训练型语文教学模式的基本分析

如果以 2001 年启动的基础教育课程改革为界限来考察我国语文教育，我们就会有一个发现，课改前后呈现出两种相当清晰的景观。课改前，人们所能有的思维方式和解决问题的基本思路就是：怎样改编现行教材，使“教材的掌握水平”尽可能趋近于“语文实践水平”；教师“吃透教材”、学生“掌握教材”几乎是语文教育一切教育理论、一切教育策略、一切教学方法的共同旨趣和共同旨归。于是，从 1978 年到 2001 年的 23 年中，“双基训练为主要策略”的语文教学思想成为几乎所有语文教师的主要指导思想，训练型语文教学模式，在多种教学方法竞相展示的情势中，成为主流的教学模式。

训练型语文教学模式是沿着语文训练的系统化、序列化一路走来的。所谓语文训练的系统化、序列化，就是语文课程、语文教材的设计和编制，追求学科知识学习的系统化、学科技能学习的程序化，最终发展为在此基础上进一步追求学习结果的标准化。它具体表现为学生认识结果的统一化、表达主旨的标准化和表达方式的趋同化。比较起来，对话型语文教学模式是我们对于课改之后语文教学改革走势、发展趋向的一种概括、一种把握。[1]这种模式将在教学环境、文化氛围以及课堂运行机制等方面呈现出崭新的面貌。

3.6.2　对话型语文教学模式的实践探索

推动语文教学走向对话的力量来自理论和实践等多个方面。首先，“交往教育”理论告诉我们，一个人的言语交往能力、言语交往智慧、言语交往品质是一个人终身发展最基本、最重要的品质和素养。应当说，包括政治、历史、数学、艺术在内的几乎所有课程的学习都有助于这种基本素养的形成和提升；但就学校教育来说，对学生的这种“影响和作用”承担第一重任的，首推以本民族母语为基本学习内容的语文教育。所以，在基础教育课程体系中，语文课程应成为学生接受交往教育的核心课程。其次，对话教学原理认为，教学不仅仅是一种特殊的个体认识过程，更重要、更本质地，它是一种特殊的社会交往过程，人际对话过程，教学活动本身就应具备这种“交往”品质、这种“对话”性格。教学，就是拥有教学理论素养的教师与学生进行沟通的文化、对话的文化。再次，随着基础教育课程改革的酝酿和推动，一切为了人的发展，一切为了每位学生的发展的教育理念不断深入人心；语文课堂那种“教师独白”“学生训练”的两段分离格局开始逐渐被打破，一种“师—生”和“生—生”共同合作、共同探究的新景象在不同地区次第展现出来。这些都有力地推动了对话型语文教学模式的酝酿、形成和发展。

（一）新模式有一个源于具体情境又超越生活情境的母语教学环境

“源于具体情境”，强调教学环境必须“回归生活”，富于生活实感；“超越生活情境”，表明教学环境又有别于“日常生活”，不可使我们教学中的交流、对话“降格”或“沦落”为朋友间的“闲谈”。要有深度，对学生有挑战性；要有高度，能引领学生“志存高远”。

也许是因为“阅读本位”“文章本位”语文教学传统的根深蒂固，学语文就是学“文字写成的文章”；也许是因为几千年农业文明缓慢单调生活节奏的影响，一篇文章要读好几天，慢慢咀嚼，中国语文课堂的信息量、信息种类，几十年、上百年一直无多大改观。

然而，我们所追求的这个新的教学环境，情况则大为不同：教室和教师并非教学环境的全部，教学的信息源不再仅仅是由作为“思想灵魂”和“绝对权威”的教师所把持的“教科书”“黑板”“粉笔”和教师的“讲授”等“传统媒体”，而是一个包括教师和学生在内的融传统媒体与音响、影像和互联网等“现代媒体”于一体的“教学媒体系统”。以音乐为主体的音响系统，以电视画面为核心的集影像、语音和音乐于一体的视频系统和以超文本链接为基本特征的网络系统所构成的现代媒体将成为这一教学媒体系统的重要组成部分。自然，与之相匹配的“教材”“课文”也必将一洗纯纸质的老面孔，而走向电子化、数字化和视频化。笔者认为，不仅央视《实话实说》等谈话节目可以进课堂、进教材，《人与自然》《探索发现》等融图像、解说、音响于一体的诸多专题节目，现在都应该大胆去加工、去剪辑，化为语文课堂的崭新课程资源。最终，时机成熟，这些音像图书将与纸质教材、文字课文一道，共同构成未来我国中小学语文教材和课本。

上述这一教学媒体系统所构成的教学环境具有两个最显著的特点：一是信息化；二是生活化。所谓教学环境信息化，就是指这个教学环境，因为信息量和信息种类的迅速增加，因为信息转换各方主体意识的增强，其信息的传递、接收、加工和反馈的速度和效率得到极大的提高；所谓教学环境生活化，就是指这种教学环境是一种虚拟的“现实情境”，学生从中可以获得切身的生活体验，激起强烈的对话需求，从而很快成为人们所说的“自主知识的习得者”。

如果说，过去的“训练型语文教学模式”是一种简单的具有工具色彩的“人—人”模式，那么，未来“对话型语文教学模式”则走向一种较为复杂、更具人性意味的“人—境”模式。在“人—人”模式中，前一个“人”是教师，后一个“人”是学生。两个“人”都是在完成社会交给他们的任务。两“人”的任务又各有不同：前“人”传授教材、课本确定的现成知识和技能，后“人”接受教材、课本确定的现成知识和技能；前“人”寡，只有一人，后“人”众，少则四五十，多则六七十。在“现成知识”“现成真理”的授受和掌握上，这种模式是极其有效的。但在“人—境”模式中，前面的“人”不是教师，而是学生，后面的“境”也不完全是教师，而是一个由教师设计、组织并参与的“多媒体”“多信息源”的“教学情境”。在这样的教学情境中，某个学生既是“人—人”模式中前面的“人”，即学习的主体、发展的主体，又是后面这个“多媒体”“多信息源”学习情境的有机组成部分，亦即其他学习伙伴的一个重要学习资源或课程资源载体。而教师作为整个学习情境的设计者、组织者和参与者，是这个系统最重要的学习资源或课程资源载体。或者我们可以这样说，在为作为学习主体、发展主体的“学生”提供帮助（或物质的，或精神的；或直接的，或间接的）这一教学基本意义方面，首先，师生都是“平等”的“课程资源提供者”“意见交换者”和“学生成长的激励者、鼓励者”；同时，教师是这“平等者中的首席”，[2]他所提供的课程资源在数量和质量两个方面都优于学生，他所交换的意见一般来说具有更强的启发性和指导意义，而来自他的激励和鼓舞更有分量、更有作用。显然，这是一个信息密集、信息畅通、信息又相对集中的高效能的“信息化”教学环境，又是一个相当宽松、民主、气氛又非常热烈的“生活化”情境。它接近现实生活，具有生活特质，但又超越具体生活，对学生更具挑战性，因而更具教育意义。

“对话型语文教学模式”里的所谓“对话”，就是基于这种“信息化”“生活化”教学环境，师生共同交换、共同占有相同语文课程资源，一起就语文课程中的某些具体问题，相互交换意见、相互激励思考，在尊重各自认知结构的差异性、先前经验的独特性和感知外在信息的选择性基础上，建构各自的理解，发展和健全学生每个人的个性和创造性。

（二）新模式有一个高扬民族文化又尊重多样文化的言语对话平台

语文教育是民族母语教育。因此，语文学习过程其实就是一个民族文化、民族精神的熏染过程。但是，21 世纪弘扬的民族文化，绝不仅仅是民族传统文化，而是从濡染了国人五千年的中华传统文化中“脱胎”并“重生”起来的“民族新型文化”。虽然这种“民族新型文化”的整体文化构成还不够清晰，而且随着市场经济和信息社会的发展需要不断整理、不断开掘，但它的基本特质非常清楚。主要包括以下几点：①它植根于五千年辉煌灿烂的中华文明；②它融合了上百年与时俱进不断发展的“革命文化”；③它尊重并吸纳先进发达的整个东方文化和西方文化；④它欣赏并关注“中华文化圈”内各地区“亚文化”的特色和发展。

然而，就我们掌握的情况来看，当前语文课堂这种“民族新型文化”氛围还需要不断加以营造。

就眼前来说，我们要做的工作主要有两个方面：

第一,五千年的中华传统文化是这一新型文化之根，新世纪既要弘扬，更要挖掘。因此，我们应理直气壮地鼓励学生诵读和研习以《论语》为代表的“中华古诗文”。那种林语堂所批评的“中国几种重要丛书都未曾见过”的“中国大学生”，[3] 即使阅读外文典籍再流利、再顺畅，也少了一种本民族文化的“观照”。现代西方有识之士就指出：欧洲力量的来源，常是透过古代文明的再发现、再认识而获得的。中国要想真正崛起，“新型文化”要想真正繁荣起来，应有对中国古代经典的再发现、再认识。著名学者顾颉刚认为，一个时代有一个时代的孔子。博大久远的中华传统文化塑造了中华民族的性格和灵魂，许多积淀在我们血液中的道德观念已不合时宜。要打破这些精神的枷锁，唯有从源头上再发现、再认识。

近来，我们注意到，一些教材在选择课文时，即使是现代文的学习，也非常注重传统文化的濡染和熏陶。比如，洪宗礼主编的苏教版初中《语文》，就是从民俗风情、文化流变的角度安排鲁迅的《社戏》、沈从文的《端午节》、刘绍棠的《本命年的回想》等课文的学习。这是一个非常好的开端。

第二，重视其他异族文化的介绍和关注。我们不要“一穷二白”的虚无，也不要“敝帚自珍”的狭隘，包括西方文化在内的一切人类进步文化，我们都要接触，都应有兴趣关注。

在这方面，我们语文课程一直少了一种电视等大众文化传媒的“平常心”。在语文课堂里，学生很少能像欣赏《正大综艺》那样，了解平民眼中的“异邦风情”。直到20世纪90年代初，我们小学生从语文课本里了解到的“外面的世界”几乎都是与“黑暗”“贫穷”和“压迫”联系在一起的:《月光曲》中，大音乐家贝多芬在为贫穷的盲女演奏;《伏尔加河上的纤夫》里，每个人的脸上充满的都是“诅咒和抗议”;《凡卡》中，小凡卡是在悲惨生活中怀想着过去的甜蜜和幸福;《卖火柴的小女孩》中，女主人公大年夜冻死在街头，更是悲凉凄惨……学生从这个窗口所看到的是一个“不完整的世界”，一个我们学生要么应当唾弃，要么去“拯救”的世界。

随着全球一体化的发展，我们语文课程将会以一种更开放、更平常的心态去对待异族文化。学习世界文化，融入世界文化，是具有“国际视野”的基本前提。因此，基于民族新型文化所构筑的“言语对话平台”将为学生的语文学习提供极为广阔的文化视野和多层次的文化视角。而这样的“言语对话平台”，才是未来“对话型语文教学模式”得以运行的基本条件。

（三）新模式有一个注重教师引导又强调课堂讨论的课堂运行机制

建构主义学习理论认为，科学的学习必须通过对话、沟通的方式，通过不同看法来刺激个体的反省思考，在交互质疑辩论的过程中，逐渐完成知识的建构。现代哲学诠释学更是认为，理解并不是主体对对象单方面的投射，而是一种广泛意义上的对话。这里理解对象是与理解主体对话的另一个主体；同时，理解对象背后并没有一个永恒不变的本质存在。理解主体与对象在对话中产生了一种互动作用，即对话双方都有改变，最后达到一种“视界融合”。比如，历史代表着一个已经成为过去的历史视界，这种视界因我们的理解而进入当代，与我们的视界融为一体。历史因此而获得新生，向我们开启了它在当代的意义，我们也因历史而得以提升。从根本上说，包括自然在内的所有理解对象，都应当通过这种理解主体与理解对象的相互交融和渗透的方式来理解。

现代哲学诠释学的这种“诠释”具有广泛的普遍性意义。在语文课堂里，每一个学生个体和教师、教材文本（含课文及预先准备的各种文字、音像资料和网络文本）、教学文本（含板书及教师引导和讲解的话语）既是“理解对象”，又是“理解主体”，它们在整个课堂教学系统中进行对话，实现着这样那样的“视界融合”，各自发挥了自己的意义：学生从与学习伙伴、教师及课文文本等的对话中，获得了新的认识，教师也在与课文文本和学生的对话中有新的发现。这当中，课文作为一个重要的理解对象，并不存在一个标准的不可变异结论，它也在对话中产生新的意义。比如，许地山写《落花生》并不可能要求每一个读者都一辈子做“落花生”那样的人。现代人既需要有过人的本领，又需要抓住机遇，努力展示自己的才华，才能获得更大的发展。但是，我们做“宣传”、做“包装”，要讲“诚信”、要有“真才实学”，不可“华而不实”，一味做“表面文章”。就在师生这样的对话中，《落花生》便生成了这些作者写作时很有可能没有想到甚至根本想不到的“新意”！

自然，这种对话是由教师组织起来的，并且是在教师的引导和激励之下不断走向深入的。这种对话的主要形式是“教师引导”下的“课堂讨论”，又多数是在小组活动、小组学习的基础上逐步展开的。这种课堂讨论与一般的“问答式”教学明显不同。“问答式”教学因为教师发问等刺激，学生的学习兴趣和思考虽然也能激发出来，但是教师预设的一连串问题都指向他预定的“标准答案”，学生一般都指望着与这一“标准答案”看齐，不敢有“越雷池一步”的非分之想；对话性质的讨论，师生都反对以“标准答案”定“一尊”。它以自主、合作、研究为主要学习方式，生生之间、师生之间进行多边的对话和交流。交流的话题便是来自包括课文在内的各种教学材料上的语文具体学习内容，包括词语的理解、句式的选择、主题的把握，都可确定为对话话题。

需要特别指出的是，我们这里预测和勾勒的“对话型语文教学模式”，是语文课程和教学改革的一个基本走势，或者说，一个努力方向；不同地区，不同学校完全可以在这一基本走势、基本方向的引导下进行多层次、多特色的探索和开发。

注释：

[1] 王尚文等. 关于“对话型”语文教学的对话 [J]. 语文学习，2001（7–8）.

[2]〔美〕多尔. 后现代课程观 [M]. 王红宇译 . 北京：教育科学出版社，2000：238.

[3] 林语堂. 语堂文选（下）：读书的艺术 [M]. 林太乙编 . 长春：时代文艺出版社，1995：2.

本节内容发表于 2003 年第 10 期《教学与管理》。原文题目是《关于构建对话型语文教学模式的思考》，有改动。

第四章 汉语母语教学改革研究

第一节 表达范式:“主体型”学习的核心指标

核心素养，即“21 世纪关键素养”，综合表现为人文底蕴、科学精神、学会学习、健康生活、责任担当、实践创新六大素养。这六大素养的每一个方面都与语文课程息息相关；其中，“实践创新”最为根本，与语文学习关联度极大。因此，如何培育实践创新素养，让学生成为“全面发展的人”是当前语文课程改革所面临的最大考验。为让学生具备切实的实践意识和创新能力，从而真正获得适应其终身发展的各类必备品格和关键能力，笔者认为，建立“表达为本”的语文课程与教学范式（以下简称“表达范式”）是一个重要路径。

4.1.1 表达范式有助于实践创新素养的培育

在语文课程中，“表达范式”是区别于“接受范式”“导学范式”的一种全新的教学范式。“接受范式”“导学范式”实质上都是关于语文知识的“客体型”学习，关注的总是外在于学生的那些客观性知识的学习及其效率。表达范式则不同，强调的是教育教学的内在性与终极性。它自始至终关注的都是学生作为“表达主体”的成长、进步和发展，是一种将学生的“表达行为”作为核心指标的“主体型”学习，具有鲜明的实践特性和创新精神。

表达范式坚守“表达为本”的课程理念，体现在语文课程的各类教学中。不仅写作教学、口语交际教学、综合性学习等标举学生表达的教育原则，而且阅读教学也将“表达为本”作为自己的基本品格，甚至拼音、识字、写字教学也强调要能引导学生自主表达。

怎样理解阅读教学的“表达为本”？可以把握两个基本点：一是阅读教学不再以“理解”为终极目标，强调从理解出发将整个教学引向对某个或某些问题做进一步的回忆、比较、讨论、评判和思维重整；二是阅读教学要通过某些具体问题的探讨，检查、验证和提升学生对相关问题的观察、思考和表达品质。前些年窦桂梅的《清平乐·村居》就相当出色地展示了表达范式阅读教学的绝妙效果。课堂里学生思绪飞扬。其中，有“我觉得诗人就是其中里面的一个翁媪”的意会，有对一对翁媪三个儿子的真诚夸赞，还有模拟翁媪接受他人的随机采访……[1]“理解”课文外还有学生的种种表达活动。类似这样的教学如今差不多已成为普遍现象，从公开课到家常课都不难寻觅。很多一线教师甚至撰文呼吁，要在阅读教学中凸显“表达”的核心地位。近些年兴起的“群文阅读”，笔者认为，某种意义上就是表达范式理念指导下的一种新创。“群文阅读”绝非只是扩大阅读面、增加阅读量、提高阅读能力，而是一种旨在将阅读吸纳引向表达输出的重要学习机制。它已摆脱单篇课文的封闭、保守和“碎片化”倾向，引入多文本、多视角、多指向阅读所赋予的思维张力，使当代阅读实践所亟需的重整、伸展、评鉴、创意等高层次能力培养成为现实。

表达范式理念的贯彻将改变阅读教学的保守、消极和短视。与此同时，它还将有可能改变我国写作教育落后、写作课程声誉不高、学生长期沉迷于“虚假写作”“套路取胜”“堆砌华丽辞藻”的局面。

学生写作就是“字、词、句、篇的综合训练”，语言文字的连贯运用。[2]多少年来，人们的观念乃至教学大纲等课程教学文件差不多都这样认为。既然只是语言文字的运用，那么写作无非主要就是两个方面的工作：一是积累语汇；二是缀语成文。其中“语汇积累”最为关键。于是，在这种观念指导下，学生进入大学依然将“辞藻华丽”作为文笔好、写作能力强的最重要标志；在这种观念指导下，学生作为“写作主体”“表达主体”就被淹没在“语汇积累”“写作套路”等各种写作知识的汪洋大海中了；在这种观念指导下，写作最核心的素养“实践创新”包括其“批判性思维”或不甚了了或束之高阁了。然而，在表达范式情势中，表达主体、写作主体的成长及其品格成为语文教育教学关注的重心。学生的任何行为都是他们作为表达主体的成长及其品质表现，写作作为最正式、最规范、着力也最多的表达形态自然成为最受关注的表达行为。倍受前教育部发言人王旭明赞誉的贾志敏先生“真语文课”《古文今译》就是一堂相当经典的表达范式写作示范课。整个课堂不在于学生读了多少，听了多少，巩固了多少；而在于学生说得怎样，写得怎样，学生的表达有多少教师意想不到的惊喜。贾老师的这堂课，其实不是“古文今译”，也不是“古文扩写”，而是学生在老师引导下进行包括题目编拟在内的“语境再造”“故事新编”和“创意表达”。学生作为表达主体的地位，学生表达所需要的实践创新素养得到相当充分的彰显。表达范式写作教学的本质就是将写作教学从一种“技巧性知识”的积累研习转变为旨在提升表达主体的“素养性品质”教育训练。

表达范式的学生实践创新素养培育功能明显。可以说，实践创新素养中三个“基本要点”的任何一个都会因为表达主体的凸显而得到不同程度的强化。比如说“问题解决”。表达范式写作教学总是强调特定情境、特定语境下表达主体的实际行为表现，强调特定环境尤其是复杂环境下表达主体的语感反应、语用判断和修辞选择，强调语用选择不仅契合言语环境，而且具有解决当前问题的适切性、可靠性或可能性。

4.1.2　表达范式有助于核心素养的全面培育

“学生发展核心素养”六大素养及其十八个基本要点都是作为中国学生应该努力并切实获得的必备品格和关键能力，也是表达范式努力促成且能够促成的能力、品格和素养。就实践创新素养之外五大素养来说，共有十五个“基本要点”。本文这里以人文情怀、批判质疑、信息意识、国际理解这四个基本要点展开说明。

（一）人文情怀

表达范式强调关注表达主体的成长和发展。但表达主体的成长和发展又是以对“表达受体”“表达对象”的了解、熟悉、关切、体察和领悟为基本前提的。体认、尊重并照顾表达受体、表达对象的认知、情感、关切、人格、地位，是表达行为取得效果、获得成功的重要保证。比如写作，“每个书写的人都是给某人看或为某人而写，不管他心目中的读者对象不明确到何等程度。”[3]如果对读者（无论是“实际读者”还是“想象读者”）及其客观环境以及整个话语语境没有基本的认知，写作必然失去其针对性、精准性和有效性。正如阅读要熟悉作者，写作也需要甚至必须研究读者、体察读者、尊重读者及其内心关切。这在信息爆炸的网络社会尤其如此。因此，从这个意义上看，写作主体的成长过程就是其作为学生人文情怀的增进过程。当然，写作主体的人文情怀还表现在写作客体、表达内容等其他方面。

（二）批判质疑

表达范式关注表达主体的成长及其品质，强调关注表达的个性化。任何个性化表达都是表达主体批判质疑素养的表现。“言为心声，文如其人”是个性化表达的基本要求。那种只是强调学生把话说完整、写正确，符合语法规则、语言习惯和表达套路的做法只会助长表达主体的平庸和不自信，是表达范式不屑并力图摆脱和超越的。个性化表达除了最基本的“诚恳性”外，还有其“独立性”和“逻辑性”。比如，如何面对和研判表达受体，如何在由表达受体所构成的复杂情境中做出语用判断和修辞选择，都必须是表达主体自己的思考、研究、判断、决定和选择。教师可以对学生进行包括价值观在内的思想、情感、审美趣味方面的引导、启发甚至教育，但其如何表达则要看学生自己的研判甚至天赋。强调表达的逻辑性和思维的缜密性是个性化表达的最高追求。这方面训练的缺失可以说是当前语文课程与教学的通病，是“堆砌华丽辞藻”留下来的顽症和恶疾。如果说过去二十年的进步最主要的是包括语境在内的语用学知识在语文教育界的普及，那么未来最重要的工作就是恢复逻辑学在语文课程中的常识地位。表达范式课程与教学在这方面的努力义不容辞。

（三）信息意识

这是当代社会对中国学生提出的新要求。随着“互联网+”发展趋势的加快，数字化生存能力对学生成长的要求越来越高。语文课程在学生信息意识、信息素养的培育方面不仅责无旁贷，而且受益最大。国外课程标准已将“媒介语言”纳入语文课程，语言已包括“口头语言”“书面语言”和“媒介语言”三大形态。美国等发达国家已明确提出“数字时代的读写能力”的教育理念。[4]表达范式重视学生作为表达主体及其品格的成长和升级。这种品格升级在信息素养方面的表现就是绝不仅仅满足于信息的查询、搜集、识别、加工，也不仅仅要求对于信息真假优劣的比较、鉴别，还要强调全媒体条件下的媒介读写、创造与传播。全媒体是各种媒介的深度融合，涵盖人们可见、可听、可读的书籍、报纸、杂志、电视、广播、电影、音乐、广告、音频、视频、互联网、电子游戏和手机设备等，采用文字、声音、影像、动画、网页等各种媒体手段。这也就意味着，表达范式在强调传统语言运用之外，还重视借助现代媒介来完成特定的表达和交流任务。

（四）国际理解

这也是时代对中国学生提出的新要求。作为核心素养，学生不仅要能熟悉中国一国的历史，还要能够了解整个人类的文明发展进程，从而体认世界文化的多样性、人类命运共同体的发展，积极参与跨文化交流。表达范式课程与教学强调表达主体要视野开阔、思维灵活，积极面对各种复杂的个人、社会、民族乃至全人类的问题。既熟悉本民族的历史文化，又不为民族文化所囿，有跨文化交流和表达的积极性、主动性和创造性。2017 年高考全国卷 1 作文题“中国关键词”就是一个重要标志。题目要求考生选择两三个关键词写一篇文章，呈现自己所认识的中国，帮助外国青年读懂中国。这是一个非常典型的跨文化交流和表达。应该说，这里的表达受体——外国青年因为远隔千山万水，与中国文化有着极大的文化和种族上的隔膜。如何拟想外国青年朋友的生活、需求、爱好和关切，这就是该考题对当代中国考生关于“国际理解素养”的检测。考生考前至少 15 年的学习生涯中应该而且必须有世界就是一个地球村的观察、理解和体认，考题体现的就是高考作为国家考试对于考生核心素养的要求。

4.1.3　表达范式有助于立人教育的深度推进

多少年来，人们一直在语文知识（主要是课文知识）上周旋。即使是所谓语文能力，也差不多主要是关于语文知识的应用能力，而很少关注学生作为表达主体的素养表现。引入“情感、态度、价值观”后，学习主体开始得到一定程度的重视，但“三维目标”系统总体上依然还是“内容标准”，自然所谓“语文素养”目标的实现不容乐观。学生发展核心素养是真正意义上的“成就标准”，对于“成就标准”的关注、研究和标举将引领中国教育开始真正从“教书”走向“育人”和“立人”。相对于知识的急速增长和系统客观，学生发展核心素养不仅具有较强的稳定性、同一性和规定性，而且更贴近学习主体的心智发展，更具有教育的内在性和终极性，[5] 因而更能展现各科课程与教学的“育人”功能和“立人”宗旨。表达范式以表达主体的形塑和打造为根本诉求，其教学理念的贯彻将有助于立人教育在语文课程与教学中的深度推进，值得认真研究、探讨。

（一）表达范式契合了倡导“核心素养”发展的当代教育理念

“教育无非是将一切已学过的东西都遗忘后所剩下来的东西。”劳厄所说“学过的东西”当然是学校知识、课堂知识，那“剩下的东西”是什么？在世纪之交，人们确认为“核心素养”“21世纪关键素养”。表达范式当然重视系统的语文知识、课文知识的学习，这是毋庸置疑的。但是，它更重视、关注和强调学习主体，也就是学生作为表达主体的成长、进步及其行为表现。

具体来说，表达范式关注和强调拼音、识字、写字教学中学生对书面语及其对应事物的新发现、新认知；关注和强调阅读教学中学生的阅读不只是“认码”和“解码”，还有一个学生作为学习主体的再“编码”、再“重整”、再“表述”的表达环节；关注和强调写作教学中学生的表达能够充分展示他们本质上是一个表达主体，一个体验的主体、想象的主体、调研的主体、模仿的主体、应用的主体、实践的主体、创造的主体、信息发布的主体和情趣展现的主体；关注和强调口语交际教学中学生能够成为日常生活乃至于正式交流场合的交际主体、表达主体，既有交际主体策略，又有表达主体风范；关注和强调综合性学习中学生作为表达主体不仅能够面对问题情境发挥多元智能去应对，有很好的交往、沟通、协调和组织能力，而且能够展示活动所需要的一系列文稿写作实践能力。人们不难看到在表达范式课堂中学生作为表达主体所展现出的真诚、机智和生命活力。比如“‘祖国’就是我们自己的国家”（识字教学），“喜欢听好话就会上当”（阅读教学），“老师穿西装，戴领带，有绅士风度”（写作教学），“最后，还要说一句，千万别迟到”（口语交际教学），“老师，以前的小康河是什么样的？从什么时候起才污染严重了？”（综合性学习）等。[6]

（二）表达范式体现了“立言以立人”的语言哲学思想

李海林在《言语教学论》中强调，语文教育原理学科语文学以“言语”为研究对象，以“言语主体”为研究重心，而所谓言语主体就是由言语而获得“新生”的人。[7]潘新和在《语文：表现与存在》中强调，语文就是言语，而言语就是“人的确证”，并指出：“写作高于阅读……在语文教学系统的整体结构中，言语表现才是矛盾的主要方面，是语文教学的终极目的。”[8]荣维东在《语文教育亟待语用转型与体系重建》一文中也强调，要以“语用交际能力”培养作为语文课程的核心目标，指出“语用主体”要能面对生活、工作、学习、艺术等各种情境，做出正确、得体、有效的应对与反应，运用语言高效灵活地做事。[9]可以说，语文教育的这些新论、新理念都是在“立言以立人”的语言哲学思想指导下的探讨。

表达范式正是“立言以立人”的语言哲学思想在语文教学中的具体贯彻和落实，也是明确将学习主体的成长及其品格作为主要考察点的语文课程与教学范式。相比于以课文知识为主的语文知识，表达主体、言语主体、语用主体才是表达范式最受关注的重心所在。以往的各种范式，无论是接受范式，还是导学范式，抑或对话范式，本质上都是知识吸纳视野中的讨论，人们正是在客体知识的吸纳过程中完成了几乎所有的语文教学。因此，知识吸纳的效果决定了语文教学的全貌，语文能力差不多等于语文知识的运用能力。“语文知识树”就是这种情势下关于语文学习内容的一个经典概括。表达范式将努力从这种教育理念中走出来，倡导以“表达主体”核心素养发展为主要考察点的课程与教学。其基本理念就是将“立人”作为课程建设的终极诉求，将“立言”作为实现“立人”的主要策略、手段和形式。

（三）表达范式有助于促进语文课程真正走出“假语文”的泛滥局面

“假语文”的出现原因不是别的，正是人们将语文学习与学生成长作为关联度可以忽略不计甚至没有关联的两件事。正因为不去真正关注学习主体的成长及其品质，所以学生语文学习一直热情不高，而且仅有的一点时间和精力都花在以课文为主的语文知识运用上，很少有真正意义上的语文实践和表达创新。“读书破万卷，下笔如有神”是真理，也是铁律。但学生的阅读很少是实践意义上的阅读，很少与自己的生命成长联系在一起，不会有“读书笔记”“读书心得”“读书总结”之类的书写和心灵表达，有的只是语文知识及其运用这类“客体型”学习。这样的学习可以在高考试卷中拿到高分，但与“创新意识、创新精神、创新能力”无关。而这种“创新意识、创新精神、创新能力”才是与生命成长息息相关的。所谓课文的“标签式”解读、见怪不怪的“泛文艺化”表达、高考作文中的“名人开会”“名人荟萃”现象都是表达主体被严重忽视导致的“假语文”泛滥现象。

表达范式高举核心素养发展教育理念，坚守“立言以立人”语言哲学思想，强调学生的语文学习绝非只是发对音、认对字、解对词、造对句子、说出完整的一段话、写出语句通畅的一篇文章，而是学生在特定任务驱动下做出“合目的、合对象、合语境”的言语表达以及这种表达能够彰显出表达主体怎样的成长和品格。

4.1.4 结语

2016年，石鸥在《核心素养的课程与教学价值》一文中直言不讳地说：“我们痛心疾首地承认，我们以素质教育、课程改革的名义向知识本位宣战，但是，知识本位赢了。因为我们除了知识，没有提出更具体清晰的任何目标。今天，我们将以核心素养向知识本位宣战。”[10]“表达范式”就是语文课程与教学向知识本位宣战的一种手段。

注释：

［1］窦桂梅《清平乐·村居》教学实录，http://home.51.com/wzhqa998/diary/item/10044577.html.

［2］吴立岗. 小学作文教学论［M］. 南宁：广西教育出版社，2005：13.

［3］［英］皮特·科德. 应用语言学导论［M］. 上海外国语学院外国语言文学研究所译. 上海：上海外语教育出版社，1983：26.

［4］倪文锦. 文化强国与语文教材改革［M］. 北京：语文出版社，2015：377.

［5］余文森. 从三维目标走向核心素养［J］. 华东师范大学学报（教育科学版），2016（1）：12.

［6］徐林祥. 小学语文课程与教学论［M］. 北京：教育科学出版社，2014：122-269.

［7］李海林. 言语教学论［M］. 上海：上海教育出版社，2000：69-72.

［8］潘新和. 语文：表现与存在［M］. 福州：福建人民出版社，2004：14.

［9］荣维东. 语文教育亟待语用转型与体系重建［J］. 中国教育学刊，2015（5）：44-49.

［10］石鸥. 核心素养的课程与教学价值［J］. 华东师范大学学报（教育科学版），2016（1）：10.

本节内容发表于2018年第3期《教学与管理》。原文题目是《“表达为本”的语文课程与教学范式》，有改动。

第二节　表达主体：语文学习的学生身份

一个学生，在家里是孩子，在景区是游客，在商店是消费者。同一个人，在不同的场合，身份不同，角色不同，其行为表现自然不同。那么，在语文课上，具体来说，在语文课程的学习中，学生应该是什么身份，什么角色，有怎样的行为表现呢？多少年来，人们大约习惯于把学生看成一个语文知识（主要是课文知识）的接受者、学习者和运用者。今天看来，这是不够的，而且远远不够。学生，包括低学段的学生，应该而且能够成为一个表达者，一个交流者，一个或“书面言语”或“口头声音”的发出者！因为他是在学习表达、学习交流，学习在生活中怎样准确、高效、得体、艺术地发出自己的声音，展示自己的言语，表明自己的思考、判断乃至立场，他是一个确确实实的表达主体。

4.2.1　表达主体在哪里

如今，学生作为表达主体，到处都可以看到，哪里都能发现。语文课程的各类教学都能寻觅到一个个学生做出的精彩到让人惊喜不断的表达。比如“‘祖国’就是我们自己的国家”（识字教学），“喜欢听好话就会上当”（阅读教学），“老师穿西装，戴领带，有绅士风度”（写作教学），“最后，还要说一句，千万别迟到”（口语交际教学），“老师，以前的小康河是什么样的？从什么时候起才污染严重了？”（综合性学习）……[1]这样的话语、这样的表达，自然不胜枚举，而且也不只是从课改后才可以听到。

然而，比较早的“集中”呈现在公众面前可能要追溯到十年前一些著名特级教师的公开课上，也就是那些最早“真正”将课改精神展示在自己教学中的教学精英那里。这些课即使是阅读教学，学生作为表达主体也赫然展现在眼前。窦桂梅的《清平乐·村居》这堂阅读课就相当出色地展示了这种教学的绝妙效果。在她的课上，学生思绪飞扬，人们时而听到诗人就是其中一个翁媪的“意会”，时而听到对三个儿子的真诚“夸赞”，时而发现模拟受访翁媪在与记者“交谈”……[2]不难发现，窦老师的阅读教学不再是课文理解了教学也就结束了。学生在她的课上不仅是一个课文知识的接受者，而且还是一个基于课文学习的表达者。这是一种表达取向相当明确的阅读示范课。

这种表达取向的教学或者说教学形态，其实是一种超越对话教学，更有别于授受类教学的新型教学范式——“表达为本”的语文课程与教学范式，简称“表达范式”。表达范式强调语文学习的内在性与终极性，自始至终关注的都是学生作为表达主体的成长、进步和发展，是一种不折不扣的关于主体成长的“主体型”“行为型”“成就型”“实践型”学习。这与关于客观内容的“客体型”“认知型”“知识型”“训练型”学习不同。那些外在于学生的客观知识只是学生主体成长的凭借、渠道或支架，而绝不是学习的根本。学生真正要学到的是作为表达主体的表达智慧、语用判断和修辞选择等“行为表现”。说白了就是，学生用言语表明自己所思所想乃至立场、态度的真实体验和实践智慧。

备受教育部前发言人王旭明赞誉的贾志敏的《古文今译》就是一堂相当经典的表达范式写作示范课。整个课堂不在于学生读了多少，听了多少，巩固了多少；而强调学生说得怎样，写得怎样，学生的言语表达有多少教师意想不到的惊喜。贾老师的这堂课，其实不是“古文今译”，也不是“古文扩写”，而是学生在老师引导下进行包括题目编拟在内的“语境再造”“故事新编”和“创意表达”。所以，一堂课下来，学生作为表达主体很好地“体验”过一把有关言语表达的艰难、成功和喜悦。

可见，表达主体就在今天的课堂里，就在“表达为本”的各类教学里，就在表达取向、表达范式教学的各种创造里。

4.2.2 表达主体为什么一直处在被遮蔽中

然而，表达主体很少被认真探讨过。即使课改让人们认识并确认了学生的学习主体地位，语文课程中关于表达主体（包括写作主体）的探讨也仍然没有真正进入人们的视野。时至今日，业内公开发表专题讨论表达主体的文章可能一篇也没有，有的只是一些零言碎语。

表达主体总是存在的。课改之后，语文课上学生的这种身份也日益清晰起来。那么，为什么学生作为表达主体却一直被遮蔽而不被认真地探讨呢？

（一）认知型学习观念根深蒂固

认知型学习观念还没有彻底动摇过，这是最根本的原因。虽然在课改环境下大家一路高唱素质教育之歌，但人们骨子里仍然信守这样一种信念：语文课里，学生至多只是一个“认知主体”，他们的学习主要还是知识层面上的学习。

所以，学生的言语这一“行为表现”与学生作为一个人的成长及其品质关联不大，甚至可以忽略不计。只想“文以载道”，不求“言以载人”，大约是比较常见的教学心态。

我们可以找到很多这方面的证据和现象。比如，很少有教师有意识地去收集学生作为一个生命体在语文课上所说出的那些精彩话语、肺腑之言，学生更是将自己的言语作品不当回事。那些在有人看来可能比大文人、大作家所创制的金句警言还要值得珍藏的“童话”及其“作品”很多就这样“消失”在教室和书包里，再也找不到了。那些能够将学生课上的话、作文里的句段记录下来、整理出来的教师，那些能够将自己的作文、日记、发言稿分门别类一年年、一篇篇地保存下来，留到日后去欣赏、去比较、去提高的学生，真是少之又少。为什么这样的师生少？因为在人们的思想深处，学生在语文学习过程中的这些言语表达都是“训练”性质的，与学生本人的成长及其品格无足轻重甚至毫无瓜葛。自然，他们也就没有去珍重、珍惜和珍藏的必要了。

于永正老师说，语文教学的着力点应放在“字词句段篇、听说读写书”里。这是有道理的。但是，在上述认知型学习观念影响下，“字词句段篇”“听说读写书”真成了并列对举的两部分，人们既没有将“字词句段篇”等知识很好地落实到“听说读写书”的实践中，更没有进一步去探究“听说读写书”的学习主体本质是一个表达主体，一个可以而且必须用自己的言语表达来证明自己的生命体，以至于今天在教学的很多方面，学生“为”老师、老师“喂”学生的痕迹依然相当明显。[3]

（二）契约型社会转型无动于衷

这是表达主体不被认真探讨更深层次的原因。什么样的社会需要什么样的语文。当今社会已是一个以契约精神构筑和维系的崭新社会。人员流动性大、交往对象复杂，甚至带有很强的异域性和国际性。决定你是谁的，既非既定身份，也不是外在限定，而是你的表达。每个人都必须平等地以自己的言说来证明自己的存在，人们更多的也是从你的言论来判定你到底是一个什么样的人。所以，与契约型社会相适应，学生所需要的是一种“沟通交际型语文”，而非以往那种“自我吟唱型”语文。

据社会学家的研究，在传统乡土社会，人们过着“日出而作，日落而息”的定型生活，“新闻”是稀奇古怪、荒诞不经的意思。交往圈子小，交往需要少，“大家都是熟人，打个招呼就是了，还用得着多说么？”多说还显得生分，文字契约更是“多余”的。[4]更有甚者认为，过度言说，意味着谄媚、意味着狡辩、意味着游手好闲。所谓“木讷近仁”，实际上意味着“嘴笨”还显得憨厚可爱。熟人社会没太多的合作需求，但却少不了生活的自我吟唱。所以，有屈原，有李白，有苏轼，有曹雪芹。除应用性的奏章、书信之类写作很少关注对象；也许现代报刊文最早明确引入表达对象，有的还锁定特定的读者群，比如《新青年》。进入20世纪之后，具有明确对象和现场效应的公共演讲也成为新的语文现象，这是契约型社会的开端。经过四十年的改革开放，我国已经开始全面融入国际社会，一个封闭性和地方性都特别强的熟人社会急遽转变为一个流动性、自主性、独立性高度发展的陌生人社会，交往成为第一需求，契约精神哪里都不能没有。

然而，几乎没有像样的写作教学，“口语交际”就是一些随意的零星点缀，竟还是中国语文课程的真实“课情”。语文课对社会转型没有太多感觉。自然，学生作为表达主体的研究和探讨也就不容易进入人们的视野。

4.2.3 表达主体的成长应把握哪些评价要点

语文学习的过程就是表达主体的成长过程。多少年来，人们一直在语文知识上周旋，学生进入大学依然将“辞藻华丽”作为口才好、文笔好、表达能力强的重要标志，对于包括“批判性思维”在内的实践创新等核心素养的培育还是不了了之。表达主体的培养、研究和探讨将有可能为语文课上久拖不决的诸多问题找到解决路径。那么，表达主体究竟怎样去培养、怎样去评价？本节拟就此做些初步分析。

（一）最低学段是起点

学生的表达，应该说在学前就开始了，特别是在幼儿教育、家庭教育搞得比较好的地区。所以，语文课上表达主体的关注和培养可以而且特别需要从最低学段就开始。心理学常识告诉人们，儿童语言获得的最佳敏感期是在8岁以前。9岁后开始下降，12岁下降到1/2左右，14岁则下降到1/10左右。但是，使学生语言由儿童语言向成人语言过渡，由“自我为中心”的语言向社会化语言过渡，小学特别是其低学段是相当关键的学习时段。[5]

然而，因为表达主体的培养意识不够，课改之前初入学儿童的言语表达常让一些有识之士倍感忧虑：①不想说，不敢说；②姿态表情紧张；③声音低微；④语音含糊；⑤只能讲200来字；⑥语句不连贯，脱节，重复，有间歇；⑦句子不正确，多语病。[6]课改之后，特别是因为大众传媒的影响，低年级学生表达有了明显的进步。比如，下面这篇一年级小朋友写的日记。

> 2016年5月12日　　　　　　　　　　　　星期四　晴
>
> 今天回家，我看了一本书叫《伊索寓言》中的老鼠开会的故事，里面jiǎng了老鼠每次出去活动时，最好选一只动作敏捷的老鼠站岗放哨，一旦发现那只猫的动静，就马上通知其他老鼠。这样它们就能安全táo跑了猫就zhuā不到了。[7]

全文98字，格式很规范，叙事还很完整，不会的字也会用拼音代替。虽然有一些断句不清、句子杂糅的现象，但一个初入学学生能这样写出自己的读书生活，就很有一些表达主体的味道和气象了。

不过，总体来看，目前学生的表达情况还不是非常乐观。有学者2014年对南京市小学高年级书信、日记、请假条等书面应用表达状况做过调查。结果发现，42.8%的学生书信开头没有问候语，38.5%的学生请假条没有说明请假起止时间，75.6%的学生请假条表述不简洁。[8]应该说，这些情况实际上都是学生表达主体意识不强造成的。因为学生要是知道在文字表述中可以展示自己做人有礼貌、办事明白事理、说话能体恤他人的话，也就不会或很少有这样的不足表现了。

（二）思维品格是核心

学生表达总体状况的不容乐观源于表达主体没能彰显。而表达主体不彰，其核心素养就不能得到很好的培育和发展，表达品质也就难以提升。核心素养包括实践创新等众多方面，但决定主体品格最核心的还是思维能力，特别是学生实践创新最不可或缺的批判性思维。

思维是表达的前提。表达过程的每一个环节都有思维活动的参与。吴格明教授认为："离开了思维，语文就成了一堆孤立的词句和文化碎片。"[9]思维能力，特别是批判性思维、创造性思维能力的高低决定了表达能力的强弱。下面是一名六年级学生写给即将留学新加坡同学的信。

> 在我看来，新加坡和淮安一样芝麻大小，你倒不如在家学好英

语赴英美留学，像邓小平、钱学森那样，学了洋人的知识，再回来建设祖国。

以后等你海归了，如果我们还联系得上的话，我们一定会去找你，我俩比较一下，谁的薪水高，谁的人缘好，谁的老婆好看，或者我们俩不比，比我们的下一代，谁的学习好，谁的能力强。说不定到那时候我成了企业家，你成了发明家；我成了哲学家，你成了著名的天文学家；说不定我发明了飞出银河的“成欣阳外银河一号”，你发现了生物的起源，到时候我们再比一比……[10]

就这两段文字，人们发现作为表达主体，这位小学生很好地展示了自己的多方面的素养，特别是以批判性思维、创造性思维为关键点的思维能力。如果说前一段让人们看到的是一个儿童不一般的批判力的话，那么后一段明显“秀”出了一个13岁孩子非凡而又很有点中国男孩范的想象力和创造力。就前一段来说，小作者借助一句“倒不如”的规劝语，既表达了他对同学这么早就跟随父母留学他乡的遗憾，也表达了他祝愿同学学成归来报效祖国的热切希望。同时，还有一层言外之意：这些年他们在一起学习，他感觉时间真是太短了！同学间的不舍之情，溢于言表。有了这种思考力，这位小作者就很漂亮地用自己的言语“晒”出了一个不一般的表达主体。

（三）个性发展是要务

发展个性是教育的最大价值。呵护并促进学生作为表达主体的个性发展是语文课义不容辞的要务。学生表达的“假大空套”、千篇一律、千人一面、概念化、成人化等，无不和学生主体的个性缺失有关。[11]来自多元智力理论的研究告诉人们，每一个儿童的心智结构发展都会有自己的特点，成人不能以固定统一的标准来评价和要求所有学生。就学生对于语言文字的感受、体察、组织和表达而言，更不能用一把尺子来量。[12]由于家庭环境、教育背景、人生经历和学识修养等方面的不同，学生的思维及其言语表达必然会呈现出这样那样的差异。

所以，一方面，语文课上教师对学生作为表达主体的发展不能没有要求；另一方面，语文教师对表达主体成长的评价又要有足够的宽容度。思维的独立性、批判性和创造性是表达主体个性发展的前提。其中，保证学生的独立思维是关键。所以，教师的引导工作要能做到恰到好处，既不能让他们“放羊”，也不可以让学生感到必须处处唯命是从。我们可以做的有很多，这里仅提出两方面的建议：

第一，保证有足够的材料来“倾听”。人的任何表达都不会是从一张白纸开始的。所以，表达主体在表达前必须有一个倾听的过程。倾听哪些人的哪些表达是教师必须有的备课内容。只有有足够材料的“倾听”，才能赢来表达主体高质量、高品格的表达。目前在各地兴起的“群文阅读”就有这方面的功效。群文阅读绝非只是扩大阅读面、提高阅读能力，而是一种旨在将阅读吸纳引向表达输出的重要学习机制。

第二，保证有足够的时间来酝酿。人的任何表达都有时间尺度。有的快，有的快不了。所谓快不了，一是时间短，可能来不及充分消化所“倾听”的言语材料；二是时间短，可能来不及做新的言语重组，即使重组出来，言语信息加工程度不高，表达品质也难以上得去。所以，在表达实践中，特别是所谓“当堂作文”这种提法、做法都应该反思。

注释：

［1］徐林祥. 小学语文课程与教学论［M］. 北京：教育科学出版社，2014：122–269.

［2］窦桂梅《清平乐·村居》教学实录，http://home.51.com/wzhqa998/diary/item/10044577.html.

［3］朱萍. 叩开词语有效教学之门——我和我们工作室团队的成长故事［J］. 小学语文教师，2014（7–8）：8.

［4］费孝通. 乡土中国［M］. 北京：北京出版社，2005：18–26.

［5］邱娟飞. 从儿童语言发展特点谈儿童口语交际教学［J］. 教育探索，2007（8）：67–69.

［6］朱作仁. 小学语文教学法原理［M］. 上海：华东师范大学出版社，1988：54–55.

［7］http://www.hassx.com/xc/class/classSite/201516/news_view.aspx?class=2&id=34725&BclassId=44.

［8］郭骏. 南京市小学生应用文学习状况调查//中国语言生活状况报告（2015）［G］. 北京：商务印书馆，2015：127–128.

［9］吴格明. 提升读写的思维深度［J］. 中学语文教学，2017（8）：4.

［10］淮安市实验小学. 蔡家军别集［C］.

［11］刘锡庆. 作文“个性化”之我见［J］. 中学语文教学参考，2005（5）：34.

［12］陈梅香. 中西方关于加德纳多元智力理论的探讨及启示［J］. 中外教育，2003（3）：28–31.

本节内容发表于 2018 年第 1 期《语文教学通讯》。原文题目是《表达主体：语文课上的学生身份》，有改动。

第三节　表达受体：检验表达是否成立的试金石

部编教材《语文》（七年级上）指出："写作就是用笔来说话。"[1] 从这个意义上来讲，说话、写文章没有区别，都是学生主体的表达。所谓"表达受体"，它源于修辞学的"对话要素说"，[2] 更直接的源头是写作学的"写作受体论"[3]，说白了，就是作为表达学生说话、写文章的那个或那些对象，所以也叫"表达对象"。这本是一个确确实实的存在。但人们对他（或她，或他们，或她们）似曾相识，语文教育界很少有专门而集中的探讨，在语文课里将他凸显出来从而有效提升学生的表达品格则少之又少。然而，今天看来，语文教学中那些长期久拖不决的问题很有可能与人们对他的漠视有关。也就是说，表达主体明确了表达受体，对表达受体的认识清楚了，对他（他们）的态度、立场胸有成竹了，学生作为表达主体的表达品质也就会有一个大的改观。这应是当今语文教学的一个努力方向。

4.3.1　表达受体在表达系统中的特殊地位

在语文课中，学生的言语活动不是一种纯知识训练，而是他们作为表达主体的一种特别的真实表达过程。在这个表达过程所构成的表达系统里，表达主体是一个真实且敏感的表达行为发出者。说他敏感，主要是因为假若表达主体要做出自己认可的真实表达，他就必须切实面对并认真回答这样六个怎么也绕不开的问题（或称六个要素）：

（1）所准备的这些言语究竟要对谁说、对谁表达（表达受体）；

（2）为什么今天要对这些人说这些、讲这些，有哪些具体目标要达成（表达主体的表达目的）；

（3）今天讲这些、说这些的特殊环境有哪些是特别要弄清楚而不能含混不清的（表达语境）；

（4）今天的表达主要是针对哪些认知客体所做的言语表达和阐述（表达客体）；

（5）今天所准备的关于普通话、方言、文言、外语和网络语的语体、文体、风格等修辞是否能够达成目标（表达形式）；

（6）今天的表达将用声音、文字、图像中的哪些媒介传播出去（传播媒体）。

表达主体的表达一般都会遇到这些问题。按这些问题或者说要素可以大致确定表达系统的基本结构模型，如图 4-1 所示。

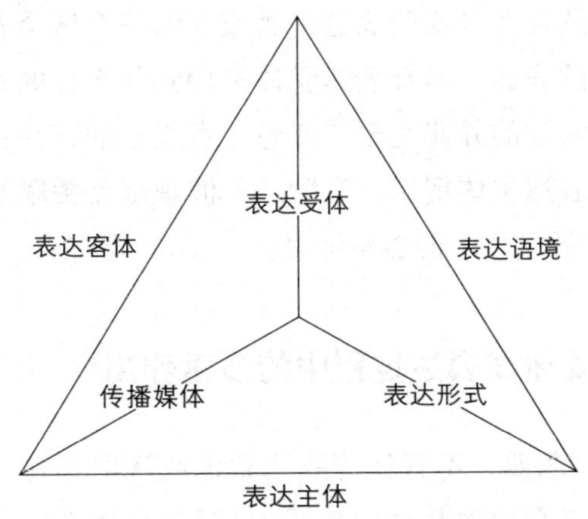

图 4-1　表达系统的基本结构模型

这一六棱体结构模型由写作活动模型衍化而来。[4] 从学理上看，这是一个封闭性、自足性、完满性的和谐结构，六个要素中的任何一项不确定都会导致整个架构的不稳定、不和谐。而从当前语文课实际来看，“表达形式”用普通话的现代汉语，不采用网络式的幽默风格，“传播媒体”主要是用传统的口语和文字，一般不采用图像和视频，这两项无须每次都讨论和调整。其他四个要素则是要一次又一次具体来拟定的。其中“表达受体”（表达对象）一项最费周折。第一，这是必定有的；第二，很多时候却是极其模糊的；第三，通常情况下他们数量多、成分复杂，不易认定和把握。从以往的语文教学来看，学生的表达主要形态就是写作，而写作基本上又可以归结为“散文写作”。[5] 可是，散文的读者对象是呈弥散状态的，比小说还要模糊，难以锁定其读者群。这大概就是长期以来人们对于表达对象的研究不甚了了的根本原因。

课改之后，随着接受美学、传播学、语用学理论讨论的深入，有关读者等表达对象有了一些很好的探讨。[6] 结合这些探讨的成果，本文这里对表达受体做如下四方面的概括和描述：①教学现场中的教师（含阅卷教师）。虽然教师本质上主要是一位评价者，但在学生心目中确实是一个倾听者，而且是第一倾听者。②学生各类生活圈中的那些人们。包括同学圈、学习圈、亲缘圈、家居圈（生活社区）等。他们以学生为中心，由小到大、由近到远向外拓展。这是较常见的表达对象。③与自己同一时代的同龄人（含外域人、外国人等）。④社会中的某些特殊群体乃至普通公众。这种情况相当少见。学生的表达对象基本上分为上述四大类。这些表达对象，有的是实际的、现场的、明确的，有的是预想的、努力争取可能的、相当模糊一时难以清楚描述的。表达受体在表达系统中的特殊地位在于，他的存在是检验表达是否成立的一个试金石。凡是表达，包括学生在语文学习中的表达，不管表达受体模糊到什么样的程度，他都是一个确切的存在，而且是实际的并非完全“假想”意义上的存在；否则，就不是表达，而仅仅是一种与表达主体情感、态度、价值观毫无关联的纯知识训练。如“我发现地球绕着太阳转”之类的造句练习。

4.3.2 表达受体在表达过程中的多重作用

“只要拿起笔来写东西，不管你清醒地意识或认识到与否，都是为了达到某种目的或效果，都是在扮演某种角色。”[7]对于表达主体来说，任何一个表达都有一种期望，期望表达能形塑自己，将自己形塑为一个理想的角色、理想的人，所谓“诗写我”（兰波语）。但这个理想人、理想角色的最终确认不是他人，正是他必须面对的表达受体。司马迁说要“藏诸名山，传之其人”，不是说包括汉武帝在内的世人读不懂他“隐忍苟活”写下的《史记》，而是他认为要在自己在世就能洗刷自己的“污名”这是一件几乎不可能的事；因为当世没有多少人能够懂他究竟是一个什么样的人。表达主体找不到一个现世的表达受体来确认自己是一个正直之人，他只好寄希望于未来。“忍把浮名，换了浅斟低唱”，柳永这么私性的牢骚话，至多只是说给宫廷外人士听听；没想到这首《鹤冲天》名气太大竟传到宫廷内的宋仁宗耳中，皇帝一句“且去浅斟低唱，何要浮名”便使他身怀状元之才却也沦为终身的白衣卿相。这是表达主体柳永怎么也没有料到的。前者虽然明确了表达受体不含当世皇上，但事实上还是要经过汉武帝等人审阅；所以就有一百三十篇亡佚十篇，十篇当中就有与汉武帝关系最为密切的《景帝本纪》《武帝本纪》的“被删”事件。[8]后者有包括青楼女子在内的宫廷外各种读者的期待和预判，但没有估算到表达受体会有当世皇上；然而宋仁宗还是听到了，柳永因此而受到了惩罚。不难看出，任何一个表达主体在写作表达过程中都有对于表达受体的期待、预测和准备。正是这种期待、预测和准备，让表达行为不会无的放矢，也不会过于任性，而变得讲究精准、讲究艺术、讲究细腻。

那么表达受体对表达主体的表达具体会有哪些影响呢？粗略概括一下，主要有以下几点：

（一）主旨的调整

主旨是由表达主体的观察与表达受体的期待共同决定的，是“观察”“期待”两个集合的“交集”，即所谓“共同话题”“共同语言”的意义提炼。表达主体就是在这话题意义的观察、探讨、提炼和表达中形塑和展现自己，表达受体也在这个倾听和互动中“确认”和“肯定”对方的上述角色期望。也就是说，要在既定的表达受体前形塑一个怎样的自己，或者说，展现自己的哪些方面，表达主体事先要有一个评估。这个评估主要来自对表达受体的认知水平、情感倾向的研究、理解和把握。辛弃疾《清平乐·村居》是写给上饶地区村里居住的那些农人读的吗？当然不是。一家老少生活在远离战争的江南，耕作在自家的田里，享受着融融的天伦之乐，这正是词人几十年来梦寐以求的家国一统的和平日子。农人与土地之间的和顺，老少长幼之间的和善，老夫老妻之间的恩爱和美所构成的这幅农家乐园图不是给别人看的；其倾诉对象依然还是词人一贯的官僚阶层人士，那些对家国统一可以但较少发表言论的士大夫们。这幅农家乐园图与“醉里挑灯看剑，梦回吹角连营”“把吴钩看了，栏杆拍遍，无人会，登临意”等吟唱共同“形塑”了一个热切盼望建功立业、家国团圆的壮士形象。也就是说，辛弃疾这里描绘的和乐景象不是一般意义上的农家乐，而是在山河破碎、报国无望的现实境遇下带有强烈憧憬和对比意味的下层百姓生活书写。显然，这一主旨是由陈亮等主战派以及其他投降派所构成的官僚阶层作为表达受体而确定的。

（二）内容的取舍

围绕着主旨，说些什么，不说什么，哪些是要说的重点，这也是有讲究的。选择取舍的一个重要标准就是表达受体的地位、身份、见识等。毛泽东《七律·长征》不是写给国民党反动派的，也不是仅仅写给红军高层领导的，而是写给关心、支持和拥护共产党的各界群众，特别是备尝长征的艰辛和喜悦的广大红军指战员们。这首诗是以口头形式首次公开发表的。那是在长征途中一座小学礼堂里所举办的红军排以上干部会议上，谈到长征胜利在望，诗人毛泽东心潮澎湃，于是将几天前写成的这首长征新诗朗诵给他的这些战友和部下们。[9] 十个月之后，他又亲自将这首诗写给前来采访的美国记者埃德加·斯诺。正是斯诺所撰新闻报道集《红星照耀中国》（一名《西行漫记》）将这首诗介绍给全中国以及全世界的读者。写这首诗时，红军刚刚越过岷山。作为长征的亲历者和领导者，毛泽东充满胜利者的自豪。他欣喜地看到，红军指战员们心中一下子豁然开朗起来，人人脸上都露出了柳暗花明又一村的喜悦和兴奋。所以，诗人满怀豪情地回顾了长征路上的艰辛、危急和困难，这在中国历史上乃至世界历史上都是前所未有的。因此，诗中没有写长征前期红军高层的思想斗争，也没有写红军长征途中的牺牲和损失，甚至没有重点去写国民党反动派一路上的围追堵截。为了表现红军长征胜利的喜悦，激励官兵对未来斗争的信心，诗人特别写到的是红军已经挥别了“万水千山”，“五岭”也好，“乌蒙”也罢，就是惊心动魄的“金沙江”“大渡桥”在铁打的红军眼里都算不得什么，小事一桩、不足挂齿。

（三）语用修辞的选择

言之无文，行而不远。表达主体的种种言语行为都要看表达受体，或为他所限，或为他所牵引，其中还包括语用修辞的选择。《一着惊海天——目击我国航母舰载战斗机首架次成功着舰》是最新收入部编本教材的新课文。课文最初是发表在《人民海军》上的一篇新闻通讯。这是一份军队报纸，部队报刊是我国“开展全民教育的重要载体”。[10] 所以，其读者就是包括中国人民解放军指战员在内的全国各族人民。正是这一表达受体让这篇通讯作品既具有一般通讯共同的画面感、现场感，也具有军队报刊文章的特质，专业性强，理论、信息、文化和科技含量大。作为这篇通讯的主创，蔡年迟、蒲海洋两位资深海军记者在这些方面的努力是非常清楚的。“海风呼啸，海浪澎湃……八一军旗迎风招展”与“飞行塔台内，一双双布满血丝的眼睛，紧盯着监视屏幕上不断跳动的参数和曲线，密切跟踪正在空中调整飞行姿态的舰载机”等“镜头感”十足的语句给读者带来的画面感、现场感极为强烈。如果说“世界公认的最具风险性难题……‘刀尖上的舞蹈’”的“形象”表述展现的是作者于航空母舰着舰理论的娴熟；那么，“等了近百年……期盼了半个多世纪”“80% 的事故发生在着舰过程中……坠毁了 1000 多架飞机，700 多名飞行员丧生”“9 时 08 分……机腹后方的尾钩牢牢地挂住了第二道阻拦索”等句子所列举的这一系列“数据”则让读者无不钦佩作者对现代航母的历史文化、关键信息、科技含量的了如指掌。这些资料和讯息正是关注我国航母舰载技术发展的广大官兵和各地群众普遍关心的。

4.3.3　表达受体的拟想、设置和确认将促进学生表达品质的提高

表达必有其受体，表达受体对表达的影响方方面面。因此，语文课中的学生表达有一个非常重要的环节：表达受体的拟想、设置和确认。一般来说，凡是学生有精彩表达的语文课堂，教师将现场的不仅所有同学还有自己都设置为老老实实的表达受体。有研究学者认为，中国内地语文课堂最大的问题是“聆听”的缺失。“只要有人说话，你们就不可以举手，认真听对方在说什么。”[11]成功的教师总是这样注重引导学生带着温暖的心去听，甚至去等。不要看老师的教，而要关注学生的学、学生的说、学生的表达，这是日本课堂的普遍做法。比较用心地听站在讲台上的老师的话，不太在意隔壁同学在说什么，这便是中国语文课堂必须改变的“课情”。基于以上认知，笔者提出以下两个方面的建议。

（一）确认语文课堂上的师生都是学生表达的表达受体

首先要明确教师是表达受体。语文课堂里的任何表达，口头的也好、书面的也好，一般情况下，教师都是一个实实在在的表达受体。所以，应当倾听、应当在意、应当关注学生作为表达主体的任何表达。既不应一见到学生话语磕磕绊绊、支支吾吾、断断续续就随意打断和否定，也不应放任学生表达的“假大空套”、千篇一律、千人一面、概念化、成人化。至于听到“我发现我们家的老母鸡围绕草垛转”“因为阿妈胆小、怕鬼，我的理想是变成一只狗，天天夜里守在大门口”等真切表达，[12]那一定得好好赞赏。学生表达主体首先是在教师这一特殊表达受体的呵护、鼓励和引导下成长起来的。其次要强调同学也是表达受体。学生有在老师那里得到认可的期待，在意老师的反应，而很少有将同学作为表达受体的意识，不太在乎同学的感受。这是语文课较为普遍的“课情”。为什么还要有同学听？同学作为表达受体，更能体现现代学习的特点。在课堂里，特别是语文课堂，学生绝不是一个个孤立的学习个体，而是生生、师生间的表达交流而构成的“学习共同体”，一种互学共进的学习关系。

师生同为表达受体。好的语文教学就是这种表达系统的自然运行。

生：（读习作）薛老师长得又高又瘦，就是背有点儿驼，1 米 77

的个子看上去顶多只有1米75，他居然说自己是“单峰骆驼”，真有点阿Q精神。（生大笑）他脸上有一副眼镜……

师：（插话）他很简洁地概括了老师身材的特点。这里可以改一个字，什么叫“脸上有一副眼镜”？这眼镜是长在脸上的吗？（生笑）

生：（插话）戴着一副眼镜。

生：鼻梁上架着一副眼镜，看上去很斯文，也很有学问。

师：这个“架”字很贴切，也很斯文。（生笑）

生：（继续读）他长着一双龅牙，但他觉得很可爱，说“有缺点的人才可爱”，可真自信呀！[13]

这段课堂实录，学生在做汇报，教师作为表达受体就很鲜明，他在认真倾听，还在悉心指点。同时，“生大笑”和“生（插话）”表明，同学也在倾听，并不断给出反馈信息。不难看出，正是同学的这句反馈性插话——“戴着一副眼镜”引出了学生“鼻梁上架着一副眼镜”这句精彩表达。可见，表达受体的确定，实际上就是保证了表达系统反馈机制的建立。有了这一反馈机制，表达主体就会不断调整、改进自己的表达策略，从而提升自己的表达品格。

（二）确保语文课上的学生表达都是表达系统中的创生作品

说话、写作都是学生主体的个体表达，都是语文课堂表达系统中的创生作品。学生的发言不是教师讲授的点缀，学生的作文也不仅仅是他们换取分数的凭借。学生的任何表达都是他们作为生命个体成长道路上留下的足迹。从这个意义上说，那种小学到三年级才有写作的观念早已过时，应该说小学生从一入学就开启了他们的“表达成长史”。学生的每一步成长记录都有可能而且很有必要清晰地留下来。而检验留下的是否是学生真实足迹的唯一标准就是其言语的“创生性”，也就是学生的言语必须是在语文课堂表达系统中创生出来的。换句话说，学生的言语要成为他们的真实表达必须有既定的表达受体以及由他们而产生的反馈机制。学生课堂上的发言容易办到，学生的写作要找到特定的表达受体也不是完全不可能。

1. 猜猜他（她）是谁

请用200字左右，描述你班里的一位同学，上台读出来，让同学们猜猜你写的是谁。描述这位同学时，一定不要出现他（她）的名字，但要抓住人物的外貌和行为特征，猜对者为赢。

2. 描写一个物品

小敏到美国，杰米问她：我们进餐用刀、叉，听说你们中国人吃饭用筷子，你能给我介绍一下筷子吗？请你代小敏写一段介绍筷子的文字。

3. 写一篇短论

尝试运用例证和对比的方法，面向本社区，写一篇关于“穿睡衣上街”的短论，写后提交学校评比并择优在校报发表。短论要鲜明地表达出自己的观点，并且要达到劝说的目的。[14]

上述三个题目出自当今领衔写作课程重建的荣维东博士的手笔。荣老师立足于“交际语境写作”的新理念，题中的表达受体都比较明确。第一题是全班同学，第二题是小敏的美国朋友杰米，第三题是社区居民。如果再具体一些，让表达受体的反馈机制真正运行起来，还可尝试如下改进办法。第一题可增加“人物的生活花絮”，从而使表达受体一下子唤醒对某些往事的回忆。第二题可设计饭桌上小敏和杰米间的一段对话或他们手机上的一段微信聊天记录，并以此作为脚本来一段情景剧表演，展示中国文化。第三题中的“校报发表”可改为“替爸妈或爷爷奶奶写一篇‘文明小区创建座谈会’的发言稿”或“写一篇倡议书张贴在小区公告栏”。

引入表达受体，创建表达系统，2017 年高考全国卷作文题“中国关键词”就是一个示范。考题要求考生选择两三个关键词来呈现自己所认识的中国，帮助外国青年读懂中国。这里就比较明确地设置了考生写作的表达受体。当然考题如果对“外国青年”有更具体的介绍，比如为考生提供包括外国朋友的生活、需求、爱好和关切等信息，那就更好了。因为一个真实的表达系统的建立，一个具体的表达受体的确立，是一篇真切的表达产生的前提所在。

4.3.4　结语

其实，对于表达主体来说，表达受体是一个不可或缺的他者。随着“他者理论”在我国的广泛传播，表达受体意识也将在语文教育界普及起来。语文课上被人诟病的种种“假语文”现象时至今日并没有多少消退迹象，[15]一些地区、一些场合还有泛滥之势，这需要语文人在课改过程中拿出新策略、新措施。

明确和强化表达受体意识，在语文教学中真正建立起表达系统及其运行机制应该是值得尝试的一种改革。

注释：

[1] 温儒敏．义务教育教科书《语文》(七年级上)[M]．北京：人民教育出版社，2016：17.

[2] 李鹏飞．从传播学的角度解读《修辞学》[J]．青年文学家，2010(20)：31.

[3][4] 凌焕新．写作新教程[M]．南京：江苏教育出版社，2009：161-192，7-8.

[5] 王荣生．写作教学教什么[M]．上海：华东师范大学出版社，2014：12.

[6] 林一平．读者意识写作教学论[M]．北京：中国文联出版社，2003：26-37.

[7] 祁寿华．西方写作理论、教学与实践[M]．上海：上海外语教育出版社，2000：97.

[8] 汪禄应．"去读者写作"论[J]．课程研究，2007(2)：25.

[9] 罗卫东．毛泽东《七律·长征》创作于哈达铺考[N]．陇南日报，2010-07-04(4).

[10] 毛俊福．军队报刊在部队国防教育活动中应发挥更大作用[J]．国防，2006(5)：54-55.

[11] 李玉贵．我在大陆上课很紧张，因为这里见不得冷场[J]．当代教育家，2016(9)：15.

[12] 倪文锦．文化强国与语文教材改革[M]．北京：语文出版社，2015：26.

[13] 薛发根．让作文更自然一些——《人物素描》习作实录及执教感言[J]．语文教学通讯，2007(12C)：24.

[14] 荣维东．基于交际语境的写作内容框架构想[J]．新作文(中学作文教学研究)，2016(10)：18.

[15] 王旭明．语文课应该上成语文课——清华大学附小开学第一课述评．[EB/OL]．[2017-09-07]．http://mb.yidianzixun.com/article/0HDzJrLK.

本节内容发表于2018年第7期《教学与管理》。原文题目是《表达受体在语文教学中的价值》，有改动。

第四节　学好表达：语文教育最需要突破的教学目标

语文学习可能不同于外语学习，不仅要有关键技术的掌握，还要有学习主体生命意识的投入。比起其他学科，其更核心、更本质、更有魅力的地方是它聚焦于学生个体“生命成长”的记录、探索和演进，其最终目标在于学生作为“表达主体”的形塑。[1] 因此，学生这门学科的进步非但一定是一种累进式发展，而且这种发展总带有强烈的实践性、时代性与个体差异性。这一几乎常识性的认识，过去并未形成整体性突破，人们寄希望于新时代。期待新时代的语文课堂中，学生的表达特别是写作能够展现出一种积极的生命状态，他们不仅“说人话”“发人声”“讲人理”，而且还表现得那样自觉、那样自如、那样自信。

4.4.1　从表达系统看“表达主体”的形塑

“表达主体”的形塑关键还是教师。教师要能重新理解、把握和引领学生。当教师压根儿不放心、不信任、不欣赏学生，或者说，教师对学生心存固有观念，比如只期待他们说出自己期待的话、写出自己期待的文字，学生就无法做成人，难以展现其作为人的本真，最终无论是课堂上还是办公桌前都很难寻觅到那些“说人话”“发人声”“讲人理”的话语和文字。也就是说，教师如果还只是一个高高在上的评判者，而不是一个能够低下身子平等真诚的倾听者，一个特定的有机表达系统中的“表达受体”，要想学生不再说假话、空话、套话、废话，绝对是一种不现实的奢求。

应当说，老师、同学、发表学生作品的报刊编辑及其读者所构成的“表达受体”对学生作为“表达主体”所起的作用，是语文教学研究和实践长期无视或忽视的。事实上，“表达受体”与“表达主体”及其表达环境各要素，诸如时间、地点、媒介以及表达文体所构成的“表达平台”，三者共同组成了一个特定的立体的、有机的、动态的、具有创生性的“表达系统”。表达主体、表达受体、表达平台不同，“表达系统”就不同；每一个表达都是“这一个”既定表达系统孕育产生的独特作品。要使得这个表达系统充满活力、创生力和影响力，就应发挥和调动该表达系统内的各个“构件”的功能。语文教学本质上说就是建构这一个个各自不同的表达系统，从而实现表达主体个性化成长的关于人、面向人、目标更是人的培养工程。[2] 语文学习的当代功能大约是三个：①文字记录；②个人娱乐；③主体表达。很显然，在以创新为核心诉求的新时代，学生作为言语主体的表达功能越来越重要了。

表达看对象。表达方式、表达文体等都依对象来确定。表达对象、表达受体的语言取向、语言审美潜移默化地影响着表达主体的语言追求。中小学学生的表达对象、表达受体主要可以锁定为中小学学生以及他们的师长和家长们。

其中，他们的同龄人，中小学学生这个群体最有可能成为他们的表达对象、交流受体。这正如唐宋诗词大家们的吟唱很少有像白居易那样对于“老妪能解”的刻意追求，基本上将倾诉对象、表达受体放在远离“白发谁家翁媪”的那些士大夫们一样。学生作为表达主体的表达俗化值得作为一个国家重大课题来研究。但要想全体学生都恢复到唐宋诗文作者的语言风范，估计唐宋八大家他们自己也会表示怀疑。从中国古代的瞽蒙文化到西方的荷马史诗，都可以看出中国现代写作的“口语取向”有其人类写作史的本源回归意义。鲁迅的小说是白话，但他的全部学术著作都是用文言完成的。这差不多就是鲁迅身上全部矛盾的一个重要表征：鲁迅是现代的，但有些方面却依然固守着他执意固守的传统；然而，鲁迅又是更伟大的，其伟大就在于他晚年能坚定地奉行现代精神勇敢前行。比如就在瞿秋白等人的影响下，他在20世纪30年代高调喊出了“中国语文的新生”。[3]鲁迅这里所说的“语文”当然不是今天语文人所从事的语文课程与教学，但却是此时此刻这里所讨论的“写作用语”“表达文体”。鲁迅支持并追随大众语事业乃至中国字拉丁化事业，正是当代语文现代化的领袖型人物周有光所看好并推动发展的。中国语文的未来还会有很大很大的演变，绝不会是今天这个样子。但有两点可以肯定：第一，成语等文言表征的古代文化会传承下来，当今的中华优秀传统文化传播工程也将有力推进这一传承。第二，“朋友圈”“秒杀”“亮剑”等当代汉语口语新出现的表达方式，甚至新产生的“GB”“RMB”等拉丁字母表达都将日益成为令人瞩目的汉语现象。这是中国现代化百余年来所积淀的求变、趋新文化所决定的。自然，中小学学生这个群体是这种文化的突出代表。

4.4.2 从表达受体看“生态作文”的探索

从系统论的高度来研究和把握中小学写作教学，这是语文教育研究的重大进步和重要里程碑。近十多年来，不少学者与教师正在倡导创建一种“生态作文”，目的就是将学生、教师、文本与生活世界等元素作为一个生态系统来研究，探寻其“生态效应”，从而激发学生的生命活力，提高写作品质。[4]应该说，这确实是进步。其一，从学习的动能角度来看，这种“生态效应”还是比较明显的。因为它将“生态场”亦即课堂里的所有他者都作为学习资源利用起来，形成一个基于作文评价、修改的在相当程度上可以实施师生对话、生生对话的“学习共同体”“写作共同体”。其二，“生态场”环境下的学生写作保证了其写作素材有足够的“鲜度”，也在某种意义上让学生能够感受到写作与生活的关联，从而有效地杜绝了学生的搜肠刮肚、苦思冥想，这是几乎所有“生态作文”的追求者们最自豪的一件事了。可以说，将写作系统命名为“生态写作”，这完全有利于探究这一系统的立体性、有机性和生命特征。

然而，“生态作文”的倡导者们对于写作系统的构想主要是站位于“生活是写作的源泉”，强调学生是“生活”中的一员，他们的写作动机虽不能有多少萌发于“生活”，但他们的写作素材来源于生活。所以，“生态作文”的基本理念可以说近似于过去日本的“生活作文”，是叶圣陶“文章写的就是生活本身”这一写作教学思想的新发展。这无疑有其进步性。

但是，目前“生态作文”的最终功效可能只会在“写作素材”的“鲜度”上有所保证。因为它所构想的“写作系统”总体来说是静态的，较难产生写作最需要的创生性。虽然它可能在某种程度上摆脱了所谓“花盆效应”，学生能从学校所设置的封闭或半封闭的写作学习境遇中解放出来，回归到自己的“生活现场”，但学生的写作行为及其成果“学生作品”终究没有可能成为其“生活现场”的一个有机组成部分。换句话说，对于其“生活现场”或者说学生写作的“生态场”来说，学生作品终究是可有可无的。有它，不见得有什么实际作用；无它，也不会有任何影响和牵涉。最终，学生辛辛苦苦一阵忙活之后得到的感受、体会是，他们的写作活动及其成果都是可有可无、无关自己的实际生活的。因为“生态作文”不仅不会将其“生活现场”中的某些人物设置为表达对象、交流受体，甚至就连写作受体、表达受体的设置、拟想和确认这一环节都没有。这就是问题的症结所在。

所以，笔者认为，中国学生绝非不会写作，而是不屑于写作。因为他们无法切身感觉到写作过程中真正的煎熬与快慰，无法领悟写作表达的生活意义、生命价值。[5] 所以，中国学生从中小学一直到大学都在鄙夷写作，很少有人真正感受到写作的神圣、尊严和伟大，会写作的人都是一群令人敬畏的人；就连校园外也是如此，特别是一些读了点书的所谓“成功人士”传达给学生的信息竟然都是将写作视为世界上最无聊的事情。事实也是如此，人们写出来的东西往往没有表达对象，也根本不是问题驱动的结果，只是一堆堆或无病呻吟或隔靴搔痒的表面文字。学生就是在这种匪夷所思的写作教育氛围中学习写作的。所以，如何将写作改造成为一种令人崇敬的工作、本领和岗位，这可能是当代语文人需要花大气力探索、突破、化解的艰难课题。一度在学生中流行的所谓“小文人”的“小清新”之作还在各地流行、蔓延、生长着，这是一种大约从上海到青海的学生都奉为圭臬的写作范本。有人把这种情况归咎于写作太讲究文学性表达，可能不妥。因为其实当今语文教育并没有认真走进文学中去。比如，中国现代叙事学并不够发达，这方面知识的学习在中小学语文课中尤其少见。如何将一个故事讲得有趣、有哲理、有诗意，语文人这方面的探讨不多，整个学界都不多。“小清新”之作的泛滥，是文学教育的不够，从而导致人们将对文学的参悟扭曲为一种极其逼仄、极其浅薄、极其小儿科的理解。考试是指挥棒。考试里的写作样式也有意无意之间形成了一种规范、一种标准、一种范本，人们总以为这种范本就是写作，而其他不算。“小清新”之作有绚烂的辞藻，也有诱人的修辞，所以容易被误以为一种写作范本。[6]但它几乎不考虑其读者对象，绝不可能是在一个特定的表达系统中产生出来的。所以，它在学生作为“表达主体”的形塑方面作用极其有限。目前“生态作文”因为没有明确的表达受体，无法杜绝这种“小清新”工作，应引起语文人的高度警觉。

4.4.3 从表达主体看“改写范式”的意义

很多教师在阅读教学的时候，把课本解析得“天花乱坠”。对此，有些人感到不愉快，予以坚决反对。他们认为，这跟写作、跟学生的表达毫无关联。其实，“天花乱坠”本身很多时候就是一种言说，一种表达，一种关于课文故事及其内容的精彩重构和重述，是对课文原作所做的创造性解析和阐发。分别在于，一些能将课文做创造性解析和阐发的教师能把阅读文字文本、观照文本世界，并对此进行个性化阐释、解读、言说，从而实现把对课文原作的重述、重构看作极为重要的语文实践和语文能力；而那些心中只有阅读的教师孜孜矻矻于课文文本的解释，自始至终局限在文字世界本身的理解、领会和记忆中。从人类写作史的考察来看，任何写作都是某个特定对象的一种重写、重述。无论是一国文学史的写作，还是一国法律的修改，抑或一档电视节目创设方案的拟写，都不可能是绝对的原创。所以，那种基于传统经典的创意写作都是极有意义的。在这方面，鲁迅的《故事新编》其实开了一个极好的头。但遗憾的是，这种写作没有什么实质性的承继，未能形成一种较为强势的写作传统或者说写作范式。今天，却是遇上好时代了！在大力建设中国优秀传统文化传承发展工程的今天，改写范式及其成果的研究、总结有望成为一种显学并走进写作课堂。鲁迅《故事新编》的创作从 1922 年至 1935 年历时 10 余年，[7]是鲁迅有意识的独创。中外文学史上，这样的作品创作虽然不是特别多，但却是一种极有生命力和普遍意义的创作范式。从小说《三国演义》到戏剧《哈姆雷特》的经典化，即可窥见其中讯息。而从中国版的《赵氏孤儿》演变到法国版的《中国孤儿》，更可以看到经典故事做适时、适地、适切的改写、重构所蕴藏的巨大文化力量。据旅美学者祁寿华的介绍，西方写作理论有一种趋向就是正视和重视“改写”。在美国，他们甚至认为，从某种意义上说，写作就是改写，就是重构。[8]

改写、重构主要看作者。一方面，改写者要特别熟悉这些经典故事；另一方面，他又要有自己明确的改写主张，不可随心所欲。一般来说，“借酒浇愁”是改写的主要策略。“酒”可以是人家的酒，过去的酒，远处辗转过来的酒，但“愁”必须是改写者自己的愁，现在的愁，眼前不浇不快的愁。“嫦娥奔月”的故事在鲁迅的笔下，完全没有了人们想象中的那种浪漫、美丽和诗意，英雄被凡俗化，美人更被颠覆得那样恶俗。和故事主人公后羿一样，鲁迅对现实失望，但却找不到解决的良策。这个现实，就是1926年女师大风潮过后高长虹的背师反目，与鲁迅携许广平南赴厦门的不顺利而形成的家庭、工作、事业等前景的全面黯淡。[9]“嫦娥奔月”的经典传说谁都了解。然而，如果说可以将逢蒙看作高长虹，那凡俗化后的后羿究竟是谁？变得恶俗起来的美人嫦娥又是谁？这一切都令那些对鲁迅厦门境遇感兴趣的人关注起此文来。所以，文章不仅不缺读者，而且几乎每一个读者都想从鲁迅对“嫦娥奔月”的改写、重构中探寻那时的历史现实。

学生做任何经典故事的改写也都可以这样“借酒浇愁”。比如，学生要是选择“狐假虎威”进行改写的话，他可以设置自己是“虎”“狐”和“百兽”中的任何一种角色。如果设置的是“狐”这一角色，他完全可以在故事改写、重构中畅谈为狐的“无奈”，讨好虎的“艰难”以及“百兽”中猴子对他的“讥讽”。如果这样的文字的确在他的“生活现场”里以某种方式出现，学生一定会把自己的“无奈”“艰难”以及受到的“讥讽”好好地坦露出来，这样相关的读者、关注他生活境遇的人必然会理解他、同情他，甚至出面帮助他，解除他心中因为此事所积郁的不快。想必经过了这样一个“狐假虎威”的表达倾吐与反馈交流过程，该生在其人生道路上一定会走得稳健、自信和大方起来。比如，学生要是选择“班门弄斧”来改写，他也可以将自己设置为“鲁班”和“弄斧者”中的任何一个。既可以是“弄斧者”，也可以是“鲁班”。如果学生设置自己是鲁班，那可以在改写中好好地展现“弄斧者”的“争强好胜”或是对某件事情的“茫然无知”，还可以写写“鲁班”对整个过程的细心观察以及他对“弄斧者”的宽宏大量，这也是做人本领的学习。若是日后“弄斧者”读到了这篇“班门弄斧”的改写文字，他也会有所自省。

可见，有表达系统中表达受体的观照，即使是经典故事的改写这样一个他人故事的借用和重构，也能保证表达主体“说人话”“发人声”“讲人理”，而且还那样真切、自然、含蓄、有力。

4.4.4 结语

写作、表达是语文教育的牛鼻子，学好表达是学生最需要突破的学科核心素养。写作、表达导向的语文教学应当是新时代语文教育的大方向。从写作题材上看，“生态作文”聚焦学生的“即时生活”，而“改写范式”看好经典故事的当代改造，它们的结合可以在很大程度上解除学生写作“无米之炊”的隐忧。接下来，“生态作文”如果能引入表达受体，“改写范式”如果能恰当地设置学生自己的角色，也就是说，它们都能保证学生是在一个个特定“表达系统”里的写作、表达，那么“表达主体”的形塑、建构和培养这样的艰难课题相信就会迎刃而解。

注释：

[1] 汪禄应．表达主体：语文课上的学生身份 [J]．语文教学通讯，2018（1）：14-16.

[2] 朱乔森．朱自清全集：第二卷 [M]．南京：江苏教育出版社，1996：19.

[3] 汪禄应．瞿秋白汉语现代化的探索 [M]．北京：中国文联出版社，2016：284-300.

[4] 彭辉．生态作文特质探微 [J]．语文教学通讯，2016（6）：24-25.

[5] 余党绪．写作即表达，表达即生命——当前我国中学写作教学之批判与反思 [J]．上海师范大学学报（基础教育版），2010（2）：17-25.

[6] 胡根林．语文科文学课程内容研究 [D]．上海：上海师范大学，2008：88-100.

[7] 邢程．章太炎的思想学术与鲁迅《故事新编》的写作 [J]．中国现代文学研究丛刊，2017（1）：54-62.

[8] 祁寿华．西方写作理论、教学与实践 [M]．上海：上海外语教育出版社，2000：97.

[9] 廖久明．《奔月》人物原型分析及高鲁冲突中的鲁迅、许广平 [J]．上海鲁迅研究，2011（1）：158-164.

本节内容发表于 2018 年第 5 期《语文教学通讯》。原文题目是《学好表达：学生最需要突破的学科核心素养》，有改动。

第五章　汉语母语写作课程与教学

第一节　主体培养：写作课程新取向

5.1.1 “方法引领”的辉煌和无奈

从一般的教科书到普通教师，写作指导不外乎从两个方面进行：①知识介绍；②范文品读。而从这两个方面提炼出来、足以让学生完成当下具体写作任务的就是在大家看来行之有效的“写作方法”了。这些方法大致又分成两类：一是属于通论性质的策略方法，诸如“注重生活积累”“留意阅读中的材料和语言”等；二是动笔时的技能技巧和写作要求，比如“认真审题”“开拓思路”，比如“内容丰富”“表达生动”“情感真实”等。对于学生来说，这些都是不咸不淡的大路货，他们听与不听好像都无关痛痒。所以，在很多情况下，写作指导表现为两种倾向：①放任自流；②越俎代庖。这严重影响了写作指导的品质，极大地挫伤了广大学生对于写作的应有期待。

素以“清简、灵动、精致、厚实”著称的“苏派教学”在写作指导方面有过不少成功的实验研究，总结出了一些令人刮目相看的独特方法，一直为人们所称道、模仿和学习。其中，具有代表性的有：①斯霞写话训练法；②李吉林情境感受法；③于永正言语交际法；④孙双金观察联想法。

这些闻名遐迩的写作指导方法，在全国小教界特别是江苏小教界曾经产生过很大的影响，几代教师都受惠于它们；一直到今天，还有不少教师乃至于教育专家都将这些指导方法作为写作教学的经典。其中，斯霞的写话训练实验最早，开始于20世纪60年代初。当人们还在为识字教学效率低而愁眉不展的时候，斯霞便在她“字不离词，词不离句，句不离文”的分散识字中成功找到了语文教学的整体观。即将识字、写字、说话、写话、阅读、写作等活动做统筹规划，相互紧密结合起来。[1]其中，写作指导的关键是学生把写话训练做好、做扎实，写出正确、完整、有条理的句子。这样一套方法在业内得到了极高的评价。中央教育科学研究所副所长张健认为，斯霞探索出这条教学新路所取得的成就，可同戏剧界梅兰芳在京剧上的成就相媲美。[2]李吉林的情境作文教学实验要晚整整20年，它开始于20世纪80年代初，一直持续了下来，不曾中断过；虽然有课题的深化，但主要是成果的推广。《我是一棵蒲公英》的作文指导是其典型课例。李吉林先带孩子们来到开满野花的小河畔，从婆婆纳、荠菜花，还有知风草的比照中，发现了开满金色小花的蒲公英，于是按“叶、茎、花”顺序观察并指导他们边看边描摹各个局部。到课堂上，李吉林启发学生打开思路：“有许多小朋友还不认识蒲公英，你准备先向他们介绍什么呢？”“介绍我的名字。”“介绍我的家。”孩子们抢着回答。李吉林顺势再启发：“你们的家住哪儿？家里有什么人？谁是你的兄弟姐妹？”[3]就在这样的询问中，李吉林轻松地将孩子们带入到了形真情切的具体情境中。这样的情境感受法不仅让学生懂得了作文的写法、作文的容易、作文的有趣，也让李吉林获得了谁人都难以匹敌的荣誉。于永正的言语交际实验正式启动是在1985年。看图作文《四毛的故事》是他的典范课例。于永正很能抓住儿童的心理，这四毛的形象和故事一抛出，学生们一下子兴趣就来了，然而最让学生投入的还是课堂上师生同台即兴表演。四毛是个小学二年级的学生，人很聪明，学习也呱呱叫，考试成绩常名列前茅。可他有个毛病，就是粗心大意，外号叫“小马虎”，特别是做数学题，不是丢这，就是漏那。他还好要小聪明。这一次的数学考试他得了“66”分，教数学的丁老师要求同学们必须拿试卷回家给家长签字。这可怎么办呢？四毛在丁老师前的“懊丧状”、妈妈在得知真相时的“生气状”，师生表演得都惟妙惟肖，特别是其中的几句精彩对白让听课老师对于永正的言语交际实验称赞不已。[4]这样的赞许和肯定，不仅来自听课老师，还来自听课的学生，让大家觉得写作指导有趣、有味、有嚼头。一个“老顽童”的教师形象深深埋在学生的心中。孙双金的“观察联想”实验已经是很晚的时候，那是2008年。那是一堂围绕一块红砖头的观察联想写作指导课。师生讨论下来，明确了观察可以从砖块的“形、色、重、声”几个方面进行，联想则可以找寻砖块的“来历”（泥土→塑形→晾晒→烧制）和“用处”（砌墙、铺地、台阶、雕刻、武器）等。《小学语文教师》曾以《一砖敲开天地宽》为题做了重点报道。[5]

然而，上述写作指导实验差不多都是在“应试”甚至培养“螺丝钉”的教育背景、环境下展开的。在这个特定的时代条件下，在教育者的眼里，学生人人都能在任何场合说出大家期待的共性话语，以至于人们无法鉴别这些话语的作者究竟是来自青海还是上海，更无法区分他们是女生还是男生。教师们只求学生的话语机械式的“流畅”，不看他们的表达有无生存文化的“差异”；只求学生的话语齐扎扎的“积极向上”，无视他们的表达是否为发自内心深处的“浅吟低唱”。也就是说，从斯霞的“写话训练”一直到孙双金的“观察联想”，这些写作指导方法目标只有一个，都是指向学生的写作方法，而很少顾及其他。斯霞坚信：学生开始写作就是从“写话”开始的，话说得正确、完整、有条理的学生，写话的能力也就强。换言之，写话能力强，写作能力也就会跟着强了。所以，写作指导重在引导学生写出正确、完整、有条理的话语来。李吉林的“情境感受”也是着眼于“写法”。无论是创设什么情境，目的就是一个，就是让学生置身于具体的情境中，让他们感受到、体验到特定的时空、特定的氛围、特定的人物关系，从而用自己的语言将这特定的情境“复述”出来。不管是生活情境、实物情境、图画情境、音乐情境、表演情境还是语言情境，一句话，都是为了提供能够让学生引入写作的素材。学生有了这种生动的、熟悉的、有感觉的素材，文章也就写出来了。于永正的“言语交际”，可以说就是李吉林的“表演情境”外加教师的“旁白指导”，既有儿童生活的趣味性，又有电影导演那样的现场即兴指导，很受学生的欢迎，也很能体现写作指导的“指导品格”。但这种“言语交际”“旁白指导”，都指向一个方面，这就是“写法”。比如，写人要能发现和突出人的各种特征，特别是要能够抓住一些细节；写事则要能够写清事情的来龙去脉等。至于孙双金的“观察联想”从头到尾都是围绕当下写作任务设计的“写法指南”。

仅就写作而谈写作，甚至仅就当下写作任务来设计写作指导教学，“教师教法”“学生写法”等“方法”才是大家“千呼万唤”的教学法宝，这就是过去几十年应试教育环境下教师的生存和发展状态。这样的教师思想状态和写作教育状态当然很难给学生以深刻而久远的精神引领。所以，无论是处于学习期的学生还是毕业后的学生家长，能够将写作作为自己一件得意和快慰的事情的比例很低。来自各地师生的任何调查，都会得出差不多的结论：对于学生来说写作是一件不得已的事；对于教师来说个人写作那是一件难以推脱之事，写作指导更是一种无奈之举。这大概也是在“苏派教学”中具有“承上启下”地位和意义的孙双金写作指导实验姗姗来迟的原因吧。

5.1.2 “主体培养”的欣喜和期待

“春江水暖鸭先知”，“苏派教学”率先在全国“喊出”要实施“作文革命”。第一个喊出这个口号的是出生在苏州的一个“70后”，他叫管建刚。整整一千年前，他的家乡出了一个以天下为己任的大文豪，这就是曾发出豪言壮志“先天下之忧而忧，后天下之乐而乐”的范仲淹。范仲淹还有一句名言：“宁鸣而死，不默而生。”管建刚就是这样一个年轻人。当抱着一个病体，无可奈何地蜷缩在小村里的时候，他给当地市报投去了写着他的“惆怅、苦闷、颓废、压抑、伤感、冬风、秋雨、春寒、夏躁……”的《三月》《四月》《五月》，这些文字竟都发表了！紧接着市报又登出了他的《六月》《七月》《八月》《九月》……[6]他的心声、他的彷徨，借助于这些小散文让很多人听到了，熟人、陌生人，很多很多人，他们都听到了，他由此感到欣喜、快慰和荣耀，甚至赢得了一份尊严。写作，让更多的人听到自己的声音，这样一种言语冲动很快就带到了课堂。他在疑惑，他在反思：“学生之所以怕作文，不愿意写作文，有一个重要的原因是，今天的作文和作文教学站在纯粹的考试上，给学生带去的是胆怯、是害怕、是挫败、是自卑、是耻辱！”[7]因此，他开始反复思考：怎样让自己的写作体验成为学生的写作实践？怎样让自己所获得的那份美好的写作经历成为学生都能进入的一种生命状态？管建刚的写作指导实验就是从这儿开始的，时间就在2000年左右。这些年下来，管建刚全部的工作差不多都花在如何让学生兴致勃勃地投入到他们的写作实践中，而较少关注文章的具体写法。一句话，写作，兴趣第一。培养兴趣，培养学生作为写作主体旺盛的“写作欲”“表现欲”和“发表欲”，培养现代写作主体、表达主体所必需的心理特质、精神品格和人文素养，这就是管建刚的作文革命，也是新世纪“苏派教学”写作指导的共同趋向。这给当今小学作文教育带来了难得的惊喜，让众多有志于写作教学的一线教师有了新的期待。

与管建刚同生在苏州、年龄稍长的薛法根有关习作指导的实验比较晚，时间大约在2008年。而与孙双金相比，着眼点都在指导学生观察。然而，薛法根不再钟情于观察的方法、文章的写法，看准的却是学生作为写作主体、表达主体所必需的“眼力”。有无“眼力”，可以说，是衡量学生习作能力和水平的重要尺度。同样的事物摆在面前，特别是较为复杂的事物，有人一下子就发现了美，或是差异、问题和缺点，而有人则很茫然。这种观察的敏锐性、准确性、透彻性是写作主体特别重要的心理特质。对此，薛法根就很有眼力，一个作为教育者的眼力！《我爱我》是薛法根的一个典型教例。在学生说了“爱老师、爱校园、爱祖国”之后，他抛出了自己的所爱：“我爱我。”为什么爱自己？薛法根展示了自己的三个事例，让所有学生“一下子就看到了”薛老师爱自己的“好学”“善良”和“幽默”；其中一个学生甚至情不自禁问薛法根：“老师，你是特级教师还是说相声的？怎么言行举止这么幽默！”这时，薛法根顺势而导：怎么做到“爱自己”？就是要能够“看到”“发现”自己身上的特点，特别是优点。薛法根的这个要求一发出，学生们便开始了对自己特点、优点的“探寻之旅”。于是，一时间，“认真”“坦诚”“帅气”“阳光”甚至“小眼睛”等特点、优点纷纷而出，这些都是学生敏锐“发现”的自己的“所爱”。[8] 为什么出这样的作文题？作为一个教育者，薛法根是很有眼力的：因为人们只有看到了自己的优势、找到了自己的自信，才能明确未来的努力方向。训练和培养写作主体、表达主体不凡的眼力，是学生终身受益、多方受益的，而不仅仅是完成当下写作任务才需要。无疑，这是薛法根有关“观察”的教学观、教学境界高人一筹的地方。

学生在上课前，说得绘声绘色，然而在教师的指导下，突然“失语”了。这是生于邳州、任职无锡的魏星所发现的一个普遍现象。魏星也是一个“70后”。大约在2010年，他发现了刚才这个现象，开始了自己的写作指导实验。《语言的联想》是他的典型课例。课是从一首小诗《我学写字》开始的：

当我写上“小绵羊”，
一下子，树啊，房子啊，栅栏啊，
凡是我眼睛看到的一切，
都弯卷起来了，
像羊毛一样。
当我拿笔把“河流”写上我的小练习本，
我的眼前就溅起一片水花，
还从水底升起一座宫殿。
当我的笔写好了“草地”，
我就看见在花间忙碌的蜜蜂
两只蝴蝶在旋舞着，
我挥手就能把它们全兜进网中。

当学生被文字的美、想象的美、朗读的美陶醉了的时候，魏星相机启发学生也来写一首小诗。“当我写上‘月亮’时”，有学生想到了香蕉、小船和圆盘，还有镰刀、嫦娥和圆饼。然而，学生想到“我飘飘悠悠地飞了上去，和朋友一道聊天、做游戏”，想到“我牵着一根绳子，把它系在床头，让它伴我进入梦乡”，特别是一个爸妈在外打工的学生说到“我就想流泪，爸爸、妈妈也会看到它，月亮就变成了我的脸蛋”时，魏星和学生们一起都被感动了、震撼了，师生一起背起李白的那首《静夜思》。[9]魏星认为：“学生的尽情倾诉是‘千载难逢’的‘高峰体验’状态，这样倾诉出来的文字才是最纯真、最美妙的文字。”因此，写作指导就是让学生“自鸣天籁”。而那种教师“高强度”的技术指导，那种《作文大全》之类的规则和方法，只能成为孩子们的精神桎梏。呵护和培养写作主体的“天真”和“率性”，是魏星所看重的。

关注学生的精神成长，还原儿童精神成长的整体性、纯真性、想象性是淮安一线教师柏安芹20多年的努力。“班传写作”便是她精心构建的在习作指导中有效促进学生精神成长的“最佳路径”。这在全国是一个首创。2012年《中国教育报》曾发表杨九俊《寻找作文教学的最佳路径》一文，对柏安芹首创的“班传写作”向全国第一次做介绍。杨九俊认为，“班传平台”的搭建，使得柏安芹的习作指导体系变得“自洽”“开放”“有底”“靠谱”，符合儿童心理、思维和母语学习的规律。[10]那么，什么是“班传写作”？用柏安芹的话说，就是师生用文字描述共处一个班级期间各自不同的感受，将当下班级生活中的一切人、事、景化为笔下的故事和诗。实践证明，班传写作不仅可行，而且还能简化习作指导的头绪、激发学生的写作热情，具有很强的普适性。班传可以共同策划、每日读写、修改发表、定期排行、选辑成书。几年下来，柏安芹的班级已经辑有《紫藤花下》《放飞梦想》《梦想飞翔》等好多册班传了。其中，《紫藤花下》还设有“个人专栏”“故事连载”“经典阅读”“群星荟萃”“母校记忆”“毕业留言”等栏目。开心过生日、疯狂爱动脑、游戏大课间……儿童的快乐在笔尖流淌；爸妈吵架了、好友闹矛盾了、我本胆小懦弱等成长的烦恼在班传倾诉了出来。班传写作，儿童用心了，动情了，不管是快乐，还是烦恼，都在自然流淌，儿童精神成长的整体性也有了。班传写作，尊重儿童的纯真性，从不有意拔高学生练笔的“境界”，不苛责是否符合成人眼中的逻辑和规范，而是努力找寻藏在文字背后的那颗鲜活、纯真、甚至有些顽劣的“童心”。他们谈和同学的那点“小情感”，告同学的那点“小状”，对老师提那点“小建议”……这些班传留存起来，既是对儿童的尊重，又让大家看到儿童精神发育的起点。儿童的世界就是想象、游戏的童话世界。拿把三角尺，假装端着枪，玩打仗；抱个小枕头把它当作小宝宝，玩过家家；几人换穿一下衣服，摆几个造型，就算是“时装秀”……班传写作让这些“偷着”玩的游戏登上了大雅之堂，而儿童精神成长中的这种想象能力也同时表现出来了。

“苏派教学”注重培养写作主体的心理特质、精神品格和人文素养的习作指导实验还有很多，比如吴勇的“童话写作”、宋运来的“童漫作文”、黄霞的“顽童母题”等。他们共同展现了一个共同趋向，这就是习作指导从“方法引领”开始走向“主体培养”。

可以说，从朱自清的写“至诚文”、叶圣陶的“以读带写”开始，“苏派教学”中的写作教学理论就一直走在全国的前列。而从“写作指导”实践来看，无论是过去的“方法引领”还是当今的“主体培养”，“苏派教学”在全国都有较大的影响，值得关注、考察和研究。

注释：

[1] 杨九俊，姚烺强. 小学语文专题研究 [M]. 苏州：苏州大学出版社，2001：435.

[2] 斯霞. 我的教学生涯 [M]. 上海：上海教育出版社，1982：2.

[3] 李吉林. 李吉林文集（卷七）· 我们去寻找美 [M]. 北京：人民教育出版社，2006：447-449.

[4] 于永正. 于永正语文教学精品录 [M]. 徐州：中国矿业大学出版社，1999：159.

[5] 管建刚. 观察作文：一砖敲开天地宽——“2008 新思路”作文教学研讨会课堂实录 [J]. 小学语文教师，2009（2）.

[6][7] 管建刚. 我的作文教学革命 [M]. 福州：福建教育出版社，2010：26-59，67-69.

[8]《我爱我的 N 个理由》习作指导课堂实录，http://www.doc88.com/p-842684565791.html.

[9] 玩转词语：《语言的联想》作文教学实录，https://wenku.baidu.com/view/14d81bf8fab069dc502201bd?pu=usm@0,sz@1320_2001,ta@iphone_1_10.2_3_602.

[10] 杨九俊. 寻找作文教学的最佳路径 [N]. 中国教育报，2012-03-19（11）.

本节内容发表于 2015 年第 7 期《写作》。原文题目是《习作指导：从“方法引领”走向“主体培养”——基于苏派教学的考察》，有改动。

第二节　自我形象：写作评价新标准

5.2.1　“好作文”可明确有三个标准

2008年高考上海出了一篇满分作文《他们》。[1]一时间媒体争相报道，并有许多赏析文字。一致的意见不少，如选材立意甚高、语言功底较深。但在我看来，满分《他们》引起评阅者的兴致与激赏还有一个更为重要的原因，那就是作者的“自我形象”在文中得到了很好的展示和张扬。作者勇于标明自我，一篇814字的短文一连写了5个“我”字，而群体指称“我们”一词则仅出现一个。

多少年来，学生写作一直“自我形象”模糊。他们不明白甚至不敢写“我”，常将作者“我”湮没在“我们”这一群体形象中。即使那些被评为优秀作文的文章也不例外。优秀作文中那些举荐为精品和典范的“好作文”其实是一种被学者称为“小文人语篇”的文字。王荣生在《语文科课程论基础》一书中对当代中国教育语境下学生的好作文“小文人语篇”做了专题介绍。[2]如果对这种“好作文”稍作考察即会发现，这种“小文人语篇”就其写作取向和整体风格而言，它们重视文字技巧的模仿，不在写“我”、文中无“我”、作者“自我形象”模糊。在行文方面，它们要么有“你”有“他”不见“我”，要么总让群体指称“我们”湮没了作者之“我”。

请看王荣生所举两篇这种“好文章”的经典样章：

【例一】你见过山路吗？有时，它在绿树丛的掩映下断断续续；有时，一片浮云飘来，这本来就若隐若现的山间小径便干脆消失其间了；还有时，那巍峨险峻的高山，根本没有一条路可以通向它的顶点，而一旦有勇敢的攀登者历经艰险，登上这高山之巅，那么他就可以尽情地领略那万千气象，无限风光。

书山难道不也是这样吗？[3]

【例二】也许是被浓郁的芬芳陶醉了，也许是被温暖的阳光晒倦了，我们一起躺在了浓毯般的草地上。在绿色的草丛中隐约闪出几个紫色的“小脑袋”，仿佛在怯生生地望着我们。这是紫罗兰——春天原野中最常见的小花儿。几片绿色的嫩叶托出几支细茎，茎上顶着小小的花蕾。蝶翅状的花瓣有几条银色的细纹。蓝紫的色彩，朴质而淡雅。紫罗兰实在不起眼，矮小得只能在杂草丛中露出半个花瓣；微风拂过，它还要频频点头，每一朵花儿都是一张谦逊的笑脸。[4]

我认为，这类好作文"自我形象"模糊，内容平庸肤浅，不但难以跨入以个性和深刻为标尺的"文学散文殿堂"，而且也与语文新课程写作取向存在很大差别。满分《他们》虽说还有不少缺陷，但明显出现了高出"小文人语篇"的现象。这就是一个高中毕业生形象较为清晰地呈现在考官面前、公众面前：作者"我"关注他人，关注他人的生活、他人的情感，关注与他生活较远的其他群体，并能将这种关注与对社会发展的企盼紧密联系在一起。作者这一自我形象借助一连串的"我"凸显了出来。这确实是一种令语文教育界感奋的好"迹象"。它昭示着课程改革后中国作文教育的新进步！从写作教学来说，它从实践角度例证了"好作文"的三个标准。这便是：第一，要有较为过硬的语言功底，用语精当，句式多变；第二，要有较强的认识能力，材料丰富，意境深远；第三，要有足够的勇气，大胆展示作者的"自我形象"，构思新巧，见解独特。

这三个标准可概括为"语言标准""认识标准"和"个性标准"。其中，"认识标准"和"个性标准"还可概括为"胆识标准"。过去的"好作文""小文人语篇"之所以能在语文教育界有影响力，就是因为它们的"垂范"能鼓励学生在语言功底、文字技巧上下功夫，而且在一定程度上也能诱导学生对其再现的客观世界做"一般"的认识，因而它基本满足了"好作文"三个标准的前两个。课改之后，"小文人语篇"受到挑战，不仅因为它们不能鼓励学生对其再现的客观世界做更为深入的调查和更为深刻的剖析，更严重的是它漠视写作主体是一个精神独立的个体存在。那个时期的写作教学没有一个教学环节组织学生实质性地走向社会，走向生活，仅仅满足于"当堂作文"，充其量也就是像李吉林那样为完成当下写作任务引导学生找些"情境感受"；那个时候的写作教学更没有一种教学理念，让学生在作文中去展示自我，张扬自我，提升自我。满分《他们》的新迹象、新进步给语文教育界带来了欣喜，也将促使大家明确"好作文"的第三个标准：要有自我形象的张扬及其勇气。

5.2.2　第三标准来源的历史考察

或许不少人认为这种进步来源于开放社会异域文化思潮的浸染。其实，不止是西方现代文章强调作者“我”的视角、“我”的观点的直接呈现，中国散文经典也有袒露自我、张扬自我的一贯传统。

这一传统清晰展现在中国历史文化、散文经典中。《论语》《孟子》满篇都是“子曰”“孟子曰”，铺天盖地，这样的文字让后世学子深刻地体认到孔子的温良谦恭、孟子的刚烈雄辩。《秋声赋》也好，《赤壁赋》也好，都已明言这是作者“欧阳子”“苏子”在感叹人世、探讨人生。在与“童子”、与“客”进行人生课题的探讨中，后人读到了“醉翁”的悲切激愤，感受到了东坡的压抑苦闷。《少年中国说》《敬告青年》这些近代文章更是一开篇就标举自我。前者有“梁启超曰：恶！是何言！是何言！吾心目中有一少年中国在”这样的句子，不仅标出了“吾”，而且直接喊出了自己的大名；作者“我”的观点、“我”的情感、“我”的形象酣畅淋漓地被展现了出来。后者指称作者“我”的词多达三个，有“窃”、有“予”、有“吾”，而且全篇第一个字就是“窃”，明确表白该文所言就是他大主编陈独秀的所察、所思、所呼吁。现代文学史上的那些文章大师们，如朱自清、巴金、梁实秋，他们的散文哪篇不在倾诉自我、抒写自我？当代余秋雨，他的《三峡》《都江堰》《道士塔》，篇篇也都在讲述作者“我”在“文化苦旅”中的种种经历。“我”在宣称，中国最值得去的地方是三峡；[5]“我”在论辩，中国历史上最激动人心的工程不是长城，而是都江堰；[6]“我”在探寻，谁是中华文化流失的千古罪人？[7]在这些探寻、论辩和宣告中，一个踽踽前行的文化学者形象豁然眼前。

然而，这一传统在现代中国写作教育中却没能承继下来。陋风所袭，不仅在当今的学生作文中很难读到那些个性张扬、风流倜傥的文字，就连媒体上刊载的一些本来就是展现个性形象的公众文章也因为“自我形象”模糊、主体意识淡漠而令人感到索然寡味。比如，下面这段某学校网站上的“校长致辞”既找不到一个“我”字，更无法认识一个清晰的作者形象。其访问量可想而知。

> 衷心希望所有的海内外校友、兄弟院校和社会各界继续给予广泛支持、指导和帮助！天行健，君子自强不息；地势坤，君子厚德载物。全体……师生都将牢记“自强不息、厚德载物”的校训，为祖国基础教育的发展做出新的贡献。

然而，同样是这种“校长致辞”，却也有言辞恳切，“我”字显明的。下面是韩国首尔大学校长在其官方网站上的致辞。作者于网民的亲和力不难想见。

> 然而，当我们自豪地回顾过往成就的时候，我们意识到前面的路并不平坦。艺术、科学、经济和工业正在发生深刻的变化，社会价值观正围绕其核心做“俯卧撑”。我相信，这些挑战也是机会。作为首尔大学校长，我将带着信心和真诚努力工作迎接挑战。我立下誓言，尽我最大努力去创造一个为人民深爱着的大学，一个世界顶尖的一流学府。

这也并不意味着中国带有官方性质的文字都是那么刻板，那么缺乏人情味。事实上，传统中国官方文字一方面注重客观事实的陈述，另一方面同样强调作者态度价值观的宣扬，“我”的观点、“我”的形象历来鲜明。请看司马迁《史记·项羽本纪》中的一段。

> 太史公曰。吾闻之周生曰：“舜目盖重瞳子。”又闻项羽亦重瞳子。羽岂其苗裔邪？何兴之暴也！夫秦失其政，陈涉首难，豪杰蜂起，相与并争，不可胜数。然羽非有尺寸，乘势起陇亩之中，三年，遂将五侯灭秦，分裂天下而封王侯，政由羽出，号为“霸王”，位虽不终，近古以来未尝有也。[8]

文中不仅有“吾”，而且明言是“太史公”司马迁发表这番议论的。

可见，中国散文经典，无论是像《赤壁赋》等一些私性文字，还是《史记》这种记载千古历史的官方篇章，都有抒写自我的传统。而正是因为这种传统，这些几千年前的文字还能流传下来为后人记诵。

我坚信，“好作文”的评价和遴选如能承继自我形象的张扬传统，学生写作将会从“小文人语篇”走向一个新的高度。这种高度是语文新课程写作取向的重要指向。

注释：

[1] 上海今年高考满分作文——《他们》[N]. 新闻晨报，2008-06-19.

[2][3][4] 王荣生. 语文科课程论基础 [M]. 上海：上海教育出版社，2005：130，129，130.

[5][6][7] 余秋雨. 秋雨散文 [M]. 杭州：浙江文艺出版社，1994：156-162；90-93；117-123.

[8] 徐中玉，金启华. 中国古代文学作品选（散文部分）[M]. 上海：华东师范大学出版社，1996：184.

本节内容发表于2008年第6期《课程与教学》，江苏教育出版社。原文题目是《“好作文”要有自我形象的张扬》，有改动。

第三节 读者意识：写作行为新动机

5.3.1 教师是学生写作的真正读者吗

诚然，学生写作有别于一般意义上的写作，而允许表达形式有这样那样的学习甚至模仿。但是，我们再怎么强调它的这种学习和模仿，也不可将学生写作沦落为一种简单的纯粹的文字操练。学生写作必须具备写作的特质，它是一种实实在在的表达行为；作为一种表达行为，学生写作是一种实实在在的有关信息、思想或情感的交流活动。

既然是交流，总有一个对象。这个对象，就是其作者信息的接收者、思想的碰撞者或情感的宣泄对象。但就这种对象来说，他们的年龄、身份、地位以及职业、兴趣乃至性情总会有这样或那样的差异。这种差异对于写作表达的影响是巨大的、多方面的，绝不可“忽略不计”：它不仅影响这一表达交流的方式方法，还影响作者所要传递的信息、思想或情感。一句话，对象不同，表达交流的方式肯定不同，传递的内容也完全不一样。写作教学就是引导学生根据不同的对象，选择适切的方式，传递恰切的内容。

然而，我国写作教学从理论到实践一直很少关注读者对象对学生写作的种种影响，读者意识极其淡漠。几乎所有的写作过程，学生都是在没有多少读者意识的状态下完成的。不仅如此，甚至一度盛行的“口头作文”“听说训练”也是在不去关心“听众反应”的情况下实施的。因为几乎所有的写作教学理论都没有很好地重视读者对象的反应对表达的影响，所以教师在写作指导过程中很少让学生在写作前明确其读者，明确其表达的对象。但是，任何一个完整意义的表达又都必须有一个或现实或设想的表达对象。于是，学生在实践中自觉不自觉地将其写作的“第一读者”甚至是“唯一读者”即教师认定是其表达的“真实读者”。

教师是学生写作的真正读者吗？我们的回答是否定的。

第一，从教师的阅读期待和阅读目的来说，站在学生作文面前的教师绝对算不上一个真正意义上的“读者”。他既不期望从作文阅读中获取什么信息，增长其某种生活本领，也不指望从这里得到多少人生感悟、思想哲理或社会分析，更无准备同作文的作者一同悲喜，“同呼吸、共命运”。对于教师这个“读者”来说，哪怕是寻求一点暂时的阅读乐趣都是一种“奢侈”的期待。因为他们这时的阅读其全部的意义都只在“评判”。即使是《给语文老师的一封信》这样的写作，教师也不是或不完全是学生作文的“真正读者”。教师在充当学生写作“读者”这一角色时，其主要职责是学生写作的“评判者”和“主要评价者”。因此，他们基本上不是作为一个“普通读者”去读学生作文，而是从一个“评判者”的角度来检视学生作文。尽管在不少时候，为了做好这个“评判者”，他们首先要做一个老老实实的“普通读者”去感受学生作文的情感表达，体验一般读者的阅读感受；但是为了对学生作文做一个客观准确的评价，他们又必须从阅读体验中迅速走出来，花更多的时间、更多的脑力去完成学生写作的测量和评价等工作。理性而公正地实施对学生写作的评判才是教师阅读的最终目的。这与一般意义上的读者的阅读期待和阅读目的有着本质的不同。

第二，从学生的写作实际和写作目的来看，学生写作也几乎绝对不可能是针对教师这个“评判者”，将这个“评判者”作为其“真实读者”的。在通常情况下，学生对于自身写作往往持一种“不作为”的态度。写作就是写作，就是让教师评上一个好的分数。他们并不指望借助写作反省自己、激励自己，更不奢望借助写作来影响读者、激励读者，对读者起到某种舆论和思想激励作用。所以，即使学生在写作前偶尔产生了某种对象意识，其锁定的对象或读者范围恐怕也要排除作为“评判者”和“主要评价者”的“教师”。而那种真正将教师作为读者的写作在通常的写作理论规范下是不宜作为学生写作或者说“学生作文”来对待的。

因此，我们说，即使是“第一读者”乃至“唯一读者”，教师也不是学生写作的“真实读者”。

5.3.2 “去读者写作”的实质是什么

正因为教师不是学生写作的“真实读者”，所以学生写作大都可以看作一种无读者写作或者称作“去读者写作”。

“去读者写作”会有怎样一些表现呢？其写作的实质是什么呢？

1. 写作动力不足，泯灭“创造”热情。

首先，从人的本性来说，写作并不是一件什么“苦差事”，而是一种“不吐不快”的乐事、轻松事。虽然写作的过程、表达的过程有时充满这样那样的苦恼和艰辛；但是，一旦自己的思维成果、创造成果得到了读者的认可和赏识，甚至在读者那里产生这样或那样的反响和作用，作为作者是欣慰的，会有一种说不出的成就感。然而，学生写作却很少能够品尝到这种成功的快感。其根本原因就在于学生写作不知为谁而写，不知向谁倾诉，不知道还有很多读者将从自己的写作中分享到劳动创造的乐趣。当自己辛苦劳作的成果没有现实的读者来认可、来赏识时，对于曾经“投入”过巨大热情的学生来说，教师那里再高的分数都是一种廉价的“回报”。从写作的创造性来说，作者的“投入”不可不大，但得到的却是“小回报”，甚至是“零回报”。——学生写作的劲头、热情经不起这种现实的“怠慢”和“打击”。

其次，学生写作因为读者对象不明确，也就很难明确文章所要解决的根本问题；而不明了要解决的根本问题，文章自然也就不得不“无的放矢”“无病呻吟”。做无病呻吟、无关痛痒的表面文章、虚假文章，这叫学生怎么能够体验到写作是一件“不吐不快”的乐事、轻松事呢？怎么能够保证一次又一次“全力以赴”“满怀激情”地投入其中呢？到头来，这种无实际意义的虚假写作、去读者写作，非但不能提高学生的表达能力和写作水平，反而会败坏学生的写作兴致，进而将写作中本可激发出来的“创造”热情在学生时代就给熄灭了。学生时代的“创造”当然有多种呈现形式或表现方式。可以是某个数学运算过程，也可以是某个动手项目，然而，最基本的形式是其母语表达能力特别是书面表达能力的掌握和运用。学生在写作方面的冷漠、敷衍和“不作为”，将在相当大的程度上阻碍其创造能力的发展。

最后，“去读者写作”不仅让学生感受不到成就感，“创造”热情一再受挫，写作心态普遍停留在“应付一下差事”的被动状态；而且因为没有读者的积极参与和推动，其写作活动本身也只能勉强维持下来。这就是为什么教师通常要求学生在规定时间（如 45 分钟）内写出规定字数（如不少于 600 字）并强制学生“交卷”的原因。写作教学这样进行虽美其名曰这将“提高写作速度”，毋宁说这是在学生于写作无动力、无兴致、无热情的状况下退而求其次的“无奈”举措。没有写作的真正质量既是中国教育不争的事实，也是写作领域门可罗雀的真正原因；但这种对速度的追求，对量的执着，可以让教育者在其教育良知上多多少少得到一点可怜的安慰。

2. 写作文责不见，鼓励学生造假。

有学者明确指出：尽管几乎所有的写作教学理论都要求“写真人真事，写真情实感”，但这并没有从根本上改变写作教学的现状，学生写作总体上是“假”的。[1] 学生写作充斥“假话、空话、套话”，而很少有“真话、实话、心里话”；学生写作造假司空见惯，让我们的写作课程改革举步维艰。是什么原因造成的呢？窃以为还是因为学生写作没有一个现实的或设想的，或者说学生写作系统中读者这一表达对象的模糊或缺失。

写作主体和作为写作受体的读者或表达对象是一个完整写作系统的两个必备要素，缺一不可；而且，二者往往又是相互依存，同时出现又同时消失的。写作表达对象读者的模糊或缺失，必然导致写作主体的模糊或缺失。

学生写作系统中写作主体的模糊或缺失主要表现在：学生写作无疑是在表达，是在作为活生生的社会个体在“发言”；但在“去读者写作”的写作理论框架内，这些表达、这些代表自己的“发言”都与其人格无关，与其责任无涉。因而，在写作中出现再多、再“滥”、再荒唐的“假话、空话、套话”，学生都无须为其负责。写作无文责可负，“去读者写作”带来了写作受体和写作主体的“双模糊”“双缺失”。

写作受体和写作主体的“双模糊”“双缺失”又带来了学生写作系统中内在“评价机制”的失效，即学生写作不能得到系统内的任何反馈。为了获取再度写作的信心，学生可以期待的主要只有教师的“评判”。学生对于教师的评判又是怎样一种期待心理呢？

诚然，“真话、实话、心里话”很能打动“读者”，打动教师，极有教师所倡导的创新价值；但在教师所把握的“评价标准”和“评价习惯”那里，“假话、空话、套话”更有可能得高分。为什么？这是因为：第一，“假话、空话、套话”有一定的隐蔽性，教师不是一下就能辨别清楚，甚至很可能误以为就是很有价值的“真话、实话、心里话”；第二，“假话、空话、套话”比真正的“真话、实话、心里话”来得容易，无须花费更多的努力就能得到；第三，更重要的是，即使最终这些貌似“真话、实话、心里话”一旦检验出来是人们深恶痛绝的“假话、空话、套话”，但在“去读者写作”的语境下其恶劣性质一般可以得到原谅，再怎么也不至于将分数降到怎样下等的地步。相反，写作真正的“真话、实话、心里话”却要承担一定的“评价风险”。因为写作“真话、实话、心里话”一来一般要花费更多的时间和脑力，二来教师很有可能一时不识这些话就是“真话、实话、心里话”。因而学生写作“假话、空话、套话”又容易，又保险。这样一来，还有多少学生“傻愣愣”地去写作那些既不容易，也不太保险的“真话、实话、心里话”呢?

于是，学生写作“假话、空话、套话”的泛滥与“真话、实话、心里话”的稀有成为学生写作的必然。——学生写作无须为自己的表达和“发言”负责，客观上就是默许甚至鼓励学生从学习写作开始造假。

3. 写作个性难以展现，亵渎写作培植平庸。

写作本是一个充满主观情意和个性色彩的人格呈现过程，“个性”展示乃是“写作”的生命和灵魂。写作也最能反映一个人的思想感情、精神境界和个性追求，写作课程也最应该提倡爱护“我”、尊重“我”、张扬“我”，借助个性化的写作展示每个学生的生动个性与可爱心灵。相对于阅读等活动，写作、表达更能促进学生个性发展。在学校教育领域，除了写作，刘锡庆先生所说的个体的“自得之见”“自然之情”“自由之笔”和“自在之趣”还能在哪里得到尽情挥洒和倾泻呢？所以，从教育价值来看，写作教学的课程意义再怎么强调都不过分。

然而，“去读者写作”因为写作主体的模糊或缺失，学生写作展示个性成为一种“奢谈”，写作于学生心智发展的神圣意义横遭亵渎。

看看学生的写作吧：天南地北的学生，他们对同一问题和事物的认识与表述，几乎保持着几十年一以贯之的“惊人相似”。读到的总是老调重弹，见到的常是老气横秋。不要说思想，不要说语言，甚至写作材料都是来自那些“作文大全”。我们的写作教学就是这样培植平庸，“克隆”未来！

5.3.3 怎样让学生写作具有明确的“读者意识”

不可让学生写作仍停留在“去读者写作”这种“不作为”的茫然状态中，写作课程改革的突破点或攻坚战在于让学生写作具有明确的“读者意识”“对象意识”。那么，怎样让学生写作获得明确的“读者意识”呢？有关这方面的讨论今天在语文教育界异常激烈，笔者以为以下两个途径比较可行。

1. 改造阅读，还原写作。

学生写作无读者意识，其实与阅读教学有关。阅读课里读《师说》，就很少认真讨论过其最初读者是谁。《师说》究竟是写给作者的得意弟子李蟠，还是那些“耻学于师”的“君子”的？如果是称赞这位年轻人，文章为何又有那么多的“火药味”？如果是写给这些“君子”们的，为何韩愈又明说“作《师说》以贻之（蟠）”？——可以推断的是，文章的直接读者是李蟠，间接读者、真正读者就是作者所说的那些“智”反不及“巫医乐师百工之人”的“君子”“士大夫之族”。只有明白了《师说》读者的这种复杂性，才能真正理解韩愈倡导“师道”回归的主题，真正领悟作者对“耻师”之流的愤慨和敢为人师教“古文”的“狂狷”。大师作文之机智、做人之“耿介”，才能真正让学生敬佩和领会。

再看，阅读《史记》时课堂里讨论过其读者包括汉武帝以及同时代的政府官僚吗？如果包括的话，司马迁为何宣称要“藏之名山，传之其人”？如果我们就此明确司马迁其实一直防着《史记》被汉武帝焚毁，但终究让“武帝怒而削去之”，一百三十篇亡佚十篇；如果我们明确最关键的也是和汉武帝关系最为密切的两篇《景帝本纪》和《武帝本纪》很可能就是他看过后一怒之下删掉的，我们就会明白太史公写作《史记》时作为写作主体的痛苦：他立志要做一个“倜傥非常之人”，将他眼中的历史特别是当代武帝史昭示给包括武帝在内的世人，但李陵事件后所痛感的严峻话语环境令他对写作倍加谨慎；他只企盼死后那些用生命赌来的著述能重见天日。这就是说《史记》的读者就是他死后包括武帝在内的“世人”“后人”；一代史学家不能与世人“共享”其作品，读者与作者有他们的对抗性。明白了这些，才能明白为什么《史记》对当朝政府特别当朝皇帝有着如此激烈的批评，才能明白司马迁愿用生命来保证写作与读者见面。

同样，《长亭送别》最初是一些怎样的观众？《我有一个梦想》的听众究竟包括哪些人？这些有关读者对象的讨论，在阅读教学中常常被忽视。然而，如果这些问题不甚明白，学生不仅不能理解和把握课文的主题，不能理解作品的形式为什么是现在这样子的，而且不能深切地把握作者与读者的相互依存关系。

改造当前阅读教学的现状，认真探究起课文的读者来，学生就会强烈地意识到读者对于写作的意义以及作者读者间的相互依存关系；意识到读者对象对于写作主体来说有其复杂性、对抗性，甚至生命的势不两立；意识到读者再复杂、再有对抗性，写作都是对他们的倾诉和交流，有读者的写作才是写作的真实原貌。

2. 强化应用，收获成功。

在写作教学理论方面，要积极总结教育发达国家的成功经验，让学生写作承担起明确的、现实的表达交流任务。首先是强调学生写作文体的应用性。不应再让学生一味地写作那些“小文人”作文，[2]迷恋那种背离生活、不见人格、堆砌花哨语言、滥用文学调子的写作模式。要让学生写作实实在在地承担起本可承担的一些现实表达任务，选择那些应用性较强的文体来练笔。包括科技说明、参观报告、职业调查、民意测验、采访记录、新书评介、商品广告、个人履历在内的这些应用性强的文体都有比较显明的读者指向和应用性质。这些被称为“实用写作”“真实写作”“任务写作”或“交际写作”的应用写作应成为学生写作与练笔的主要文体。这些文体讲求实实在在的“社会信息传递”，有着十分具体明确的对话交流任务，更为重要的是，文章一旦写成，就会在既定的读者那里产生这样或那样的实际交际作用。因此，写作完成的过程，往往就是一个实实在在交流成果收获的过程。这样的写作过程经历多了，学生对于作者读者间交流的体会和意识也就日益增强了。这当中，肯定有挫折、有遗憾甚至失败，但学生在这种实实在在的对话交流任务的完成过程中必定收获到写作的真正乐趣和应有的读者意识。

虽然这些文体也有其不足，主要在于学生没有那么多时间和机会与真正的社会打交道。因此，受条件限制，写作教学不能完全依赖它们。为了弥补这种不足，国外的经验是以这种文体的写作为基本特质，实行模拟写作演练。比如，让学生模拟某报社的新闻记者去采访一起煤矿瓦斯爆炸事件的幸存者、目击者和事故调查人员，就这起事件为这家报社写作一篇“综合报道”；并要求学生准备一些问题，先进行模拟采访，然后写作。又比如，让学生模拟这起瓦斯爆炸事件的事故调查人员写作一篇“调查报告”，向其上级主管部门详细报告这起事件的调查情况；并要求在写作之前进行一些具体的模拟调查。这种角色模拟写作虽有其虚拟性质，但是其写作主体和表达对象都很具体、很明确，从而在相当程度上可以保证学生拥有足够的写作动力和写作热情完成这种模拟。因此，其课程价值和发展意义远胜于“小文人语篇”等“去读者写作”。

注释：

[1] 李海林．语文教育研究大系（1978—2005）·理论卷［M］．上海：上海教育出版社，2005：275.

[2] 倪文锦．高中语文新课程教学法［M］．北京：高等教育出版社，2004：140.

本节内容发表于 2007 年第 2 期《课程研究》，中央教育科学研究所主办。原文题目是《“去读者写作”论》，有改动。

第三部分

汉语母语高等教育

第六章　汉语作品经典篇目解读

第一节　古代汉语作品：戴圣《礼记·礼运·大同》

6.1.1　儒学精要：作为教学文本的《礼记》

对国人来说，《礼记》首先是一部通俗辅助教科书，一部在西汉经学繁荣时期出现的旨在阐发周代《仪礼》(即传为孔子所编定《礼》) 微言大义的教学文献。相对于五万字的“母本”《仪礼》仅在冠、婚、丧、祭、饮、射、燕、聘、覲等人伦礼仪的繁文缛节上着意铺叙，十万字的《礼记》对儒家后学更有吸引力。从西汉到晚清，《礼记》地位越来越高，唐以后便成为较《仪礼》更普及、更见影响力的儒家典籍。[1] 作为面向官学贵族子弟的教学文本，《礼记》不仅对贵族生活的细仪末节做了更趋实用的介绍，而且详细论述了各种典礼的社会教化意义，具体阐释了儒家的制礼精神、礼治思想。可以说，以“礼”为基本思想的儒家道统是自汉代开始正式从官学走向社会，并成为历代中国传统社会占统治地位的意识形态。今天看来，对于这一深刻的社会教化过程，《礼记》所发挥的作用再怎么评估都不为过。

以贵族子弟为主体的汉代官学学生是《礼记》的第一批接受者。不过，作为“独尊儒术”时代的“太学生”，他们对《礼记》的学习，领悟和掌握的主要是以各类典章制度为基本内容的儒家思想精要。拿《礼运·大同》这篇来说，太学生们的学习差不多主要包括：“天下为家”时代为何要制礼？历史上哪些人曾为礼的制定、礼的维护、礼在天下的有效运行和实施做出过贡献？对天下、王朝和“国”来说，礼的兴衰意味着什么？这些是他们学习的重点。其中，礼的重要性是学习的根本。通过学习研讨，太学生们可以领悟到的是：礼是“家天下”的现实需要，孔子一生仰慕的“六君子”是礼的主要制定者和最坚定的维护者，礼的兴衰乃天下治乱的重要标志，所谓“失之者死，得之者生”。可以说，对于儒家“大同”和“小康”的解读和判断，他们是围绕“礼”的价值和意义来展开的。

因此，在“太学生”那里，儒家首先是一个极具现实情怀的思想学派。

一方面，在儒家看来，尽管心中最为向往的还是传说中尧舜在世的“大同”世界，但“小康”社会却是一个可以实现的理想“天下”。支撑和维系“小康”得以实现的不是远不可及的“大道”，也不是其他什么神秘力量，而是前代禹、汤、文、武、成王、周公“六君子”所制定的实实在在、规规矩矩的“礼”。“六君子”当年曾是那样极力维护礼的尊严、保障礼的畅行无阻！在他们的倡导和鼓动下，整个社会众志成城、同仇敌忾，如有不循礼者“在势者去，众以为殃”！那些“无礼、毁礼”之徒乃祸国殃民的祸首，即使再有地位、再有权势，也要把他们赶下台。尽管这时的天下不再“选贤与能，讲信修睦”，甚至“货力为己”“谋、兵”时起；但毕竟“刑仁讲让，示民有常”，社会安宁、百姓安康可期、可待。另一方面，他们在很大程度上并没有深刻去理解儒家又是一个有着崇高理想的政治派别。“礼”虽说是维系天下安宁的制胜法宝，但儒家的全部智慧和期待并非完全寄托在“礼”的实施和贯彻上。以“礼”为基本准则的天下算不上是最理想的人伦结合体、最理想的人类社会，人类社会最美好的是被称为“天下大同”的时候。那是一个“大道”运行天下、人人大公无私的时代。在那个时代，社会的基本准则不是“礼”，而是比礼的境界要高尚、先进得多的“大道”。人们想的、做的都是为了超越血缘亲情关系的“普天下”，负责各项事务的官员都是民众共同推选出来的社会“贤能”，人与人之间讲究信誉，崇尚和睦。不仅叛乱、残害之事不会发生，就连盗贼也没有，人们外出不必关闭门户，晚上就是敞开大门睡觉也安然无事。

只是这样的世界已离人类远去了，早在孔子时代就是一个遥远的传说。传说时代一结束，天下骤变，“大道”不现，人们各自为着自己的小家孜孜矻矻、奔走呼号。于是，一种新的适应这一变化的社会道德规范逐渐在天下运行、普及起来，这就是“礼”。礼的运行，让君臣关系有了可遵循的规范，让父子情感变得淳厚，让兄弟由争斗走向和睦共处，让夫妇由相互猜忌走向和谐恩爱，各种社会制度随之设置起来，乡里活动也有了明确的章法。这就是被儒家称为“小康”的礼治社会。

牢固树立这样的礼治社会理念就是作为教学文本的《礼记》对于中国古代官学学生所要承担的主要教育意义。

6.1.2　社会构想：转为哲学文本的《礼运》

近代以来，随着儒学地位的式微和改变，《礼记》的价值、意义也有不少变化。其基本的教学意义在逐渐丧失，但个别篇章的文化意义、思想意义却逐渐彰显出来，如《学记》《乐记》和《礼运》等。特别是《礼运》篇，越到晚近越被国人视为一个阐发社会理想的哲学文本。包括康有为、孙中山、毛泽东、邓小平在内的诸多政治家、思想家都从这里汲取营养，勾画自己的社会改革蓝图；《礼运》的"大同世界""小康社会"也就是因为这些时代先锋的改造走向现代化、走向全世界。甚至可以这样说，一个多世纪以来，国人所追寻、探索的社会主义、共产主义以及曾经和正在建设和实践的人民公社、小康社会、和谐社会，都与《礼运》儒家社会理想的改造和现代化息息相关。

对这种理想改造完成得比较系统甚至精细的是较早的康有为。他也是最早依循西方进化论思想完成对《礼运》大同社会的改造，描绘心中大同世界的政治家，其成果集中体现在他早年的《礼运注》和晚年公开出版的《大同书》中。康有为的改造和描绘首先变《礼运》的道德递衰论为社会进化论，将"大同社会""小康社会"的"二世说"进一步推演为"据乱世""升平世""太平世"的"三世说"。他所认知和欣赏的资本主义世界被推为"升平世"，未来要构建的崭新世界被定为"太平世""大同世界"。康有为认为，大同世界有"区"无"国"置"总政府"，甚至认为帝国主义吞并弱小民族，也是通往大同世界的一个途径。他还认为，"胎教、育婴、蒙养、养病、养老诸院，为各区最高之设备，入者得最高之享乐"。[2]应当说，康有为包括"无国家""无家庭""置总政府""设共同食堂"在内的人类设想大都是空想，脱离实际。但其中蕴含的现代意识却给人的精神以期待和遐想。比如，他笔下的"大同之世"，车船速度极快，且设备先进，铺设豪华。船上设有林亭、鱼鸟、花木、图书，乘客可歌可舞，极尽娱乐，甚至陶醉于舟居中。此类遐想就是当代人都为之艳羡！

力求将大同世界的空想引向现实，因而对近现代中国更有实际影响的是孙中山。孙中山一生倾心大同学说、宣传大同学说，并以大同学说指导其革命实践。他明确指出："大同世界即所谓'天下为公'。""天下为公"就是"平等、自由、博爱"。如果说前者是大同学说，后者是西方资产阶级民主思想，孙中山实际上就是把二者结合起来，形成了他以“三民主义”为主要精神的资产阶级民主思想，并以此倾覆了清统治，建立了共和制的“中华民国”，被誉为“伟大的先行者”。他提出的构想和主张“人能尽其才，地能尽其利，物能尽其用，货能畅其流”[3]，是一种大同理想的民主思想，与《礼运》古朴的大同学说既有千丝万缕的联系，又有着很大的差别。和康有为一样，其大同世界构想除了建立在对现代文明的体认之外，还把传统“天下”的范围扩大到真正的人类世界。但与康有为不同，孙中山的大同思想包含的是世界各国之间的平等和睦关系。

将大同社会这一宏伟蓝图更多地付诸实践的是毛泽东和以他为代表的中国共产党人。毛泽东对大同学说终生抱有浓厚兴趣。早在1917年，他就宣称：“大同者，吾人之鹄也。”[4] 1919年，他就曾以康有为《大同书》为范本，畅谈创办学校、家庭与社会为一体的“新村”设想。[5] 1978年开始，邓小平对社会主义进行新的探索。在深刻反思“人民公社”等尝试和努力，准确定位中国社会主义所处历史阶段后，他明确提出了建设“小康社会”目标，从而实现了共产主义“大同”理想与现实“小康”目标的有机统一。社会主义“小康社会”与传统礼治“小康”社会不可同日而语，但却是后者思想的历史继承和现实超越，探索社会主义发展模式的崭新实践在传统文化的承继中找到了新的方向。今天，全面建设小康社会，进而构建社会主义和谐社会，“努力使全体人民学有所教、劳有所得、病有所医、老有所养、住有所居”[6]，已成为中国共产党人新的庄严承诺。这些既丰富和发展了邓小平的“小康社会”思想，同时也表明中国共产党人为美好社会理想奋斗不息的精神。可以说，“小康社会”“和谐社会”建设思想在很大程度上让中国当代社会主义实践闪耀着中华民族传统理想和现实精神的光芒。

可见，《礼运》因为大同、小康思想的源远流长在中国近现代确实是作为一种描绘未来社会构想的哲学文本被接受的。

6.1.3 人生楷模：走向文学文本的《大同》

除了社会构想的激发和启迪，《礼记·礼运·大同》的魅力还表现在其文学价值上。在笔者看来，一般读者，普通知识分子，将这篇儒家文献视为文学文本更有意义。这不仅因为作品铺张扬厉、气势充沛、文字谐韵、格调典雅，很多文句作为格言流传千百年，[7] 而且因为读者在读完《大同》后常常把孔子具有怎样的人格魅力作为主要话题来讨论，特别是在当今这样一个个性张扬的时代。

从《大同》来看，孔子至少是一个怎样的人呢？

第一，铁肩担道义，匹夫忧天下。一个本出身微贱又怀才不遇的民间学者、普通知识分子却被后人敬奉为精神导师那样的"圣人"，一个重要原因就是大家深切地感受到孔子是一个有着强烈社会责任感和历史使命感的历史伟人！因为只有拥有这种责任感、使命感，读者才得以看到一个参与"年终蜡祭"的"陪祭人员"竟为了"礼"的丢失、"礼"的不见而痛心疾首、扼腕长叹！只有拥有这种责任感、使命感，他才不仅能够深刻地意识到宗庙观阙内"礼"的湮灭必将导致整个社会动荡不安、危机四伏，而且能够敏锐地觉察到天下将会面临一场天倾地陷的危险！不是吗？鲁国曾是唯一一个"周礼"保存得较为完好的国家，一度为许多国家所惊羡，大家纷纷朝鲁，到鲁国来学礼、观礼。"礼崩乐坏"这一道德危机波及、延展到鲁国，整个天下的倾覆也就为期不远了！

不错，孔子曾宣称过"不在其位，不谋其政"[8]。因为他深知"身在江湖，心驰魏阙"的无奈甚至尴尬。但实际上，正如其弟子子禽所感慨的，"夫子至于是邦也，必闻其政"[9]，每到一个国家，他都熟知这个国家的国情与政事。从鲁国到他国，到处都能看到一个社会热心人士的匆匆身影。他在奔波，在游说，在劝人"克己复礼"，回归周礼。《论语》记载："陈成子弑简公。孔子沐浴而朝，告于哀公曰：'陈恒弑其君，请讨之。'"[10]那是鲁哀公十四年，孔子已年逾七十，听说齐国陈成子杀了齐简公，他竟特地沐浴一番登朝，要鲁国出兵讨伐比鲁国强大不知多少倍的齐国！那时的孔子，已离职多年，早已不在其位。再说事发齐国，并不是他鲁国！可孔子就是要去呼喊、去请命，不再计较自己的身份和地位。

第二，胸中有天下，富贵若浮云。孔子的这种责任感、使命感来自他高远的政治理想和抱负。在社会大动荡、大变革的年代，很多人鼠目寸光、渺小短视，或担心末日降临，或斤斤计较一己私利。可在后人眼里，孔子却站得那样高、望得那样远。他说："饭疏食饮水，曲肱而枕之，乐亦在其中矣！不义而富且贵，于我如浮云。"[11]他常常与弟子一道畅谈理想和抱负。一次，子路、冉有、公西华、曾皙四人发表了各自的想法，然而，唯曾皙所谈让他喟然长叹，并发出"吾与点也"的赞许。为什么？因为曾氏所描绘的"莫春者，春服既成，冠者五六人，童子六七人，浴乎沂，风乎舞雩，咏而归"[12]这一"暮春郊游图"正是他所向往的太平盛世景象，是理想的最高境界。孔子曾明确宣称自己的理想是"老者安之，朋友信之，少者怀之"，[13]让老年人得到安逸，让朋友们相互信任，让少年人得到关怀。《大同》中"老有所终，壮有所用，幼有所长，矜、寡、孤、独、废、疾者，皆有所养”正是这种宏远理想的具体描述。

其实，对于与挽车夫为邻、在“多为执办丧礼者”的居里长大的少年仲尼来说，起初的理想无非就是做一个主持祭丧之礼的傧相。[14]但残酷的现实让孔子备受侮辱和歧视。鲁国贵族领袖季氏宴请诸“士”君子，他想请求参加，可得到的回答是：“季氏飨士，非敢飨子也！”[15]这里正在招待的是“士”，是贵族子弟，而不是你这种人！蒙受这种羞辱的孔子由此悟出两种“君子”，进而提出两种社会理想。君子，一种谈权位财富，一种论道德学问；社会理想，一种是小康，一种为大同。唯有道德高尚者，才是真君子；只有“选贤与能，讲信修睦”的“大同”才是人类应该坚守的最高理想。

第三，敬礼而事人，不谈鬼与神。孔子的这种责任感、使命感又是与他脚踏实地，不事玄想，正视现实，积极进取的入世情怀紧密联系在一起的。他立得正、站得稳，永远把脚踏在“今大道既隐，天下为家”的现实土壤上。在那个巫鬼盛行的时代，孔子“偏不肯随俗谈鬼神”[16]，对鬼神敬而远之、存而不论。弟子子路问起如何事奉鬼神，他回敬到“未能事人，焉能事鬼”[17]？那些吃五谷杂粮的“君臣、父子、兄弟、夫妇”才是孔子一生不能忘怀的。他一生崇敬的不是鬼神，也不是上帝，而是为协调“君臣、父子、兄弟、夫妇”关系，打造、建设并维护那个礼治社会的“六君子”。其中，他最为仰慕的就是那位不是君王、“圣”似君王的周公。他谈人，几乎涵盖人的一切，包括人的理想，但更重视“刑仁讲让，示民有常”的“礼”的学习、讨论和实践。他时刻关注礼事，“子入太庙每事问”[18]。即使生活造次颠沛也不曾忘礼。晚年专心研究探讨《礼》，将《礼》传授给弟子们。“礼、乐、射、御、书、数”六门课程，《礼》是他为学生开设的第一门课程。他一再叮嘱学生和后人“不学礼，无以立”[19]。

只是因为将快为社会淘汰的周礼作为“礼”的正统和极致，孔子在社会政治领域一再招致挫败，最后只做了个“私立民办学校教师”。然而，这种现实妥协，是智慧的迂回。周礼不能恢复，礼治难以实现，但在文化领域他却赢得了不朽。作为一个学业和思想的传播者，孔子门下涌现出了包括南方弟子言偃在内的一大批成长于民间的士子和学者；作为一个文化创立者，他潜心钻研古籍，包括《礼》和《诗》在内的儒家最初经典都倾注了他的心血。他不仅将他之前的两千年文化做了几乎全方位的总结和阐释，极大地丰富了后世文化宝库，而且还成就了一位伟大的思想家、教育家，奠定了他以后两千年一个东方古国的基本发展轨迹。孔子其实从他晚年起就已成为一笔巨大财富，为前行的人们提供源源不断的精神动力。从《礼记》时代的司马迁身上就可以找寻这一遗风和承续的清晰脉络。

诚然，孔子到死也没能恢复周礼，但其积极入世的进取精神让他在现实的妥协中赢得了自己的人生，成为一个民族的精神导师、千百年知识分子的人生楷模，而以“礼”为核心的儒家学说已成为全世界人民共同享有的精神财富，当今人类和谐世界的创建步伐正因为有孔子儒学的启示才走得稳健而有力！

注释：

[1] 文史知识编辑部．经书浅谈［M］．北京：中华书局，1984：45.

[2] 康有为．大同书［M］．上海：上海古籍出版社，2006：178.

[3] 孙中山．孙中山选集［M］．北京：人民出版社，1981：1.

[4] 毛泽东．毛泽东早期文稿［M］．中共中央文献研究室、中共湖南省委《毛泽东早期文稿》编辑组，编．长沙：湖南出版社，1990：560.

[5] 陈晋，李师东．毛泽东读书笔记解析［M］．广州：广东人民出版社，1996：138.

[6] 胡锦涛．高举中国特色社会主义伟大旗帜　为夺取全面建设小康社会新胜利而奋斗［M］．北京：人民出版社，2007：16.

[7] 丁凡，朱晓进，徐兴无．新编大学语文［M］．北京：外语教学与研究出版社，2007：3-4.

[8][9][10][11][12][13][17][18][19] 孔丘．论语［M］．北京：北京出版社，2006：116，8，114，53，90，40，86，22，137.

[14] 何新．孔子论人生［M］．北京：时事出版社，2003：28.

[15] 司马迁．史记［M］．长沙：岳麓书社，2004：447.

[16] 鲁迅．梦醒了的人生［M］．长沙：湖南文艺出版社，1993：350.

本节内容发表于2010年第4期《山花》。原文题目是《守望理想　妥协现实——〈礼记·礼运·大同〉接受史解读》，有改动。

第二节　现代汉语作品：张爱玲《封锁》

6.2.1　“乞讨歌”：他俩最嘹亮

“不管谁来当家，总得吃喝拉撒。”《封锁》遵循的是张爱玲此前一贯的民间世俗立场，其都市叙事再次聚焦于市民物质生存的现实和残酷。在这冷酷而又让人疲倦的大街上乞讨生活，是包括男女主人公在内的都市男男女女、老老少少必须一丝不苟唱好的一首永久的歌。

小说一开篇，读者就听到，大街小巷、商店内外，一阵撕心裂肺又毫无怜悯的挣命呼号声后，是大白天里全上海少有的静寂。但就在这静得可怕的危急时刻，人群中竟意外地响起一声响似一声的乞讨叫唤声："阿有老爷太太先生小姐做做好事救救我可怜人哇？阿有老爷太太……"不过，这大街小巷成天到处传唱的"乞讨歌"此刻再怎么"浑圆嘹亮"也难挣一块面包，回应他们的是更为吓人的"不经见的沉寂"以及来自路人乃至老乡惯常的冷漠、麻木和轻蔑。"可怜啊可怜！一个人啊没钱！"在这熟练而又漫不经心的歌唱声里，读者能读到的肯定不只是电车司机此刻与同乡乞丐的身份差异，还有多少年前他们很有可能就是坐着同一条船辗转来到这十里洋场的共同经历。即使电车里这些体面、有身份的乘客们，包括那"拎着一包熏鱼""长得颇像兄妹"的一对中年夫妇，读者也难以看出他们的昨天或是前天与乞丐们的出身有什么太大的不同。"当心别把裤子弄脏了！""现在干洗是什么价钱？做一条裤子是什么价钱？"这位太太的警醒和絮叨甚至让读者觉得他们家过上现在这样还算体面的日子其实并没多少时间。都市每天上演的都是"乞讨歌、谋生曲"的合奏。电车里、大街上每个人都在为"讨生活"而忙活、而奔波，都在飙着这首虽然单调却永远不会厌倦的"乞讨歌"。只是在这样的人生道路上，人们境遇不一、造化不同。有人算是比较成功，堪称"歌星"，有人却很是失败，唱也等于白唱。

坐在"头等车厢"的男女主人公绝非等闲之辈——他们是"讨生活"这人生大戏中的佼佼者！在这十里洋场这辆电车乘客中，这首"乞讨歌"就数他们唱得最圆润、最嘹亮了！吕宗桢那是何等成功？他多少年前也许极其贫困、非常卑微，不仅与那位他怎么也瞧不上眼的清寒子弟董培芝相比他不知清寒多少，就是这电车司机很有可能也不会把他放在眼里；可如今他已是上海滩银行界屈指可数的堂堂会计师了，就是坐上行长的宝座也不是遥不可及的事。吴翠远更优秀！她一个姑娘，年纪轻，才二十出头就是大学教员。这样一个不曾出过一天洋的女子，竟然凭着自己的分秒必争"打破了女子职业的新纪录"。从进学堂那天起，她就用功读书，专心学业，"一步一步往上爬"，如今已经爬到女子地位的"顶尖儿上"了。

是什么让他们把这首"乞讨歌"唱得这么好？看来没别的，就是与其他生活安稳、滋润的人们一样，在"讨生活"方面做全身心投入，心无旁骛，甚至学会了遵循"趋利避害"这一丛林法则。吕宗桢几乎将全部的时间、精力都花在寻觅一切生财机会上，以至于在“封锁”这看来无所事事的空当里，他读遍了菠菜包子上印着的反字，从“讣告”一直读到“隆重登场候教”。在他眼里，那“转载”到包子上的“都是得用的字眼儿”。然而，面对些许可能的利益威胁，他就像躲瘟神一样避之唯恐不及！比如，他那太太姨表妹的儿子董培芝他就时刻提防着。青年董培芝果真在打他的“如意算盘”？难说。很有可能只是吕宗桢的某种臆想。要知道他大女儿才十三岁。再说，他董培芝虽然贫寒、卑下，却“守身如玉”。即使确有吕宗桢猜想的那种企图和担心，心甘情愿认这个“无恶不作的老东西”为岳父大人，这“乘龙快婿”的宏伟计划也不大可能眼下就予以实施。董培芝应该比吕宗桢更有发展眼光，等他能够成亲那会儿，他在上海滩说不定能寻得更好的靠山。到那时，他吕宗桢想认董培芝为婿，还要看小伙子怎样取舍定夺。吴翠远呢，也在利用“封锁”这个空当批改试卷，继续其模范教员生活。多少年来，空闲时间她不曾挥霍过一分一秒。从学生时代到在大学任职，她除了学业就是工作，以致于大都市的一个花样少女，不仅头发成天是千篇一律的式样，整个装扮都是那样素朴，“唯恐唤起公众的注意”。她怕这会耽误她的正事，担心由此将招来一些不必要的牵扯和麻烦。

6.2.2　越轨：竟是他俩

无论是吕宗桢还是吴翠远，平时的种种表现都找不出丁点儿越轨企图。人们不禁要想，为什么越轨的竟然是他俩？而且，一向心无旁骛的他们此刻竟“越”得这样快、这样远？

包括情感在内的精神生活的贫乏与饥渴，是《封锁》都市叙事的重要视点和基本落脚点。

仔细想来，小说男女主人公这样放纵情与爱，有这样的越轨表现，原因就是他们只知营役不知其他。多少年来他们不曾放过一丝生财机会与空闲时间，却放弃和丢失了人生中的许多东西。吕宗桢丢失了很多，吴翠远也不知放弃了多少。为了讨生活，为了谋得更多的生存机会和物质利益，为了活得比他人更体面、更优越些，可以说，他们“被忙”得远离情、缺少爱，很少享受到人的精神生活。吕宗桢就是一个有家有室却“无家可归”的男人。他的婚姻并非自己情愿的爱的聚合，妻子除了饭后会送来热毛巾，剩下的就是小学没有毕业的“文凭”和已跟婆婆闹翻了的“脾气”，唯一的精神快慰恐怕只有“阅读他女儿的成绩报告单”了。他年复一年、日复一日地挣钱谋生，却不知“为谁”而挣，

“为谁”“忙得没头没脑”。尽管已是“公事房”上班的“高级白领”，但对工作“一点也不感兴趣”。吴翠远亦与精神生活无缘。虽然在谋生道路上取得了几乎无与伦比的骄人成绩，但无论是在学校还是在家都“不快乐”。人真正的生活应该是什么？吴翠远不说是一头雾水，那也是“隔膜”得不行。真正人的生活她在书本、学业中没有找到，在大学任职的忙碌和不快中也没能寻得。至于家人的劝导，贝多芬、瓦格涅的交响乐，让还在少女时代的吴翠远感觉生活的概念实在模糊、虚幻，很难像“孩子的脚”那样真真切切地触摸到。要说“封锁”前吴翠远生活中有什么谈起来还算有点意思的话，那就是她与试卷判为 A 等的那位男生的那点交往了。读者看到，这位上海滩的都市少女精神世界竟是那样荒芜、贫困，那个只能写出些“吃吃艾艾的句子”的男生竟是她生活中仅有的情感依赖。渴求爱的交流、情的分享，渴望那种能够愉悦人的精神生活，让这两个有着共同得与失的陌生男女碰撞出爱情的火花，而且竟是那样耀眼、灿烂，甚至有些神奇。在吕宗桢眼里，起初一个“像挤出来的牙膏，没有款式”的女人竟是那样有“风韵”：“脸像一朵淡淡几笔的白描牡丹花，额角上两三根吹乱的头发便是风中的花蕊！”那是一个可爱的随时会飘散的女人。而在吴翠远心里，吕宗桢所有的话，不管真话、假话，她都喜欢听。这位“没有钱而有太太”的男人是她想嫁的。她以后所嫁的人“绝不会像一个萍水相逢的人一般的可爱”。她怀疑大上海再也找不到吕宗桢这样能有真情释放的“真人”了！

而从作者的写作来看，《封锁》中演绎的这段真实、自然的婚外情在很大意义上展现的是同为都市少女的张爱玲所坚持的俗欲反叛与人生企盼。

物质俗欲是包括作者在内每个都市人的共同追求。物质上的殷实、富有也着实让人感到生活的滋润和潇洒。要回家拎他几条熏鱼，若闲着嚼他几颗核桃，饭后踱到卧室，没事就拨他几个号码。吕宗桢、吴翠远都是为了这一目标孜孜矻矻、营营役役的都市人。这样的都市人太多了，也太尽心了。为了生财，为了发家，史上那些做人的道德准则在他们的生命词典中所剩无几了。只要能把有利可图的上司服侍好，只要眼下自己的日子过得滋润，只要自己在都市中的地位能够安稳，路人唾骂算什么，人的良知又有几斤几两？在他们眼里，那个为了生计慌不择路的缝穷婆子就是该骂的“猪猡”。所有这一切，“逼真地写出了现代化过程中都市的传统道德式微”[1]。这一式微过程弥漫到社会的每一个阶层，“头等车厢”的男女主人公更是无法逃脱这一命运。他们的智慧在追逐生存利益方面挥洒得淋漓尽致，但生活再滋润也仅仅是都市形形色色灰色人物中的一分子。这样的人物，当然有“人的局限”，但也有“人的光辉”。[2]他们的生活缺少爱，但内心深处渴望爱。在封锁时的车厢他们投入并享受着那温馨醇美的片刻呢喃，即是向世人宣称他们不完全是那种只知觅食的“乌壳虫”。

6.2.3　封锁后：他们是谁

然而，“封锁”结束后，读者看到，《封锁》的男女主人公终究是那种只会觅食，猥琐可怜的“乌壳虫”。他们渴望真情却不敢承认，更不敢张扬和发展。他们当然有人的思想能力，却瑟缩在世界的某个角落，保持那种不会思想、只知觅食的猥琐状态。现实压迫下都市人的无奈和卑微，是张爱玲都市生存描写最深刻、也是最具“人的文学”特质的地方。

“长的是磨难，短的是人生。”[3]现代都市人物质俗欲的现实性远远大于精神追求的急迫性。这一点，吕宗桢和吴翠远都是心明眼亮、毫不含糊的。吕宗桢不用说了。“封锁”一开放，他便“突然站起身，挤到人丛中”，坐回原先的座位，再也没有勇气、韧劲和决心面对虽已被安抚但仍依依不舍的吴翠远了。从本质上说，他生命中那根绷得最紧的弦不是爱、不是情，而是生计、财源和名利。虽然基于情爱的精神交流是那样温暖、令人遐想、叫人回味，但没有也不觉得活不下去。回到家，看完女儿的成绩报告单，他还依稀记得吴翠远的脸，也很清楚自己对吴翠远说过的那些话。想来，心里是有很多的不如意、不痛快、不甘心。为此，他也曾下决心试图去拨吴翠远的电话，继续恋爱、继续交往、继续享受精神上的愉悦。可是，就是等到他“手心汗潮了，浑身一滴滴沁出汗来”，这电话终究还是没有那种冲动与力量去打。应该说，吕宗桢实实在在地经过了一阵艰苦的矛盾和斗争；但是，老老实实、不折不扣做觅食意义的“乌壳虫”，注定是他的宿命。也许到他晚年的时候或许有些许的怅惘和后悔，但现在，甚至在可以预见的将来，他都会坚信自己的选择和决定不会错。对此，吕宗桢可以说没有丝毫的怀疑。吴翠远当然不大可能主动去找吕宗桢。无论是从历史传统还是从现实境遇看，她都不大会有再去主动争取的可能。然而，令人深思的是，自看到吕宗桢走了后，她立马当他“死了”、不存在了。这位女主人公，很像是当年傅雷先生所描述的《花凋》中的川嫦，“没有丝毫意志的努力。除了向世界遗憾地投射一眼之外，她连抓住世界的念头都没有。不经战斗的投降”。[4]她认定，那个不顾忌什么，完全作为一个异性站在她面前对她无话不说，从家庭到银行、从大学求学到来往公事房的种种委屈与不快都愿意向她一股脑儿倾诉的男人，再也不会出现了。看到街上一个金发女人“向一个意大利水兵一笑”，她似乎有某种遐想，但很快这种念头也消失了。因为她知道她不是那种人，这些年来分秒必争所获得的学业等成就让她活得很是体面和滋润。虽然即使成家了也肯定是孤独寂寞，但是熬一熬，忍一忍，放一放，她也完全可以这样很安稳地活下去。看到吕宗桢那个男人就坐在原来自己的座位，她更是确认，“封锁期间的一切等于没有发生”，充其量只是做了一个梦而已。她非常清楚和明白，她从此又回到了过去所熟悉、所浸淫的那种没有情爱、没有精神交流，只有利益竞争和厮杀的冰冷现实。她早就认了这一现实。可除了认了她又能怎样？读者完全可以推断，尔后的吴翠远滋润的日子不会少，只会多；但是除了觅食意义上的生活，恐怕没有多少其他方面的惊喜与骄傲。其生命的价值、意义与境界，比只会“整天爬来爬去”、遭遇思想困惑便一动不动“装死”的“乌壳虫”高不了多少。

这就是张爱玲笔下的人物，一种不满足现状、有片刻亮色，但在现实面前又总会这样迅速妥协的所谓“不彻底的人物”。[5]

这样的人物当然值得深思甚至少不了道德上的谴责。可《封锁》中这种“不彻底”的灰色人物绝不只是男女主人公二人。他们充斥于都市和社会，这样的都市和社会也实在叫人失望、让人感到悲哀。这是确凿无疑的。但在张爱玲的文学视界里，这样的人物又是值得同情的，一定意义上他们的行事作风还是能够得到人们的理解的。不是吗？无论你是十里洋场的高级白领、大学教员，还是人们眼中的“乞丐”“猪猡”，大家活在世上都不容易。人生的第一要务就是求生，大家都在拿吃奶的力气想把这首亘古悠长的“乞讨歌”给唱好。特别是那些栖息在现代大都市的芸芸众生，更不可对此稍有怠慢。人们不要怎么去遗憾和感叹吴翠远，也没有必要过多地怨恨和谴责吕宗桢。名缰利锁束缚下大家不得不这样“没有思想”“没有精神交流”地活着。只是在这烟尘迷茫的谋生道路上，如果能有爱的交流、情的分享，有包括艺术鉴赏在内的精神生活，那就美妙了：人就可以开始真正意义上人的生活，成为真正意义上“‘进化’的动物”了！可是，谋生的艰难让大家实在无暇顾及这些。

注释：

［1］陈思和．中国现当代文学名篇十五讲［M］．北京：北京大学出版社，2003：361.

［2］郜元宝，袁凌．张爱玲的被腰斩与鲁迅传统之失落［J］．书屋，1999（3）.

［3］张爱玲．公寓生活记趣［A］// 张爱玲．张爱玲文集精读本．北京：中国华侨出版社，2002：383.

[4] 子通，亦清．张爱玲评说六十年 [M]．北京：中国华侨出版社，2001：65.
[5] 张爱玲．张爱玲文集精读本 [M]．北京：中国华侨出版社，2002：454.

本节内容发表于2011年第3期《作家》。原文题目是《“乞讨”合奏中的片刻呢喃——张爱玲〈封锁〉新读》，有改动。

第三节　当代汉语作品：刘亮程《鸟叫》

刘亮程在当代文坛是个异类。这样看刘亮程，并非因为他总是在说那些风，那些马，那些鸟，那些早已远离现代生活又让现代都市人感到陌生和新鲜的人和事，而是因为他笔下的这些远离都市生活的人与事极其真实深刻地反映和再现了现代人的心理、现代人的生活、现代人普遍的生存状态。散文集《风中的院门》中的《鸟叫》就是这样，写的是“我”儿时乡村的鸟以及它们的几次叫唤，然而展示和刻画的是现代人普遍的心理状态和生存境地，透露和展现的是作家对现代人在人的声望如日中天的时代如何更好地生存所做的深沉思考和执着探求。

6.3.1　现代人困惑是寂寞

进入现代之后，国人生活与以往最大的不同莫过于家被撕裂，人要闯荡，几乎每个灵魂都在为自己的理想、自己的事业打拼。为了追寻自己的理想，许多人出走家庭，传统的“光耀门楣”“长宜子孙”等家规家训被撕得粉碎；为了自己的事业与信仰一些人甚至兄弟阋墙、同室操戈、六亲不认、形同陌路……这当中，自然少不了思想的搏斗和厮杀。是回归家庭、享受亲情，还是听任和遵从自己的心灵？六十多年前巴金老前辈的那篇《爱尔克的灯光》就曾淋漓尽致地展示过这一心灵搏斗过程的痛苦和兴奋。自然，这样的思想搏杀如今已渐渐退出历史舞台，不再是人们关注的兴奋点。当代作家要探究和回答的是，从家庭走出来的人们，或在为理想和事业打拼过程的间隙，或在庆祝成功喝醉香槟酒的美好夜晚，或在享受一辈子拼搏成功的幸福时候，又有怎样的心理？这种心理构成人怎样一种普遍的生存状态？刘亮程写作《鸟叫》不失为一次重要的探索。

作品中“我”的经验告诉读者，从躺有“后父、母亲、大哥、三个弟弟和两个妹妹”的大土炕跑出来的最大好处，就是能在那夏末秋初的闷热夜晚寻得一个“绝好的凉快处”；这个“凉快处”最吸引人的地方就是可以“躺在草垛上，胡乱地想着些事情”。是啊，走出大土炕，爬上草垛，既可以享受思想的自由，甚至许多行动的自在、自便也不再是一种奢侈梦想。虽然有半夜被冻醒的煎熬，有棚顶摔下、性命不保之虞，但这样的“自由时光”还是叫人不舍，再长时间的坚守都不在乎。然而几声鸟叫一下子就把人拉回到挤得满满当当的大土炕来。那其实是极普通的几声鸟叫，除了叫的时间是在半夜、叫的声音有些沙哑、叫的间隙有些长外，没有什么特别。但为什么它对人就有这样大的影响和力量呢？原因很简单。人从这叫声里，听出了一种谁都无法排遣、无法克服，甚至无法逃避的东西。那就是寂寞。

> 那只是一只鸟的叫声。我想。那只鸟或许睡不着，独自在黑暗的天空中漫飞，后来飞到太平渠上空，叫了几声。
>
> 它把孤独和寂寞叫出来了。

现代人什么困难不能克服？半夜冻醒的艰难算得了什么？就是从棚顶摔下来也实在没什么可怕。但寂寞却是人必须严肃面对、认真探讨的“一件大事情”。[1]它非但不是人凭借自身的力量、经验和智慧就能克服的，而且忙于理想和奋斗的现代人压根儿没有为自己驱散寂寞的纠缠储备足够的知识，做好必要的思想准备，修炼打造出应有的道德高度。于是，几乎所有人都受其折磨却又对它麻木无知。对于寂寞侵害的严重性，对于寂寞产生的真正原因，对于驱散寂寞的根本办法，人是一头雾水。这就是现代人普遍的生存状态。

为什么这样说？《鸟叫》这“混杂着鸟语人声”的“乡村世界”让读者清晰地窥见到这一切。

首先，现代人因为忙于自己的工作，专心于自己的紧要事，从未意识到今天人还有寂寞这档子事。可事实是再清楚不过了，因为寂寞棚顶再好也无法待下去，因为寂寞土炕再挤也要插进来。很难想象，拥有这样的感受、做出这样的决定的“我”那晚经历了怎样的痛苦和煎熬。寂寞侵害问题的严重、可怕再怎么评估也不过分。可家人似乎并不在意屋外人怎么连夜回到屋里；并不关心只是因为那点寂寞的侵袭，人就一反常态从牛棚顶回到了久违的大土炕。在“一家人忙着嚼东西”的当口，就连最能同情人、体贴人的母亲大人都以为这是说梦话、说闲话，不予理睬、不去深究。因为所有人都认为吃饭、套车、扛农具下地干活才是正事。在这样的情势下，一个深受寂寞困扰的人，即使再亲的亲人也无法感受他的寂寞，理解他的痛苦。问题还绝不仅仅限于此，呼唤、渴求亲人的同情、呵护，换来的竟然是如此的不解、误解和冷漠，等待他的自然是跌入更深层次的孤独和寂寞；“端着碗发呆”成为以后孤寂者很长、很长时间的必修课，也是家人可能永远读不懂甚至不屑、不睬的一道现代家庭风景线。于是，正视他人的寂寞，驱散和摆脱寂寞的纠缠、干扰和侵害，对于一心忙于“正事”的现代人来说，要走的路真的很长很长。

其次，现代人总以自己为中心，很少真正静下心来认真倾听他人，特别是倾听那些在他们看来力量弱小、智力低下者的心声，他们成为被寂寞所困扰的第一个群体。在人那里，鸟儿就是这一群体。论块头，只是人的几百分之一；论智力，智商再高也无非保持在鹦鹉学舌那样的水平。然而，一场突如其来的“人鸟大战”却给自视威武、智慧的人来了个措手不及。一向听人话，人前总那么胆小、温顺的鸟们竟然对人悍然发动了一场惊心动魄的鸟粪抗议集会。“鸟粪像雨点一样洒落下来，打在人的脸上、身上，打在树木和屋顶上。到处是斑斑驳驳的白点。”这是什么？这是鸟们为了争取人对它们的尊重，回敬人的傲慢、无视它们的存在和心理感受，试图摆脱总是处于人的视野和尊重之外的寂寞境地所采取的一次集体抗议行动。不难看出，寂寞常常是强者的赠予，寂寞的主要承担者来自现代人眼中的弱小者。现代社会奉行一种“适者生存”的强者游戏规则，遵循这一所谓自然法则的人创造、复制甚至克隆出一个个世界奇迹；随着这些奇迹几何数级的速率诞生，人的声望极速升腾、如日中天。但问题的另一面是，奇迹诞生、成功实现的副产品就是寂寞和寂寞的承担者。当儿辈、孙辈都已长大，一个个成为生活的强者、能人时，“外爷”们尽管挺着“宽大的胸脯”、捋着“满是胡子的大下巴”，却只能一个人留在自己的房子里舔舐日益成为现代社会弱者的寂寞伤疤。更叫人深思的是，“外爷”们并不知晓自己处在这样的境地，反而觉得他人于己是一种干扰，再亲的血脉都是一种干扰，独个儿舔舐这寂寞的伤疤成为一种心理习惯乃至社会惯性了。

最后，在现代社会，就是所谓的强者、成功者也难以逃脱寂寞的宿命。强者、成功者是社会的尊者、贵人。可是令人痛心的是，他们往往变得不是自恃高傲，就是短视和狭隘。因而，常常错失良机提高自己、发展自己。即如上述那场“人鸟大战”，虽然惨痛，人却并没有因此真正从弱小者的“不平之鸣”中听到什么，读出什么。经历了这场遭遇战，人非但没能走近他者鸟们，将弱者鸟们的孤寂境地体会多少、改善多少；反而还让自己的无知、浅薄暴露无遗，从而置自身于另一种寂寞和无助境地——始终不懂鸟、迷信鸟、害怕鸟。于是，接着上演的这场“人鸦斗智”便让人的颜面、尊严丧失殆尽。面对过去自己最瞧不上眼的一群乌鸦，一向尊贵、傲慢的人变得“极有教养”起来。鸦群的一阵乱叫，竟让大家一个个“一声不吭”做洗耳恭听状。其实无非一场虚惊，人个个安然无恙，倒是一只乌鸦摔断了翅膀。于是，围攻、取笑和揶揄这断翅之鸦成为这场“人鸦会战”的快乐收场。人试图从那浅薄的“哄笑”声中挽回些许廉价的自尊，平衡先前丢失颜面的冤屈心理；但这并不能丝毫改变人不懂鸟、迷信鸟、害怕鸟的空虚、寂寞、无助、恐慌的本质。这样看来，为寂寞所纠缠的还有这类自恃高傲，目中无“物”，不能体察他人的心迹，永远把自己视为世界强者的人。

因此，刘亮程构筑其“乡村世界”不是追怀远逝家园的美好，而是揭示现实生存的严峻；不是怀想故园、历数家珍，而是探寻整个世界忙碌的人们普遍的共同的生存现状。透过他这“混杂着鸟语人声”的“乡村世界”，读者会发现，现代人虽说智慧能干，却并不知晓自己普遍地时常受到寂寞的侵袭和伤害。

6.3.2 散文家规劝去倾听

那么，怎样改变这一现状，让人不再寂寞？一个极端的做法恐怕就是让现代人回归传统、固守家园，不要走出家门，不要为个人的什么理想和事业去忙碌、去拼杀。因为正如刘亮程的“乡村世界”所展现的那样，一忙就会有人离群索居，备尝与家人的疏离感、陌生感；一忙人就会为所谓正事所困，感觉不到他人的寂寞、无助；一忙人就有可能以自我为中心，无视他人的存在，从而把自己推到一个很少与他人有什么共享的孤寂境地。但闲适与现代社会格格不入；对于现代人来说，寂寞再难耐，他们也不会接受什么清闲自在。那种“醒来不知是哪一天早晨”的安闲、恬静只有在梦境和幻想中去找寻。寂寞是现代人挥之不去的宿命。现代生活的快节奏、“读秒”要求让忙碌无暇的人们一方面在迅速告别那种与世无争、自得其乐的悠闲和安适；另一方面不得不面对寂寞来袭的频率和强度不断增加的事实和困惑。那么，有什么办法减少或减轻寂寞对人的侵袭？刘亮程的看法很简单，那就是倾听。

尽管鸟不住地叫，听到鸟叫的人，还是极少的。鸟叫的时候，有人在睡觉，有人不在了，有人在听人说话……很少有人停下来专心听一只鸟叫。

虽然寂寞不可避免，但寂寞之心倾听之外并无奢求。倾听对现代人太重要了！可以说，哪里有倾听，哪里就有共享；哪里有倾听，哪里就有温暖；哪里有倾听，哪里就不再会有寂寞的猖獗和肆虐。试想，那晚那只老鸟的嘶哑鸣叫在其他鸟那里有点回应，哪怕是一声应和，它的叫声也不会那么沙哑、那么凄凉；“我”也不至于“每块肉每块骨头”都被“惊醒”，甚至“担心”老鸟要飞过来落到“草垛”上，落到自己的身旁。试想，如果家中有人能停下筷子来，听听“我”那些关于头天晚上破天荒地从草垛转移、回撤到“大土炕”的讲述和倾诉，“我”也不会一个人“端着碗发呆”，更不会几十年过去还把那晚的鸟叫郑重其事地向众人提起。试想，如果人群中真的有人用心去倾听鸟们为何而叫，也就不会出现人对乌鸦的迷信和畏惧，更不会出现人在鸦群那里败下阵来的窘境。试想，外爷那里不只是孙辈去，而是常有儿辈们嘘寒问暖，还有同辈们的打趣和关照，他老人家也不至于养成一种在独享清静中咀嚼寂寞甚至辛酸的习惯。

然而，这一切都只是“试想”，《鸟叫》的“乡村世界”到处鸣叫的是各式寂寞、无助的灵魂。其中的根本原因就是现代人不肯倾听，特别是不肯倾听甚至不屑倾听那些看似弱小者的心声。从社会弱小者总是寂寞的第一承担者这个意义上说，能倾听就是有讲仁爱的同情心，能倾听就是有宽广的胸怀和德行。老实说，从“适者生存”这一生存理念成长起来的现代人在其知识结构、人生宗旨以至道德准则方面的储备和历练都与“倾听”的要求有很大距离甚至相左。从家庭走出来这一经历让现代人越来越崇尚和敬奉强者游戏规则。对于那些看似弱小者，现代人鼓噪的更多的是如何落井下石、怎样乘人之危。那种闪耀着人性光辉的怜悯、恻隐之心在现代人的生活中备受冷落，几乎很难找到市场。面对这一严峻现实，散文家在文中发出了一个强烈呼吁：现代人拿出你本来就有的同情心，听听他人，听听那些弱小者的心声，比如鸟叫吧。不要因为忙，因为忙那些有众人参与的所谓正事，忘掉一些因为思想和年龄等原因好像掉队的弱小的孤独者。不要因为忙，忙于庆祝自己的成功，而瞧不起、看不到、听不见那些看似在体力和智力上不如自己的人。

在刘亮程看来，对现代人来说，这种同情心，这种对于弱小者的倾听，不会因为牛棚的变化而有丝毫改变。倾听是“牛棚时代”需要的，到了“后牛棚时代”同样需要。

> 现在，这一切了无凭据。那个牛圈不在了。高出树梢屋顶的那垛草早被牛吃掉，圈棚倒塌，曾经把一个人举到高处的那些东西消失了。再没有人从这个高度，经历他所经历的一切。

《鸟叫》结尾这段文字是对“牛棚”“牛棚生活”和“牛棚时代”的怀恋吗？当然不是。作者要向读者表达和强调的是，虽然“牛棚”不见了，“牛棚生活”“牛棚时代”远去了，再没有人从“牛棚”的高度经历他所经历的一切了；但牛棚不见的“后牛棚时代”有一样东西不会改变，那就是人对倾听的渴望和期待不会改变，社会对同情心的要求和期待不会改变。

6.3.3 刘亮程的“乡村原型模式”

万物皆灵，刘亮程不仅主张人应该通过“人之外”来认识自己，[2]而且试图为中国文学创造一种新的创作模式，即通过一个特别的充满个体经验和想象的“乡村世界”来考察、反思、警醒当今的“现实世界”。在接受青年诗人北野的采访时，刘亮程就曾深有感触地说：“其实我们每个人都生活在村庄里面，每个人都有自己的村庄，城市也是一个村庄，车辆是牛羊，楼房是麦垛，电线杆是树木，市民就是穿时尚衣服、拿工资的农民。”世界再怎么变化，都是一个个村庄；村庄再怎么变化，都有这个世界一些不变的东西。刘亮程力图透过这个独特的“乡村世界”来揭示光怪陆离、瞬息万变的现代社会中那些不变的东西。草垛上的草忽多忽少，甚至牛棚本身都在变迁，由一爿草庐变成万丈高楼，但现代人遭受寂寞的侵害以及寂寞者渴望倾听，渴望摆脱寂寞的努力不变。这种创作方法与西方的神话原型模式很有关联。加缪的《西绪福斯神话》就是这一创作模式的典型代表。希腊神话谱系中那位科林斯城国王西绪福斯这一原型及其故事在哲学大师笔下得到新的演绎和叙述，读者看到的是一个现代人与命运的抗争故事。包括加缪在内的坚持抗德斗争的法国人民都能从西绪福斯身上找到自己。如果这一认知没有原则性错误的话，笔者认为，被学界视为异类的刘亮程在试图创造自己的散文创作“乡村原型模式”。

注释：

[1] 刘亮程. 一个人的村庄 [M]. 乌鲁木齐：新疆人民出版社，1998：23.

[2] 李维鼎. "逃跑者"的"自审"与"自恋"——读刘亮程的《一个人的村庄》[J]. 长沙理工大学学报（社会科学版），2005（2）：109.

本节内容发表于 2009 年第 4 期《常州工学院学报（社科版）》。原文题目是《寂寞是命，倾听是德——刘亮程〈鸟叫〉读解》，有改动。

第七章　大学语文课程与教学研究

第一节　大学语文与其课程形态的演进

7.1.1 “大树形”大学语文课程形态发展格局的初步形成

课程形态作为一门课程的存在和表现形式，是当前课程研究的一个热点。大学语文课程研究正在走向深入，无疑它应成为一个重要切入点。一般来说，一门课程的具体形态起初总是比较单一，而成熟、适应性强、广受欢迎的课程又总是以其具体形态的多样化作为基本标志。大学语文课程应当说经历了这一发展过程。最早它被称作“大一国文”，时至今日台湾地区仍沿用这一名称。这一名称非常恰当，而且极为清晰地表明：在中国，大学语文是一门专为大学一年级学生开设的公共通修课程，着力解决西方科学强势挤占大学课程资源后中国大学生本国语水平下滑、传统文化面临破产这一文化危机。高扬中华文化，力挽本土文化的式微颓势，是大学语文课程设置的初衷，也是今天全球化时代大学语文作为大学通识教育的基本宗旨。最早明确将这一课程正式纳入大学课程体系是在1929年。是年8月，中华民国政府教育部颁布《大学规程》，具体规定了大一国文等课程作为通修课程的大学课程体系基本架构。[1]这一基本架构表明了中国现代大学公共通修课程群的最初格局，也给大学语文日后不至于轻易被“挤出”大学课程体系提供了最初的法规依据。20世纪三四十年代大学语文开设伊始，中国学术文化曾出现历史上少见的繁荣。借着这难得的繁荣局面，大学语文课程与教学也呈现出一次令后人回味、欣羡的高潮：中国大学几乎所有专业都开设了大一国文课程，中文系最有名气的大家争教大学语文，许多教育大家成为大学语文课程的知名教授。他们当中有游国恩、朱自清、郭绍虞、朱东润、冯沅君、陆侃如、李笠、沈从文、吕叔湘、钟敬文等。其中，朱自清在清华大学中文系从事大一国文教学二十余年。[2]20 世纪 40 年代末 50 年代初，这一繁荣期的许多好传统被中国的众多大学承继下来，为日后这一课程的恢复或发展提供了最基本、最重要的建设范本和研究资料。60 年代中期到 70 年代中期，中国内地高等教育的整体瘫痪给大学语文课程及其教学带来重大冲击，以致一度无形取消。[3]70 年代末大学正常招生后，一些著名大学便迅即倡导并实施这一传统课程的恢复、重建。应当说，除了“文化大革命”期间的中断，大学语文作为大学通修课程群中一个重要组成部分的存在上百年一以贯之。

世纪之交，伴随着中国经济文化国际地位的提升，大学语文课程重建步伐在提速。这项重建工程一直以教材建设为主轴。70 年代末，复旦大学、南京大学、华东师范大学等重点高校率先起步。其中，徐中玉教授主编的《大学语文》先后修订再版近十次。精品课程建设是这项重建工程的新亮点。东南大学、杭州师范大学等高校不仅力图在全校所有专业全面开设大学语文课程，而且积极组织各种力量和资源实施大学语文作为精品课程的建设。一方面，为打造精品课程而专门建设的网站内容在不断地充实和丰富；另一方面，有关这一课程的教学大纲、教学录像、研究课题几乎每年都在翻新。此外，培训和培养大学语文课程师资也成为重建工程的一项新举措。短期培训作为师资培训的主要形式陆续在各地开展起来，而大学语文方向博士点在南开大学的建立不仅意味着专业门类的突破，也标志着大学语文课程师资的专业化在悄然起步。

上述教材建设、精品打造和师资建设三个方面工作极大地推动了大学语文课程建设的步伐。从课程理论上看，这些实践探索在很大程度上推动着大学语文课程的具体形态走向多元化。在笔者看来，以教材建设为主轴的重建工程不仅让大学语文课程形态的多样化发展态势趋于明朗，而且让以“经典美文阅读”“母语言语感悟”“中华文化认知”为主要类型的课程形态成为其基本格局。[4]这一基本格局可描述为“大树形”，如图 7-1 所示。

图 7-1　大学语文课程形态发展“大树形”格局示意图

7.1.2 “大树形”三大课程形态的比较

第一类，经典美文研读型。

这是最早出现、也是最受师生喜爱的一种课程形态。过去很长一段时间，包括高潮期的大学语文，以及当今中国台湾地区的大学语文，都在精选经典美文，研读经典美文。而在目前中国内地出版的近500种大学语文教材中，约三分之二强都属于这种类型。它是大学语文课程形态发展这棵大树的主枝，最粗壮也最高大。华东师范大学出版社徐中玉本、外语教学与研究出版社丁帆本是其代表。其最主要的特点是以人文主题为单元纲目，精选古今中外的经典美文，让大学生在经典美文赏析研读中，构建自己的文化家园、心灵家园和精神家园，提高自己的人格素质。

第二类，母语语言感悟型。

这是最新开发、文化视野更为广阔的一种课程形态。它是后发的新枝。复旦大学出版社张新颖本是其代表，南开大学出版社李瑞山本、上海立信会计出版社张介明本也属于这种类型。它以语言学理论为其哲学基础，以世界多元文化为其文化视野，比较中外文学语言和文化特质，试图让大学生从母语意义的探寻、母语意蕴的感悟出发，构筑起那种以母语为认知和情感基点的精神家园、智力结构和人格品质。

第三类，中华文化研习型。

这虽是一种较早探索的课程形态，但仍有其旺盛的生命力。它是大学语文课程形态发展这棵树上婀娜别致的一枝。江苏教育出版社温儒敏本最能代表这一类型，南京大学出版社王步高本的建设思路其实也很相近。它充分展示中华文化中的优秀成果，包括文学史、哲学史以及科技史中的突出成就，让大学生在中华文化的习染浸润中，提升自己的文化素养、知识结构和精神境界。

从课程建设的角度看，上述三种形态的大学语文课程都处于实践探索期。它们作为一种课程形态、课程类型的理论探索还远远不够，有的甚至才刚刚起步。即使是最具人气的“美文经典研读型”也只能说它探索时间较长，在目前的实践领域较其他类型更易于为师生接受而已。

就“经典美文研读型”而言，为什么要以人文情怀为单元主题？为什么人文情怀要选择“以民为本”“通古今之变”为主题？为什么“通古今之变”这一主题单元选择《大同》《滑铁卢的一分钟》等课文？特别是为什么《大同》课文的学习主要讨论的是“大同思想在当今全球化社会进程中的价值”？这些问题都很难在课程理论上找到令人满意的答案。正因为这些问题没有太多理论上的切实依据，所以大学语文课程的许多做法存在随意性甚至盲目性。而实践上的随意和盲目，最终导致这一课程的专业性、必要性遭受质疑。这也就是为什么今天大学语文课程在许多中国大学形象“猥琐”、大学语文教师队伍不够强健甚至难以稳定，以至于一些学者甚至学校试图以相邻课程取代大学语文。[5]

无疑，实践摸索到一定时期出现的理论困惑是大学语文课程存在徘徊、犹疑现象的重要原因。世纪之交，中国母语教育课程理论在中小学阶段取得的重要进展为其大学阶段的起步奠定了一定基础。语文课程与教学论研究在中小学阶段轰轰烈烈，大学阶段的母语教育课程理论研究也在启动。21世纪初有关大学语文课程建设的学术性论文正以每年成百上千篇的规模在各种专业期刊上发表。

在这种情势下，一种以不同课程形态的建构为主要目标的大学语文校本课程建设热潮正在各地涌动。然而，可以预料的是，“经典美文研读型”作为主流课程形态的地位难以撼动。这是因为这种形态的大学语文课程至少具有三个方面的优势：

第一，愉悦性。美文文本的赏析玩味获取心灵震撼和精神快感，满足了大学生自进入学龄阶段以来不断加深的对母语特别是母语美文的亲近要求和情感依赖。许多大学生即使不在大学语文课堂，也饶有兴致地捧读玩味以汉语古诗文为代表的经典美文。经典美文研读所秉持的以汉字、中国文学和中华文化为对象的艺术审美鉴赏活动让大学生获得了多方面、多层次的精神愉悦和心灵成长。

第二，探究性。区别于中小学甚至高中的语文学习，大学语文以“赏析研读”为主要学习方式，是一种不折不扣的探究性学习，集中体现了大学学习的研究性、深刻性和创新性。这种探究性学习，既研读经典文本，又从文本出发，研读文本作者以及其他相关人文课题；既关注文本人物的性格命运，又能从文本作者身世品格的领悟中获得精神成长。在对这些作为文本客体和主体的“人”的研读中，在对这些与人的命运息息相关的人文课题的探讨过程中，大学语文课程的精神引领价值得以彰显。[6]

第三，建构性。基于经典美文研读的大学语文课程有利于建构大学生高品位的读写生活。研读美文，探究作者，让大学生在文本人物、文本作者生活的探寻中，深入见识人生的经验和智慧，全面提升自身的人格和素养，从而真正在“精神”上获得成长。这是大学语文学习一种特殊的课程体验。这种课程体验的获取过程，又是大学生阅读热情的一个激发、强化过程，甚至还是他们写作热望进一步萌发和增强的过程。不再满足于文选的阅读和对他人文字的欣赏，他们不仅要从文选以外广阔的阅读视野中寻找新的答案，还要用自己的文字展示自己的阅读收获，与他人分享其成果与快乐。[7] 大学生这种读写生活的建构寄希望于经典美文的切实研读。

7.1.3 “经典美文研读型”需着力解决的几个问题

“经典美文研读型”应成为当前着力维护并精心打造的一种主体课程形态。就其理论创建来说，下面几个问题急需解决：

首先，人文主题的选择与论证。

究竟哪些人文情怀专题可以进入大学语文课程？其选择的标准是什么？是以现有的选文作为参考呢，还是以大学生的精神成长目标作为选择的标尺？在推进人文精神的成长方面，它与“思想品德修养”“中国文化概论”“中西文化比较”，以及“大学人文”等邻近课程的边界在哪？又有怎样不同的分工和默契？所有这些问题都要实施具体的审议，做出明确的决断。

从大学语文课程的宗旨来看，大学生的精神成长才是选择人文情怀主题的标准。那么，当代大学生的精神成长急需哪些方面的精神滋养？大学语文课程能够完全提供这些精神滋养，挑起这“不能承受之重”吗？从现实的可能性来考量，应该形成一份怎样的妥协和补救方案？

在笔者看来，大学语文的精神滋养构成不可贪多、贪全。情感的丰富、真诚是最基础的方面，而爱国恋乡是传统和现代合奏的情感主旋律。情感是大学生精神成长的第一指标，理性智慧更是现代公民的重要素质。在各种复杂环境中把握自己，把握历史前进的方向，才不会偏离人生的轨道。其实，情、智之外，人最可贵的品格是有一个宽广的胸怀，坦荡的心胸将展露出无法抗拒的人格魅力。正是因为这些具有无穷人格魅力的人们推动并昭示着人类文明的历史进程。在文明社会里，当人学会与包括自然在内的世界保持和谐共荣，他们的人生便开始走向艺术化道路，美也就自然呈现在公众面前。这是一个人文品格与科学精神比翼齐飞的人生境界，也是一个人文思想与科学技能相融合的人格完善过程。大学语文课程引领精神成长即可遵循这一基本路径。基于这样的认知，笔者认为，大学语文人文情怀主题的选择不仅有章可循，而且思路清晰。如果安排 10 个单元来学习，下面这套方案是一个理想的选择：怀乡恋国、人间真情、智慧理性、尘世万象、胸怀人格、文明历程、人与自然、艺术与审美、人文与科技、应用文专题。这样10个单元，又可两两组合，形成五个字的精神滋养结构，即情、理、格、艺、技。[8]其中“格”是人精神成熟的核心、中心和重心。如图7–2所示。

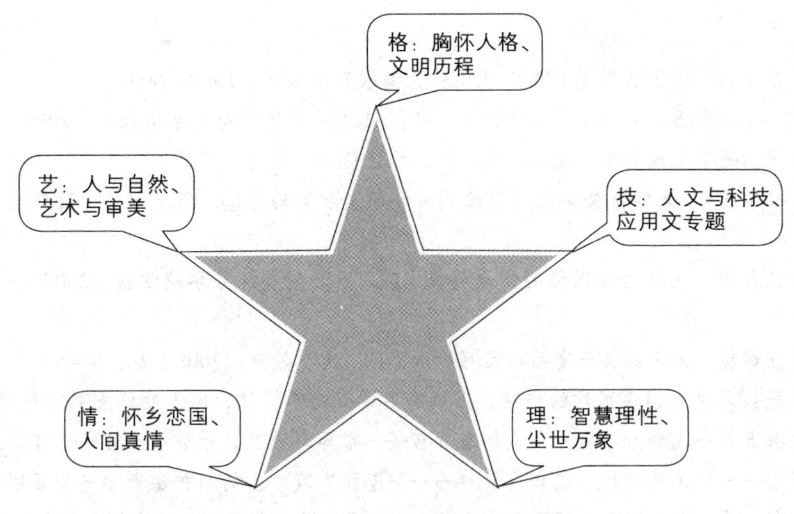

图7–2　大学语文精神滋养结构示意图

可能学校不同、专业不同，五字精神滋养结构的侧重点也有所差异，即有其变式。所以，从这个意义上看，校本课程建设将成为大学语文课程建设永恒的主题。这方面的研究成果应该迅速为大学语文课程的建设者们吸收。

其次，经典美文库的建设与研究。

为大学语文课程的完善而建设经典美文库是一项全新的工作。可能还有很多堪称经典的美文没能进入人们的视野。但纳入这一资源库的经典美文究竟哪些篇目更具有教学价值，这才是这一工作的核心任务。一篇文章具有阅读价值，但教学价值不太大的情况也是有的。所以，需要一些跨专业、懂教育、经验丰富的学者专家参与这项工作。从当前课程建设的形势来看，将此项工作列为重点课题，并组织一流专家集中精力攻关，推出一批成果，势在必行。

最后，选文教学内容的辨析与确认。

这是最重要的一项课题，难度也最大。比如，《大同》这篇美文，从理论上说，可以研制出多种教学内容。比如，①文言文的阅读；②儒家思想的领悟；③美文的欣赏和背诵；④古今政治思想的融通；⑤中国传统思想的现代化；⑥传统儒墨思想的比较；⑦人生目标的制订探索；⑧道德递衰论的研判；⑨中国思想家的成长；⑩中国和谐思想的缘起；⑪当今和谐世界建立的中国启示；⑫大同世界的有无……还可以列出很多。那么究竟哪些内容可以作为主体教学内容呢？这需要从理论和实践两个方面去研究。语文教育界近期提出的“语文核心价值”是辨析与确认选文教学内容的重要标尺。[9]

注释：

［1］李华兴．民国教育史［M］．上海：上海教育出版社，1997：603．

［2］［3］徐中玉，齐森华．大学语文［M］．上海：华东师范大学出版社，2005：2-3．

［4］当然还有其他类型。比如，文科知识综合型、应用能力拓展型。

［5］徐望驾．《大学语文》有必要改成《大学文学》吗［J］．语文学刊（高教版），2006（9）：50．

［6］汪禄应．大学语文课程的作者研读［J］．淮北煤炭师范学院学报，2008（3）：177-179．

［7］汪禄应．大学语文与高品位读写生活［J］．文学教育，2008（2）：54-57．

［8］根据北京大学辜正坤的研究，万物有所谓五向选择律，即万物的发展往往有五个方向。世界有五行——金木水火土，人体有五官——眼耳鼻舌身，乐音有五音——宫商角徵羽，美德有五常——仁义礼智信，粮食有五谷——稻黍稷麦菽。人的精神滋养划分为五字——情、理、格、艺、技，有其道理。而顶角为36°的五角星任意一条线段上的比符合黄金分割律。

［9］郑桂华．凸显文本的语文核心价值［J］．中学语文教学，2008（3）：25．

本节内容发表于2009年第2期《常州工学院学报（社科版）》。原文题目是《论“大树形”大学语文课程形态的发展》，有改动。

第二节　大学语文与其课文作者的研读

7.2.1　关注文选人物的性格命运

在中国高校课程体系中，大学语文在大学生精神成长方面有其独特的课程价值。早在1984年，美国人文学科促进会发表的《挽救我们的精神遗产——高等教育人文学科报告书》就强调指出：“人文学科告诉我们，在自己的或其他主要文明中，人们是怎样执着探讨那些关于人生基本问题的若干永恒问题的。”[1]

让“生理”上正在“成人”的大学生去思考那些“人生基本问题”，探究如何在“精神”上“成人”，成长为一个有怎样精神追求和有怎样精神境界的人，是大学语文区别于其他课程，特别是专业教育课程的基本特征。因此，怎样凸显这一特征，实现其课程价值，让大学生在“精神”上真正成长起来，是大学语文课程研究的核心内容。

大学语文课程是用文选来组织课程内容的，这是惯例，且这一惯例仍将是教材编写体系的主流。[2]文选是一个集篇章技巧、文化知识、人物塑造、主题表现和作者探讨等为一体的聚合物。为提高大学生的文化品位，增进他们的人文修养，大学语文课程可以结合文选教学，充实一些相关人文知识，包括以儒学为核心的国学知识，以文学史、艺术史、文化史为主要内容的历史知识。然而，培育人文精神，让大学生在“精神领域”真正获得进步和发展，大学语文课程目标不能停留在人文知识的增长上，大学生的精神成长应寄希望于他们对当前生活、对自己人生等最切近问题有热切的关注和实质性的思考。

当前，在大学语文课程实施的实际过程中，挖掘文选的人文意蕴，张扬课程整体的人文价值，提升学生个体的文化品格，让大学生获得精神成长，懂得并明确如何做人，是与大学生对于文选主人公生活及其性格命运的关注联系在一起的。

读《长恨歌》，他们关注李隆基。一个大唐君主，而且是创造开元盛世的一代明君，却对一个美人这样倾心和执着；为博得这个女人的欢心甚至将江山社稷、国家安危抛到九霄云外。封建帝王留下的历史教训是那样惨痛，而一往情深的帝妃相思故事又是那样的凄美动人。从李隆基这里，大学生懂得了爱美人更得爱江山的社会责任，懂得了男女情感专一、做人信念坚定的可贵。读《垓下之围》，他们关注的是项羽。这位盖世英雄大有气吞山河的气魄却了无知人善任、运筹帷幄的政治胸怀。从项羽这里，大学生们懂得了如果没有群众的真诚拥护，领袖个人的能耐再大，事业发展得再快，也可能落得满盘皆输的结局。读《菉竹山房》，小说主人公，这位一辈子守活寡、虽生犹死的“二姑姑”当然是他们思考的重点。从“二姑姑”这里，他们能感受一个活生生的女子灵肉分离的痛苦和煎熬，更能理解在旧农村争取灵肉合一、肉的满足也是一种难得的精神自由和解放。

大学语文课程就是这样，让大学生从文选有关“人”的生动描述中，见识人生的痛苦与经验，增长自己的精神和力量，警醒和激励自己在现在和将来的生活中做出富有智慧的判断和抉择。从古代李隆基到现代“二姑姑”，从中国项羽到西方拿破仑，从戏曲杜丽娘到神话西绪福斯，文选人物中蕴含了多少值得探究的人生奥秘！

7.2.2 研读作者主体的身世品格

从大学语文课程的学习来说，大学生理解了李隆基的荒政误国与情感专一，只是完成了文选阅读的第一步。他们需要进一步探究和领悟的是：①半个世纪后的中唐诗人白居易作为一个普通文士（时任今陕西一县尉），对于五十年前的这位先帝为什么能有这种思想认识，能做这种谴责和歌颂？②诗人的这些认识、情感，宣泄和表白的对象是谁，当时的白居易做这些宣泄和表白，有怎样的期待？

深入研讨上述问题，可得如下认识。

第一，“安史之乱”后长大的白居易，虽世宦出生，但颠沛流离的生活激发了他的斗志，使他颇有“挽唐室于既衰，拯生民于水火”的气概。他曾携友倡导指斥时弊的新乐府运动，写作《秦中吟》十首等大量讽喻诗。[3]“是岁江南旱，衢州人食人”“苦宫市也”“伤农夫之困也”。首首如利剑，篇篇关民情，俨然一个为民请命、笔锋犀利的热血诗人。白居易做县尉不久，与陈鸿等道古论今，谈到先帝玄宗，多有批评。于是，“尽日”“缓歌曼舞”，终致“渔阳鼙鼓”，一个“重色不朝、荒政失德”的明皇形象便定格在他的笔下。然而，对以白居易为代表的中唐士人来说，这个被人讥刺、教人感叹的昏君，实在是位旷世明君。他所缔造的开元盛世正是这群士人们日夜怀想、竭力“中兴”的大唐盛世。在百姓讲述和谈论这位大唐君主的各种传说中，他与后来成了蓬莱仙子的“杨家女”一直情丝不断，一直做着“天长地久”的相思梦。因此在白居易笔下，这位因女色而误国的君主又是一位可亲可佩、情真意专的好男儿。

第二，白居易笔下这位君王所经历的痛苦、所怀想的企盼正是作者此时正在煎熬着的折磨和企盼。白居易年少时就痴情于一位“娉婷十五胜人仙”的邻家女。《邻女》《寄湘灵》《冬至夜怀湘灵》等诗抒写着两人十余年的恋情，但就是不能成婚，以致这位县尉 36 岁仍是孑然一身。两个相爱的人只能默默坚守这份感情，把它埋在心底。从“相识”到“相爱”再到“拆散”和“思念”是李、杨爱情悲剧的基本脉络，也是他与邻家女的相恋经过与“绵绵恨事”。趁着同游“仙游寺”的兴致，借着先帝贵妃的凄美传说，作者企图向心爱的湘灵，也向痛苦的自己，向包括家人在内不解其心怀的人们宣泄和表白：他白居易做不了那个叱咤风云的唐明皇，但可以与湘灵一道成为这个“在天愿作比翼鸟，在地愿为连理枝”的李隆基、杨玉环；虽然天各一方，不能相见，但他们“心似金钿”，在情感上共同坚守这种专一和执着。当时的白居易很可能怀有这样一种期待：有了这种宣泄、这种表白，虽然不能奢望能够获得家人和朋友多少理解和同情，但至少自己有可能在一定程度上获得某种精神解脱，甚至有可能在湘灵那里获得进一步的理解和默契；两情若能坚守这种专一和执着，人世间的缺憾也将变得美好、感人和珍贵。

无疑，因为白居易是一个颇有气概的热血诗人，才有他《长恨歌》对先帝的无畏讽刺和挞伐；因为有自己真实、强烈的情感体验，才使得诗人把“李杨”帝妃爱情描写得这样凄美动人。进一步说，白居易在刻画李隆基这一作品人物形象的同时，完成了一个诗人的自我形象，即作为写作主体的白居易的塑造。

同样，《垓下之围》中，司马迁不仅描绘了一位力拔千钧却胸无谋略的悲剧英雄，同时也完成了一个悲剧史学家司马迁形象的再现。作为一代史学家，司马迁创造了为世人景仰的史学奇迹，写出了被后人誉为“绝唱”的史学巨著。然而，只因与英雄项羽一样率真和随性，在汉皇专制面前，他被处以宫刑，人格全无、颜面丢尽；然而，就是这样一些“刑余之人”，成为当时汉王朝为数不多的能坚守人性、敢说真话，绝不像“赤泉侯”那样“兽性大发”的人。可以说，司马迁有着与他笔下英雄一样的得意和快慰，一样的寂寞和痛苦。

可见，掌握了作者的身世经历与个性品格，文选人物的性格判断与命运思考才能达到准确和深刻。

7.2.3　挖掘文选作者的精神引领价值

关注文选人物的性格命运，研读作者主体的身世品格，是促进大学生精神成长的两个主要途径。然而，与文选人物相比，作者主体在大学生精神引领方面还有其特点甚至优势。有关这些优势和特点的研究应当引起高校语文教育界乃至教材编写者的高度关注和重视。

在文选中，作者是一种较文选人物更易亲近、交流，从而分享经验和智慧的现实人物、真实人物。尽管他们一般都是公认的大师级作家，但是，在大学语文文选中作为叙事、抒情或议论的主体，他们都是可以考察和探寻的历史真实生活中的一员，他们的那些文章都是历史长河中的真实言说。这样的言说，展示着历史上一个个真实的大师自我，也让今天的青年大学生能够找到众多心灵相通、精神相契的知己。

正因为如此,《长恨歌》课中研读白居易，不仅能让大学生对作者笔下的帝王形象和帝妃悲剧有更准确、更深入的把握，还会让他们见识到许多做人的经验和智慧。在文选之外，白居易当年在皇都附近仙游寺为后人留下了丰厚的精神遗产：首先，天子脚下，妄议君王，出事绝非影响仕途这么简单，其中利害寻常人也都明白。“重色不朝、荒政误国”，一个普通的青年士子对一代大唐英主做如此尖锐、露骨的讽刺和刻画，这需要怎样的胆识和气魄！其次，“歌妓在唱，皇帝也夸”，一首《长恨歌》传唱千里，轰动朝野，白居易的“妄议”非但没被治罪，在写作《长恨歌》一年后竟升任左拾遗，作为谏官和近臣专门负责给皇帝提意见、挑毛病。一个才入仕途的青年士子“中兴”大唐的雄心与热忱，能得到下层民众以至最高统治者的赞许和欢迎，他对时政、对社会舆论倾向的观察和把握，该有怎样的透彻和敏锐！最后，“两情专一，天长地久”，一个大唐天子，后人并不十分清楚他曾开创过何等辉煌的开元盛世，但他演绎的帝妃相恋故事却在民众百姓的口头传唱了千百年，当年白居易在《长恨歌》的创作中倾注了多少真情实感，融入了多少切身体验！

这些都是文选之外的作者研读所得，然而它在大学生精神成长方面却弥足珍贵。说话做人要有胆识气魄，洞察世事要有慧眼捕捉，写诗作文要有心的真诚、情的真挚！这些文选之外的收获不仅让大学生看到了历史上一个真实的作者，而且还让他们见识了诗人在事实判断、态度取舍中所表现出的可贵人格和非凡本领。

同样，读《垓下之围》，透过项羽这一悲剧英雄形象研读作者，大学生们能够领悟到：一个“刑余之人”，面对武帝的淫威，要为这个四面楚歌、死无全尸的败者书写赞歌甚至翻案，认为他乃推翻暴秦第一人，秦后的江山原本姓项，这需要多大的勇气和力量！是什么支撑着他？背后若没那种“倜傥非常之人”的崇高信念，也就不会让人看到他这种“万戮不悔”的精神和毅力！司马迁在这个败者身上倾注了多少怜惜和热情，展现了怎样不凡的史识和智慧！

这些文选以外的收获，这些项羽形象的创造者写作时所表现出的信念、勇气和智慧，正是当今大学生最值得学习和培育的基本素养和精神品格。从大学课程教育目标来说，“谁也不能确切知道新技术将会怎样影响我们未来的劳动力所要求的技能和知识。因此，我们的结论是：为未来所做的最好准备不是为某一具体职业而进行的狭窄的训练，而是使学生能够适应变化的世界的一种教育”。[4] 从培育大学生的基本素养和精神品格这一重要目标来考察，大学语文课程研制以及教材编撰不应忽视文选作者的课程意义；文选研读应重视作者研读，重视挖掘并凸显文选作者的精神引领价值。

注释：

[1] 杨德广. 加强人文教育　提高人文素质 [J]. 教育研究，1999 (2)：3-5.

[2] 彭书雄，赵丽玲. 近十年中国高校语文教育改革简述 [J]. 北京：中国大学教学，2007 (3)：33-34.

[3] 章培恒，骆玉明. 中国文学史（中）[M]. 上海：复旦大学出版社，1996：165.

[4] 关颖婧，袁军堂. 美国研究型大学本科教学改革及其启示 [J]. 现代教育科学，2005 (6)：50-52.

本节内容发表于 2008 年第 3 期《淮北煤炭师范学院学报（哲学社会科学版）》。原文题目是《大学语文课程的作者研读》，有改动。

第三节　大学语文与大学生高品位读写生活建设

7.3.1　作者探究必将燃起大学生的读写欲望和热情

研读作者、探究作者，让大学生在对作者生活经历的探寻中，深入见识人生的痛苦、经验和智慧，全面提升自身的人格素养，从而真正在“精神”上获得成长，这是大学语文课程目标研究的一个重要收获，[1] 也将成为大学生一种新的课程体验。其实，这种课程体验的获取过程，又是大学生阅读热情的一个激发、强化过程，甚至还是他们写作热望进一步萌发和增强的过程。不再满足于文选的阅读和对他人文字的欣赏，他们要从文选以外广阔的阅读视野中寻找新的答案，他们还要用自己的文字展示自己的阅读收获，与他人分享其成果与快乐。

周作人《故乡的野菜》是大学语文教材常见的主干文选之一。阅读这篇选文，大学生会看到：①那些“被贱视”“可以随时采食”的野菜，在作者笔下并不寻常。它们当中，有的成为“颇有风雅的传说”，有的做成糕点，小孩馋得“半块拿弗出”，有的不仅味道“鲜美”，而且长在田里，“一片锦绣”，景象壮观不已。这样的野菜让他们联想到的不是别的，而是一个草长莺飞、古风浓郁、生机勃勃的故乡，一段天真烂漫、童趣盎然、和美温暖，让人回味无穷的快乐童年时光。②作者叙写的故乡并非这现时远离的江南绍兴，而是他心中念念不忘的孩提时代的浙东老家。是这铭刻在心中的儿时故乡让他魂牵梦绕。在这驻留心间的儿时故乡里，可以享受到那些“有趣味的游戏的工作”，可以品尝到一直没吃到的浙东老家特有的“草饼”风味，还可以想象一群群小孩拿着“紫云英的花球”自由嬉戏的醉人情景。

这些认识和感悟是从文选的文本阅读获得的。但是，进一步的思考和探究就要寻找文选之外的其他文字才能展开。身在异乡思故乡，谁人都能理解；可一个年仅 38 岁、风华正茂、血气方刚的青年学者，对儿时、对童年却有着这样深沉的追念，则不能不引起人们的好奇与关注。探究作者的生活追求与情感经历，研读知堂先生写作此文彼时彼刻的处境与心境，便成为大学生的一种热望与期待。这是文选以外的研读和探究。通过这种研读和探究，他们可能会有以下发现：①作者当时心境苦闷。周氏兄弟打儿时起就相互扶持、相互激励，是战友，亦是知己，风雨同舟，特别是到“五四”时期。可一夜之间形同陌路，两人都很哀痛。分手后两年里，老大写《弟兄》，追念手足情谊；老二作《苦雨》文，称“苦雨翁”，名“苦雨斋”，凄苦、寂寞、惆怅的情怀昭然若揭。②写作聊且求得慰安。《故乡的野菜》写在 1924 年 2 月，兄弟反目绝交后的第一个春节。在这本该兄弟怡怡、一家人其乐融融的日子里，回想过去几十年的往事，作者有几分酸楚，也不乏满足。因为优游、流连于这童年故乡、陶然诗境，可以暂时找到精神慰藉：这里有手足亲情与大家庭的温暖，这里也是独创自我“园地”的力量源泉，这里还可寄托“炎炎之火仍在冷灰底下燃烧”，[2] 虽退却“浮躁”却依然是“五四文坛斗士”的执着与虔诚。

很明显，这些发现是在大学生对作者的生活追求、情感经历以及写作心境、写作动机急欲探究的前提下，在他们对文选以外的诸多材料与文献做认真细致的鉴别与研读的基础上获得的。自然，这样的发现又是令人欣喜的。一旦有了这些发现，他们又会产生一种热望和期待，让更多的人分享自己的收获与快乐。让他人分享可口头传播，但更值得行诸文字。这些文字也会有多种形式，或表现于课程作业，或展示在网络博客，或沉淀于其他不同形式甚至不同时期的写作中。

选文《故乡的野菜》的学习是这样，《长恨歌》《垓下之围》《菉竹山房》的研读也是如此。有关白居易、司马迁、吴组缃等作者的研读过程，其实就是大学生的阅读兴趣、探究热情的培育与强化过程，同时又是他们或口语或文字交流发现、展示收获的欲望和冲动不断巩固和增强的过程。比如,《长恨歌》中大学生都能认识到唐明皇荒政误国与情感专一。但是，半个世纪后的白居易在诗中对于这位先帝为什么又谴责又歌颂而且歌颂多于谴责？从诗歌文本本身难以寻得满意的答案。探寻作者的生活追求特别是其情感经历以及写作这首诗时的处境和心境成为大学生的一种阅读冲动。于是,《长恨歌》以外有关白居易的生平、创作主张以及诗歌作品等书籍文献便进入大学生的阅读视野。其中,《秦中吟》《新乐府》等大量讽喻诗让大学生看到白居易本是一个为民请命、笔锋犀利的热血诗人；而《邻女》《寄湘灵》《冬至夜怀湘灵》等诗抒写着他与邻家女两人十余年的恋情，[3]更让他们明白联想到《长恨歌》“李杨”帝妃间的缠绵相思，正是白学士与其邻家女间的苦痛。[4]五十年前的这位先帝身上不但凝聚着一个青年士子的政治热忱，更融入了他对人世间真挚爱情的执着与颂扬。[5]这样的答案当然并不是每个人都能找到；但是文选之外的作者研读必将让大学生对这位中唐诗人有更多的亲近和理解，必将给文选的阅读带来新的收获，也必将增进大学生的阅读写作欲望和热情。

7.3.2　充满热情的读写必将收获人生的诸多感悟

以探究作者为缘起的文选以外的研读，给大学生带来了进一步读写的激情和热望；这种关涉作者经历、具有探究性质的阅读反过来又使选文阅读的质量得到改善和提高，给大学生带来许多意想不到的关于社会与人生的种种认识和感悟。这些认识和感悟理论上讲无法穷尽，这里从三个层面做一概览：

第一，感悟人生的真谛。尘世人生总是有缺憾的，但这缺憾反而使人激起追求理想和抱负的热情与执着。大学语文课程许多选文都有这方面的描述和讨论。《长恨歌》中的“李杨”帝妃，天上人间无缘再会，但他们都在企盼“七月七日长生殿，夜半无人私语时”；他们都有一个坚定的信念：“在天愿作比翼鸟，在地愿为连理枝”。《故乡的野菜》中的童年故乡，大人小孩热热闹闹的鼓吹，当然是为了上坟、扫墓；但小船篷窗下那不起眼甚至有点寂寞的紫云英和杜鹃花束在摇曳，也在宣示主人是在上坟，祭扫先祖。针锋相对、大伙齐上阵的论辩可能是在反封建，倡导思想解放；谈茶说酒的闲谈文字可能一时并不被人接受，甚至还会造成一些误解，但它与“五四精神”也并不一定相抵牾，兴许是另一种更高层次的反封建、引领精神自由。《蒹葭》中的抒情主人公不曾真正找到那“伊人”；虽然如此，他（或她）的追求却始终不止。或“溯洄从之”，或

“溯游从之”，抒情主人公从未懈怠。尽管缥缈难即，尽管道路曲折，依然上下求索。《春江花月夜》的作者张若虚虽然感叹人在良辰美景前的短暂，“不知江月照何人，但见长江送流水”；但诗人笔下游子与思妇的相思深情却把这一“短暂”定格为“永恒”：“不知乘月几人归，落月摇情满江树”。人既无法选择社会，又不能空想回避矛盾、回避现实。人只能在这真实而又有某种无奈的环境中求生存、谋发展。大学语文课程就是要警醒和告诫人们，环境再无奈，前途再无望，从英雄豪杰到芸芸众生，谁也不曾放弃命运的抗争、理想的追寻。这种有关做人的生活道理不是通过抽象的说教，也不是借助严密的推理，而是从由文选引发而产生的包括作者在内的形象感悟中获得的。

自然，这些读来的感悟若能再形诸文字，不仅可让他人分享，自己也可有更深的认识。

第二，追寻精神成长的母语文化之根。在中华文化和汉语母语中找到自己赖以成长和发展的根，这是一百多年来中国知识分子的共同心声。许多外语极其熟练的学者，其外语基本上也只是在工作场合才用。探寻人生真谛，找到如何做人，做一个有怎样精神境界的人，通常是靠对母语以及母语文化的研读和感悟实现的。汉语母语是一个中国文化人精神成长、发展之根。要说读那些发自内心喜爱的文字，要说自由展示一个更加真实的自我，他们几乎不假思索地选择母语。傅雷，一个翻译过罗曼·罗兰、巴尔扎克和丹纳作品的大翻译家，在十余年与儿子的书信交往中，不用法文，不用外语，所写都是方块汉字。他还特别欣赏儿子虽然在海外生活了上十年，“中文也并未退步”；儿子的“那股热情和正义感”，那种对艺术、对祖国的感情，都洋溢在那些方块汉字的“字里行间”。[6]余光中，一个以“乡愁诗”打动海峡两岸的现代诗人，学的是英语，写的都是中文；专业是英文，灵魂是汉语；白天上课用英文，晚上写诗用中文。他曾明确地说过“我对中国汉字和中国文化有着深厚的感情”。梁实秋，一个著有百万言《英国文学史》的大学者，一个用四十年翻译《莎士比亚全集》的大翻译家，留下的最有影响的文字还是他用汉语写作的四集《雅舍小品》[7]。

当然，大学语文课程有一些外语作品。虽然在理论上说，汉语母语不能穷尽原作的一切，但即使是这些外语作品，也可以通过汉语母语在相当程度上把握原著和原作者的思想与情感。

第三，让精神成长于读写中。人一生中，大学时代是生命最具活力的一个重要时期，也是自我意识最为强烈的一个黄金时代。在大学时代如何展示自我？可以说有不下 100 种好途径；但其中最简便、最普通，因而也是最为奏效的办法之一应当是读写。读好那些与自己精神成长息息相关的书籍，写下那些自己在精神方面的成长经历，在读写中展示自己，在读写中成长自己。不错，在大学里，几乎每一门课程都重视学生的读与写。但一般说来，大学语文课程所引发的读与写跟人生真谛的探寻、精神领域的成长联系最紧。其他课程即便是那些以探讨人生观、世界观为内容的哲学课程，也是作为一种学术来客观研究；因而跟自己做什么人、走什么路一般不发生直接关联。这正如一个马克思主义理论的研究专家并不一定就是一个马克思主义者。大学语文课程里的读与写之所以有其独特育人价值就在于它直接反映和影响这个人的精神世界。一个研读爱因斯坦《我的世界观》的大学生，如果他（或她）对作者有关当时世界的种种认识和态度无动于衷，即便他对爱因斯坦在人类历史上的成就和贡献再怎么熟悉，也不能说他（或她）读好了这篇文选。相反，一个在写他（或她）的《我的世界观》文章的大学生，如果能像爱因斯坦这样毫无保留地袒露自己对这个世界的认识和态度，那他（或她）这篇文章的写作对其精神领域的成长无疑会产生这样或那样的促进作用的。这就是说，大学语文课程里的读与写伴随大学生的精神成长；要想让大学生在精神上真正“成人”，应当将大学语文作为一个关于人生道路的精神磨炼课、精神成长课。

7.3.3 改造大学语文课程内容，创建和享受高品位读写生活

精神成长让大学生在大学语文课中享受到一种高品位读写生活。高品位读写生活的基本特征可粗略概括为：①这是一种充满热情的文选和文选以外的研读活动，常常伴随着作者生活与情感经历的探寻，收获众多，其最终指向是期待自己的阅读收获能写出来让他人分享；②这众多收获突出表现为关于社会与人生的种种认识和感悟；③有关社会与人生的种种认识和感悟最终凝结为大学生精神成长，大学生精神成长是高品位读写活动的终极目标。

大学语文课程要想实现自己的课程价值，让大学生迅速精神成人，就应当积极创建并让他们真正享受这种高品位读写生活。然而，由于课程目标不甚明确，目前大学语文课程在其内容研制方面存在不少问题。第一，与中学课程区隔不清，疑似语文“补课”。第二，与“作品导读”或“文学史”课程混为一谈，疑似“专业课程”。这些问题严重阻碍了大学语文课程建设的发展。因为一个来到大学校园的年轻人憧憬的是崭新的大学新生活，他们很难领受“补课”论者的好意，那种“高四语文”给他们带来的恐怕只有沮丧。而“作品

导读”式或“文学史”式的大学语文课程更是中文专业教师们的一厢情愿；似乎给非中文专业学生一个错觉，文学虽本不是他们的专业，但却一定是每一个大学生的共同爱好。面对这种硬塞或者说强加的“爱好”，他们只有“苦恼人的笑”。

什么样的课程内容才能赢得大学生们的欢迎？笔者提出以下原则：①基于文选。没有文选或很少文选的课程很难说具备大学语文的品格。②文选及其作者的选择标准，就是看其能在多大程度上促进现代大学生的精神成长。或者说，大学语文课程在大学生的阅读热点和重点方面要能起到引导作用。③文选助读系统等方面的组织要能凸显课程的人文意蕴与精神引领价值。因此有关作者的研究材料不仅篇幅要大，而且要能侧重其人文精神方面。

这里主要就周作人《故乡的野菜》一课的课程内容研制提出建议，并尝试为大学语文教材编写展示一个样例。

以单元形式来组合教材是世界语文教材编撰的主流。为教学方便起见，大学语文教材建议设计 16 个单元。从大学生的精神成长出发，每个单元以一个人文话题为标题。单元以文选为主，以 3 ~ 5 篇文选为宜，也可安排若干个探究性专题。每篇课文助读、作业系统大致配备“作者简介”“资料研读”与“问题探讨”三项内容。其中“作者简介”不可仅限于作者的文学成就，而应该着眼于一个知名的文化人士，他（或她）有哪些追求、哪些成就。“资料研读”应当将学术界侧重这篇文选的作者最新研究成果展示出来。“问题探讨”则应从文选出发，提出若干具有探究价值的问题让大学生或个人或小组展开研讨。

周作人《故乡的野菜》可安排在“我的信仰”或“社会人生”等单元内，而不宜处置为“乡思亲情”，否则会贬低这篇文选的精神引领价值。

其“作者简介”应将周作人作为一个现代史上的文化名人来介绍：

周作人（1885—1967），鲁迅二弟，出生于浙江绍兴一个没落官僚家庭。1911 年日本留学回国，曾任浙江省督学，1917 年任北京大学文科教授；曾在《新青年》发表《人的文学》等文章，1923 年至 1927 年出版《自己的园地》《雨天的书》《苦茶随笔》《泽泻集》等散文集，是“五四”前后中国学界和文坛的知名人士。

“资料研读”至少应囊括这样 5 项内容：

（1）写作的时间地点。

《故乡的野菜》写于 1924 年 2 月春节时候的北京。

（2）文选发表前，周作人的求学、工作与生活经历，特别是与其兄鲁迅的关系。

1901 年，周作人紧跟鲁迅赴南京入江南水师学堂学习海军技术，1906 年毕业又考取官费留学与其兄一道留学日本。其间，兄弟共同翻译《域外小说集》，后又一道回家乡从事教育；之后又都来到北京，并将母亲和家人接到京城八道湾住在一起，一直到 1923 年夏。

一天，鲁迅收到一封信：“鲁迅先生：我昨日才知道，——但过去的事不必再说了。我不是基督徒，却幸而尚能担受得起，也不想责难，——大家都是在可怜的人间，我以前的蔷薇的梦原来是虚幻，现在所见的或者才是真的人生。我想订正我的思想，重新入新的生活。以后请不要再到后边的院子来，没有别的话。愿你安心自重。7 月 18 日。”从此以后，一个院子的两个文化兄弟，只在报上相见了。

（3）文选发表前后，周氏兄弟的创作情况。

鲁迅作《弟兄》以悼兄弟之殇，从此“荷戟独彷徨”。

周作人给八道湾 11 号取名“苦雨斋”。1924 年 7 月 17 日，作《苦雨》文。后出版文集书名多用“苦”字开头，如《苦竹杂记》《苦口甘口》《苦雨斋序跋文》《苦茶庵笑话选》。《泽泻集》中的“泽泻”为多年生草本植物，叶子呈椭圆形，开白色小花，生沼泽中，根入药，味苦。

（4）文选发表前后，周作人社交生活和思想状况研究成果。

1923 年 7 月 17 日，周作人在《晨报・副镌》上发表《有岛武郎》，纪念本月自缢而死的日本白桦派作家有岛武郎，文中援引他的《四件事》表达了自己孤独绝望的无助之情：第一，我因为寂寞，所以创作。第二，我因为欲爱，所以创作。第三，我因为欲得爱，所以创作。第四，我又因为欲鞭策自己的生活，所以创作。

（5）学术界有关文选的研究成果。

“作者所关注的并不是对乡土的眷恋，在文中所努力酿造的是片刻的优游之境，陶然之境，梦似的诗境，求得精神上慰安。”[8]

《雨天的书》实际收文 57 篇。所收篇什包括闲适文章，如《北京的茶食》《鸟声》《故乡的野菜》等。《雨天的书》所收的文章或多或少都打上了兄弟失和的影子。

“问题探讨”可设计以下两个问题：

（1）《故乡的野菜》的结尾两幅浙东清明图“鼓吹上坟图”与“野花扫墓

图”是明显的对比，怎样理解？隐含着什么？试结合周作人写作时的心境展开讨论。

（2）《故乡的野菜》就是一篇“思乡怀旧”之作，这样解读可以吗？为什么？

注释：

[1] 汪禄应. 大学语文课程的作者研读 [J]. 淮北：淮北煤炭师范学院学报，2008（3）：177–179.

[2] 钱理群. 曹聚仁与周作人 [J]. 曹聚仁研究（试刊），1999（4）.

[3] 王用中. 白居易初恋悲剧与《长恨歌》的创作 [J]. 西北大学学报（哲学社会科学版），1997（2）.

[4] 张中宇.《长恨歌》主题研究综论 [J]. 文学遗产，2005（3）：144–149.

[5] 马萌. 游戏与自伤的复合——论《长恨歌》的创作心理和主题 [J]. 名作欣赏，2007（4）.

[6] 傅敏. 傅雷家书 [M]. 上海：生活·读书·新知三联书店，1984：258.

[7] 徐中玉. 大学语文 [M]. 北京：高等教育出版社，2007：122.

[8] 俞元桂. 中国现代散文十六家综论 [M]. 上海：华东师范大学出版社，1989：68.

本节内容发表于 2008 年第 2 期《文学教育》。原文题目是《大学语文与高品位读写生活》，有改动。

第四节　大学语文与工科大学人文通识教育

一个人的卓越平庸要看他的创新品格。工程师是卓越还是平庸，并不在于专业知识的丰富，也不在于解决问题能力的大小，甚至不在于一般意义上的所谓综合素质的高低。学生的技术创新意识、人的社会使命感与工程师的审美理想是当前工程教育的软肋，工程师的培养期待专业教育与通识教育的通力合作。通识教育，本质和目的就是人文教育。[1]一般来讲，从我国高等教育的发展历史和现状来看，大学语文等是比较有代表性的人文通识教育，特别是在比例相当高的工科院校尤其这样。所以，本节试图从胡适哲学思想出发，谈谈包括大学语文课程在内的人文通识教育对大学工程教育的意义。

7.4.1　历史的眼光：跟踪世界的前沿技术

工程师的事业本质就是现代化事业。作为中国现代化大幕的开启者，胡适对治学等方方面面的问题都曾提出过自己的哲学主张。[2] 1914年年初，还在美国求学期间，他就倡导用“历史的眼光”来看待世界，看待万事万物。他说，“今日吾国之急需，不在新奇之学说，高深之哲理，而在所以求学论事观物经国之术。以吾所见言之，有三术焉，皆起死之神丹也：一曰归纳的理论；二曰历史的眼光；三曰进化的观念”。[3]其实，所谓“三术”，实为“一术”，即历史的眼光、历史的理论、历史的观念。因为首先，“归纳”是历史现象的归纳，其次，“进化”更是历史意义上的进化。培养并树立历史的观念、历史的态度、历史的眼光，可以说，是所谓神丹“三术”的精髓，也是胡适一生最重要的哲学思想。正是这种世界总在一天天进步的进化历史观让胡适完成了以“道德递衰”为标志的中国传统哲学的现代转换以及整个现代学术规范的建立。[4]

因此，本文认为，历史的观念、态度、眼光和方法是工程师走向卓越首先应当具备的心理特质和精神素养。唯有从历史的角度看问题，唯有在历史的坐标中找到技术发展的轨迹、技术发展在各国各地区的差距，工程师们才能真正发现自己手头技术的不凡，才能感受到自己工作的伟大，才能从这些发现和感受中找到自己创造的激情乃至灵感。1952年，胡适63岁，曾就工程师的培养在台南工学院发表演讲。他从柏格森（Henri Bergson）“人是制器的动物”这一“人的定义”出发，与大学师生一起探讨了工程师在人类进步史上的贡献。在胡适看来，人类的进步就是制器的进步。换言之，是制器技术的进步引领了整个人类社会的进步。胡适明确指出：“从发明火以后，石器时代，铜器时代，铁器时代，电力时代，原子能时代；这些文化的阶段，都是依工程师所创造划分的。”[5]从这个意义上说，正是工程师们的技术创新推动世界进步的。胡适甚至据此认为，东西方的文化差别都基于器具的差别、器具制造技术的差别、器具制造工程师队伍的差别。他说，“东西文化之区别，就在于所用的器具不同。”他指出：“近二百年来西方之进步远胜于东方，其原因就是西方能发明新的工具，增加工作的能力，以战胜自然。至于东方虽然在古代发明了一些东西，然而没有继续努力，以故仍在落后的手工业时代，而西方老早就利用机械与电气了。”胡适还由此做出推论：“东方文明是建筑在人力上面的，而西方文明是建筑在机械力上面的。”[6]也就是说，在胡适时代，中国的器具、中国的技术、中国的工程师，在很大程度上仍然停留在西方几百年前，即工业革命前的水平上。所以，这个时候的中国工程师只会在人力上大做文章，而不可能有机械力方面的发明，更别说电气方面的任何创造了。毫无疑义，任何器具的制造，任何技术的发明创造，工程师们任何创意灵感的产生，都是历史的产物，都是特定历史情境下出现的奇迹。比如，中国古代有所谓的“制器尚象”，[7]西方现代也有类似的仿生学。但这“制”、这“仿”都是特定历史情境下的行为。设若瓦特（James Watt）生活在中世纪，他不会见水壶盖被掀动就有“这是蒸汽的力量”的联想和探究。同样，美国发明家莫尔斯（Samuel Morse）要是生活在中世纪，他也不大可能有那种冲动去“发明”什么电报机。工程师应当具备的所谓问题意识、技术创新意识，都是在技术发展的既定历史链条中形成的。

所以，笔者主张，工科大学的人文通识教育必须重视侧重“技术史”或者“科技史”的“历史教育”，重视从历史进化的高度来考察技术理论、技术方法、技术工艺的演进过程。具体来说，建筑工程师要学习《中国建筑史》与《西方建筑史》，机械工程师要有对《机械发展史》或《机电发展史》的研习，航天工程师要对《航天发展史》有比较深入、比较详细的探究，即便是软件工程师也应该有对《计算机软件发展简史》的深入了解。

可是，据了解，中国大学很少开设这类课程。[8]甚至图书市场中很少见到这方面的教材，至于学术意味较强的专著更是难以寻觅。从目前市场的调查来看，市面上科技史方面的图书呈现出以下三方面的特点：一是成书时间较早。比如，系统地评介中国建筑发展详情的专著《中国建筑史》似乎只有梁思成所著的一种，写作时间是在1944年；《中国机械发展史》只有郭可谦、陆敬严编的一个小册子，出版时间是在1985年。二是多为中文译著。比如，《西方建筑史：从远古到后现代》一书是两个美国人的合著，2011年由清华大学王贵祥教授翻译过来。《世界机械发展史》是由日本学者写的，1986年机械工业出版社出版了它的中文译本。三是专著与教材都空缺。比如，像《机电一体化发展史》《航天发展史》这样的著作几乎找不到。还有一个急需解决的现实问题，那就是当我们认识到这些课程知识的重要性，并启动这些课程的教学之后，如何让学生将这些知识学起来。也就是说，开设这类课程是以掌握这些技术史知识为根本目的呢，还是以这些知识作为抓手引入技术进步的主题，从而让学生树立起技术的历史意识和进化观念？如果是前者，那么就是纯学术研究了，这并不是应用型的工程师们所需要的；如果是后者，强调建立学生的技术进化观，则有可能激发他们的问题意识，他们的技术创新热情。所以，通过技术史、科技史的学习，让学生养成一种历史的眼光，一种用历史进化的眼光考察技术的习惯，这才是工科教育的人文通识教育所需要的学习方式，才是“还原”了通识教育的“本真”。因为通识教育与专业教育的区别，主要不是科目，而在于方法和态度。[9]

更为重要的是，有了这种历史的观念、历史的眼光，也就会有跟踪当代前沿科技的自觉性和主动性；因为所谓前沿技术，就是即将被改写的技术史或者科技史。《关于国家创新型工程科技人才培养的研究》是 2007 年潘云鹤教授主持启动的一个由 170 位院士和 268 位专家参加的中国工程院重大咨询项目。[10] 2010 年 6 月，在这个项目的研究报告中，潘教授特别强调工程科技人才的培训工作。在他所谈的四项培训内容中，“前沿科技”被列为第一项。[11] 其实，前沿技术也应成为大学工科教育中专业教育课程以外的重要内容。比如，生物技术、信息技术、新材料技术、先进制造技术、先进能源技术、海洋技术、激光技术等都应是相关专业学生的必修内容。但是，这些内容的学习，主要意义仍在于让学生在对前沿技术的跟踪中形成特定技术的历史链条，在于在这个历史链条中激发未来工程师们的问题意识与技术创新意识。

7.4.2　不朽的宗教：把握技术的人生意义

胡适的历史进化观是与其人生观、人生哲学紧密关联在一起的。1919 年 2 月 15 日，胡适在《新青年》发表了《不朽——我的宗教》一文。他认为，人是可以“不朽”的，但“不朽”不是因为灵魂不灭，也不是只有那些“极少数有道德，有功业，有著述的人”才能做到；“一切都可不朽”，那“无量平常人”也“有不朽的希望”。他说：

> 冠绝古今的道德功业固可以不朽，那极平常的“庸言庸行”，油盐柴米的琐屑，愚夫愚妇的细事，一言一笑的微细，也都永远不朽。那发现美洲的哥伦布固可以不朽，那些和他同行的水手，火头，造船的工人，造罗盘器械的工人，供给他粮食衣服银钱的人，他所读的书的著作家，生他的父母，生他父母的父母祖宗，以及生育训练那些工人商人的父母祖宗，以及他以前和同时的社会……都永远不朽。社会是有机的组织，那英雄伟人可以不朽，那挑水的，烧饭的，甚至于浴堂里替你擦背的；甚至于每天替你家掏粪倒马桶的，也都永远不朽。[12]

因为“社会”是不朽的，一个个“小我”流淌而成的“大我”是不朽的，所以，作为“平常人”的“小我”一旦融入作为“大我”的“社会”中，那这个个体“小我”也就不朽了。对此，胡适曾动情地描述道：“这种种过去的‘小我’，和种种现在的‘小我’，和种种将来无穷的‘小我’，一代传一代，一点加一滴；一线相传，连绵不断；一水奔流，滔滔不绝——这便是一个‘大我’。‘小我’是会消灭的，‘大我’是永远不灭的。”这就是胡适所信守的所谓“宗教”，或者说人生哲学。他曾这样说道：“我须要时时想着，我应该如何努力利用现在的‘小我’，方才可以不辜负了‘大我’的无穷过去？方才不贻害‘大我’的无穷未来？”他一生对白话革新的执着，对自由人格的执着，对现代文明的执着，都是在努力践行自己的这种人生信念，努力把“小我”融入“大我”之中的。正是在这种人生信念的践行与坚守中，胡适赢得了自己的不朽。1918年，毛泽东、蔡和森、何叔衡等青年在湖南创立新民学会，并响应蔡元培、吴玉章的号召积极组织学会成员赴法国勤工俭学。临行时毛泽东竟然决定不出国了，原来是受胡适《非留学篇》以及《问题与主义》中“多研究些问题，少谈些‘主义’”思想的影响，决心留在国内潜心研究中国的现实问题。[13]今天的中国人，在享受着白话的便利，自由的空气，还有其他种种现代文明，这也正是胡适作为白话革新领袖的不朽、自由主义斗士的不朽、现代化大幕开启者的不朽。

笔者认为，工程师的培养特别需要有这种“大我”的“信仰教育”，坚信每一个“小我”都会不朽，不朽于滔滔不息的“市场”中，不朽于不停运转着的“社会”中。工程师的器具制造、技术创新，虽然很多时候来自游戏，起源于只是为了个人想玩的玩具制作，但最终都会落实到市场，落实到社会应用，落实到对于“大我”的影响上。将自己“小我”的技术融入社会、融入市场竞争、融入“大我”的进步阶梯中，这才是工程师真正的荣耀、真正的卓越。美国科技巨星乔布斯（Steve Jobs）的成功最能说明这个道理。苹果创业时代的乔布斯只是一个专心于技术的年轻人。然而就是这样一个“技术迷”却被他的创业伙伴踢出了苹果。[14]创业十年，刚过三十岁，拥有4000名员工，价值达到20亿美元的苹果公司首席执行官（CEO）为什么遭此厄运？一句话，乔布斯心中只有技术，没有市场，没有社会，没有那个“大我”。市场的观念、社会的观念、“大我”的观念在这个孜孜矻矻地把玩技术的“小我”乔布斯的心中实在没有多少分量。[15]痛定思痛，乔布斯开始了二次创业，创立了NeXT电脑公司，针对高校市场，专为大学生和学者老师们开发高性能计算机。乔布斯学乖了，市场意识、社会意识、“大我”意识都有了，同时技术创新仍在继续。后来该公司研发出的技术便成为推动苹果公司复兴事业的核心动力。没有乔布斯的苹果公司捉襟见肘，收购了奈克斯特公司，也迎来了乔布斯。当苹果公司再将他推为自己的“统帅”——首席执行官时，乔布斯便成为与爱迪生（Thomas Edison）、比尔·盖茨（Bill Gates）同一等量级的美国工程师了。1998 年的苹果计算机（iMac）、2001 年的苹果随身听（iPod）和 2007 年的苹果手机（iPhone），这“三部曲”让苹果走向“神坛”，也让这位里德学院的“退学生”成为世界所有工程师的偶像，因为全世界乔布斯时代以及以后无数的人们都在享受他的那些技术创造。乔布斯之所以能够缔造苹果的辉煌，是因为这时的他终于明白，一个工程师，“活着，就是为了改变世界”。

差不多所有杰出的工程师都会经历这样一个人性的修炼过程。越是卓越，越是成功，越有可能饱尝这种人性修炼的煎熬与欣喜。可以说，人类科技史上每一个成功的创新案例都是人性修炼的典范案例。因为人生没有“市场”的观念，没有“社会”的信仰，没有那种“大我”的境界，必然走向平庸甚至失败，而以器具制造影响世界的工程师尤其如此。这也是胡适，一个哲学家，六十多岁时，还要跑到工学院去讲“工程师的人生观”的深刻原因。

所以，笔者主张工科大学的人文通识教育要重视“创新案例”的教学。“创新案例”本是潘云鹤教授强调的工程科技人才培训的另一项重要内容。[16]但二者有目的、内容与倾向上的差异。如果说，在职培训重在强调技术及其方法本身的学习意义，那么学校教育则应当更多地关注技术、方法背后人生境界的转变价值。因为是技术的学习、方法的学习，所以在职培训强调要从“当代”前沿科技的创新中去发掘这些案例，学到“最新”的技术与方法；因为是技术、方法背后人生观、价值观的学习，所以学校教育强调备选案例的典范性、生动性与人生教育价值。走进案例主人公的心里，让未来工程师从这些成功人士的身上悟得“人生信仰”，进而把握技术的人生意义，才是人文通识教育的本真。

现代教育一个最值得关注的现象就是出现了“专业教育”，即传统教育分化出了“通识教育”与“专业教育”两种教育形态。[17]无疑，这是教育的进步，也是工程师得以在中国大学培养出来的重要原因。然而，作为现代文明的后发追赶型国家，中国一直行进在反复探索的曲折道路上。[18]因而，其工程教育也一直没能摆正“通识教育”与“专业教育”的关系。一个突出的问题就是，专业教育“过实”，只见技术不见人；通识教育“过虚”，花拳绣腿却形同虚设。最终造成这样一种尴尬局面：学机械的不愿进车间，学煤炭的不想下矿井，学地质的不肯爬深山，学建筑的担心去工地。他们当中不少人动手能力差，环境适应能力弱，技术创造的热情与动力不够。无疑，问题的症结在于教育的本质模糊了，通识与专识的关系没能把握好。早在1915年，蔡元培就明确指出："教育者，养成人格之事业也。使仅仅为灌注知识、练习技能之作用，而不贯之以理想，则是机械之教育，非所以施于人类也。"[19] 1941年，梅贻琦对通识教育与专识教育的阐释更是力透纸背："通识，一般生活之准备也；专识，特种事业之准备也。通识之用，不止润身而已，亦所以自通于人也。信如此论，则通识为本，而专识为末。社会所需要者，通才为大，而专家次之。"[20]所以，从今天的工程师培养状况来看，必须重视作为教育"根本"的通识课程教学，尤其是必须重视通识课程"创新案例"的教学。因为对于工科大学生来说，从技术创新的案例中体会人生信仰、体会技术的人生意义、体会工程师身上的那份责任和使命，往往能收到事半功倍的效果。

> "活着就是为了改变世界，难道还有其他原因吗？你是否知道在你的生命中，有什么使命是一定要达成的？我们生来就随身带着一件东西，这件东西指示着我们的渴望、兴趣、热情以及好奇心，这就是使命。你不需要任何权威来评断你的使命，没有任何老板、老师、父母以及任何权威可以帮你来决定。你需要靠你自己来寻找这个独特的使命。"[21]

这是乔布斯的肺腑之言。不难看出，正是这种神圣的从自己生命中生长出来的职业责任感与社会使命感造就了乔布斯这样的科技巨星与工程师楷模，也正是他那一系列创新实践所开发出的技术以及凝结在这些技术上的"改变世界"的志气、品格、毅力等人文精神让这位美国的非婚生男孩赢得了自己的不朽。

7.4.3 平民的经验：提升产品的美学趣味

胡适是不朽的，他最不朽的功绩恐怕要数他将白话以及白话所蕴含的美学趣味真正化为现代化目标中全民族的共同追求。[22]胡适曾说，"美"不外乎"两个分子"："第一是明白清楚；第二是明白清楚之至，故有逼人而来的影象。除了这两个分子之外，还有什么孤立的'美'吗？没有了。"[23]比较文言，白话的美学取向就是这里所强调的“明白清楚”。可以说，明白清楚是胡适建构的审美理想的核心元素。明白清楚成为胡适审美理想的核心元素是与胡适哲学思想所强调的平民“经验”联系在一起的。胡适曾经指出：

> 从前哲学的大病就是将知识思想当作是一种上等人的美术鉴赏力，与人生行为毫无关系；所以从前的哲学钻来钻去总跳不出“本体”“现象”“主观”“外物”等等不成问题的争论。现在我们受了生物学的教训，就该承认经验就是生活，生活就是人与环境的交互作用，就是思想的作用指挥一切能力，利用环境，征服他，约束他，支配他，使生活的外域永远增加，使生活的能力格外自由，使生活的意味格外浓厚。[24]

然而，能够完成这一过程，享受这种“经验”、这种“生活”的主体“决不是笼着手太太平平的坐享环境”的“贵族”，而是为维持生命的存续必须努力应付周遭环境的那些“实践者”。他们是街市和乡村的男人和女人，是引车卖浆的小商小贩，是走街串巷的游医艺人等“小百姓”。胡适在美学上的最大贡献就在于他以白话革新、白话审美实践为基础促成了中国美学由传统贵族化审美向以“明白清楚”等为特征的平民化审美转变。

技术创造往往就是美的创造、艺术的创造。科学与艺术本来就是一家。欧洲文艺复兴时期最杰出的代表达·芬奇直到今天人们还是分不清他究竟是一位科学家还是一位艺术家。[25]乔布斯的成功也在于他在苹果产品的创制中真正做到了科技与艺术的完美结合，奠定苹果美学基础的就是他的极简主义思想原则。所以，笔者认为，工程师的卓越在于拥有自己的审美理想甚至美学思想；而胡适所倡导的来自平民经验的审美理想、审美内容与审美取向是与现代文明相一致的，其“明白清楚”所代表的简约、直捷等美学风范正是现代生活所崇尚的。

然而，在现代文明的后发追赶型国家中，大学教育一直被工具主义所垄断。[26]“艺术教育”“审美实践”离学生的生活很远。直到今天，课程建设不力、师资条件匮乏、制度保障缺失等难题依然困扰着众多大学特别是理工科大学公共艺术教育课程教学的实施。据调查，“艺术素养处于低等水平的大学生人群主要集中于男生、理工科学生”。[27]所有这一切，其实都可归结为一个观念问题，那就是审美实践、美学理想对一个工科学生的成长究竟有何意义？有两个很有代表性的答案：一个是中国大学的回答，一个是美国大学的回答。前者主张“陶冶情操”，后者强调“智力开发”。[28]因为它只是陶冶陶冶情操，舒展舒展筋骨，对学生的成长、特别是就业没有多少显性效果，所以中国大学即使开设了这类课程，后来也都纷纷将它们视为“鸡肋”和“搭头”。因为它关涉到智力的开发、创造力和自我表现能力的发展，美国大学一直将艺术教育作为人文通识教育的重要组成。“麻省理工学院以培养自然科学家及工程师而享誉世界，但它却为学生提供了大量艺术类选修课，仅音乐类课程就达35门。”[29]在里德（Reed）大学学了半年就退学的乔布斯就曾深情地回忆过自己旁听书法课程的经历。他说，“里德大学在那时提供也许是全美最好的美术字课程。在这个大学里面的每个海报，每个抽屉的标签上面全都是漂亮的美术字。因为我退学了，不必去上正规的课程，所以我决定去参加这个课程，去学学怎样写出漂亮的美术字。我学到了无衬线字体（sans serif）和衬线字体（serif），我学会了怎么样在不同的字母组合之中改变空白间距，还有怎么样才能做出最棒的印刷式样。那种美好、历史感和艺术精妙，是科学永远不能捕捉到的，我发现那实在是太迷人了”。[30]不难想见，这种艺术学习、这种审美实践曾是那样让他心醉神迷。若干年之后，这些艺术经验便焕发出他无尽的创造热情与灵感。在设计第一款麦金塔计算机（Macintosh）时，乔布斯就曾让它的版式成为让业界感叹的奇迹。在设计后续的苹果系列产品时，他发现世界上最令人惊叹的艺术都符合极简主义理念。所以，无论是苹果手机还是苹果随身听，都只有一个起始键（HOME），而且它们的功能一个3岁的小孩都能弄懂。据称，“在浩瀚的产品世界里，苹果是绝无仅有的不需要说明书的产品”。[31]因为技术的灵魂就是高效，就是能够让大众充分感受到它的简便，所以极简主义思想成为乔布斯的一个美学原则，这一原则不仅是苹果产品美学特征的标识，也包含了它技术上的功能定位。

所以，笔者主张，艺术课程的学习、审美经验的把握与美学趣味的形成是一个工程师走向卓越的必由之路。有关艺术教育，不少人看重的是学生整体艺术素养的高低。当然，艺术知识与艺术表达能力等艺术素养成为优秀大学生的一个重要考核指标，一些艺术课程人气旺、倍受追捧，学生就是看好它们的娱乐功能，这些都无可厚非。但是，笔者认为，艺术教育的本质是人文通识教育，它最重要的意义在于让学生发现美、感受美，在审美实践中形成自己的美学理想。这是艺术教育作为通识教育的根本。

抓住这个根本，别的什么都好处理。比如艺术教育的形式，可以根据校情做非常灵活的安排。举凡文学欣赏、影视鉴赏、话剧表演、动漫以及数字视频（DV）作品的制作等学生喜闻乐见的形式都是可以认定的课程类型。1996年起，中国大学开设了音乐、美术、影视三个艺术门类的鉴赏课和《大学美育》等四个方面的艺术课程。进入21世纪，公共艺术教育属于限定性选修课，占两个学分，开设30多个课时，普及到非艺术类专业的每一名学生。近年来，有学者主张，改进艺术教育，一要将艺术作为一种文化而非技能来讲授，二要重视学生参与艺术的创作和表达，三要回应学生所遇到的艺术困惑，帮助他们确立自己的审美趣味和审美取向。因此，可以开设艺术史等艺术理论课程，可以创设各种艺术实践活动，提高他们的艺术创作或表演能力，同时可以设置一些反映当前世界艺术的发展趋势、关注新近出现的大众审美文化现象（如当今的各种选秀活动）的课程。从这简单的艺术教育发展历程的梳理中，可以清楚地看出中国大学艺术教育进步的脚印。显然，艺术教育仍处在起步阶段，离学生对艺术和审美的自然本性的渴求还比较远，离工程师培养所必需的审美教育、审美实践更远。这是因为进入艺术审美的情境中，学生更多地随着自己的自然本性去欣赏艺术、创作艺术，很少或者根本不会去想这些艺术、这些美与专业的关联、与技术的关联。也许，作为教育者应该为学生做这样或那样的提醒，提醒他们这些艺术与专业、与技术可能会有哪些关联。如果真能这样做的话，那么，我们的艺术教育就有可能摆脱“鸡肋”和“搭头”的命运，而成为真正意义上的人文通识教育课程了。

7.4.4 结语

工程师的培养需要专业教育，更需要人文通识教育合作形成“组合拳”。没有专业教育当然没有工程师的培养，但人文通识教育的水平和质量直接关系着整个工程教育的水平和质量，决定着未来工程师究竟是走向卓越还是走向平庸。工程师的成长对人文通识教育的需求当然不只限于以上这些内容，但笔者认为，胡适哲学思想所强调的历史教育、信仰教育与艺术教育却是最重要的三大板块，因为它们为强化工程教育三个薄弱环节，即学生的技术创新意识、人的社会使命感与工程师的审美理想提供了相应的平台。胡适作为一个历史人物，当然有自己的历史局限甚至性格缺陷，今天不少学者也仍在批评他的那些偏激言语和主张，但是从胡适的哲学思想出发考察人文通识教育，给人的感觉不仅深刻，而且透彻。可以说，百年前胡适“但开风气不为师”的启蒙领航风范，让这位

“美国制造”的中国知识领袖在中国现代化的几乎每一个领域都留下了他不朽的足迹。胡适对科学的崇尚、对技术的敬畏、对中国卓越工程师的期待更是给工科大学人文通识教育以很深的哲学上的启示甚至很多具体的教导。遗憾的是，时下通识教育在中国不少大学成了供选修的“眼界课程”或“娱乐课程”，学生觉得很“水”。也有大学将此直接作为“专业补充课”或“专业导论课”，很多工科大学的学生硬着头皮学起了管理和法律。看到此种情形，每一个期待中国工程师要迈向卓越的人都有痛心之感。

为追寻现代化，中国通过“西洋移植”的办法引进了现代大学教育制度。中国文化强调“火锅式”的融合、一体，对于这种“移植而来”的教育制度以及这种制度下源于西方文化的“通识教育”与“专业教育”的“拼盘结构”与“主体间性”，今天的中国确实需要重新加以审视。一方面，试图在专业教育的框架内去实现旨在人的教育的通识教育，通识教育必成“鸡肋”与“搭头”，学生作为人的自主性、创造性只好“望天收”；另一方面，在通识教育的架构中去实施专业教育，又必然降低专业教育的水准，尖端技术的掌握与创新必成泡影。必须打破通识教育的所谓“融合观”“一体观”，建立与专业教育相独立的强大的“通识教育体系”，让人的教育与技术教育、通识教育与专业教育各自发挥自己的“主体性”，二者形成合力，共同完成工程师的培养。也就是说，工程师的培养必须是专业教育与通识教育的通力合作。就人文通识教育来说，需要把着力点放在强化学生技术进步的历史感、技术人才的使命感和技术创新所必需的美学理想三个方面。要让学生确实感知到，跟踪世界的前沿技术、把握技术的人生意义、提升产品创制的美学趣味是工程师走向卓越的重要努力方向。至于人文通识教育的课程实施形式，可认定以下四个类型：一是公共选修。又可分为“课堂选修课”与“网络公开课”两种。二是学术论坛。也可分为“校内讲座”与“校外论坛”两种。三是创新实践。可分为“社团项目”“课题申报”与“校外项目”三种。四是竞技比赛。可分为影像作品、文字作品等。在内容与形式的关联上，可粗略划定这样一种匹配关系：历史教育适合选用公共选修形式，信仰教育可多选用学术论坛形式，艺术教育应强调学生主动参与各种类型的创新实践和竞技比赛。

注释：

[1] 甘阳．大学人文教育的理念、目标与模式［J］．北京大学教育评论，2006（3）：24-27.

[2] 胡琴娥，夏淑娟. 胡适实验主义治学方法的运用 [J]. 安徽大学学报，2007 (3)：126.

[3] 胡适. 今日吾国急需之三术 [A] //胡适. 胡适日记全编 1. 曹伯言整理. 合肥：安徽教育出版社，2001：222–223.

[4] 陈平原. 中国现代学术之建立 [M]. 北京：北京大学出版社，1998：22.

[5] 胡适. 工程师的人生观 [A] //胡适. 胡适文集 12. 欧阳哲生编. 北京：北京大学出版社，1998：613.

[6] 胡适. 东西文化之比较 [M] //罗荣渠. 从"西化"到现代化. 北京：北京大学出版社，1990：205.

[7] 佚名. 周易·系辞下 [A] //黄寿祺，张善文译注. 周易. 上海：上海古籍出版社，2012：339.

[8] 曹秋玲. 纺织科技史课程开设的必要性与教学实践 [J]. 河南工程学院学报（自然科学版），2012 (1)：78.

[9] 李曼丽. 中国大学通识教育理念与制度的构建反思：1995—2005 [J]. 北京大学教育评论，2006 (7)：97.

[10] 李新玲. 我国工程教育实践与创新两手都不硬 [N]. 中国教育报，2008-06-26 (6).

[11] 中国工程院. 人才创造未来　创新引领世界——关于工程科技人才的调查报告 [N]. 光明日报，2010-06-10 (7).

[12] 胡适. 不朽——我的宗教 [A] //胡适. 胡适文集 2. 欧阳哲生编. 北京：北京大学出版社，1998：531.

[13] 赵映林. 毛泽东与胡适 [A] //刘瑞琳. 温故之九. 南宁：广西师范大学出版社，2007：67–78.

[14]〔美〕沃尔特·艾萨克森. 史蒂夫·乔布斯传 [M]. 管延圻等译. 北京：中信出版社，2011：204.

[15] 慕云五. 苹果公司的历史 [J]. 管理学家，2007 (2)：13–19.

[16] 汪恩民. 中国工程院副院长：中国未来还需三类工程人才 [DB/OL]. 中国新闻网，教育新闻，2009-10-17 [2012-10-17]，http://www.chinanews.com/edu/edu-qzjy/news/2009/10-17/1916127.shtml.

[17] 张亚群. 科举制下通识教育传统的演变及其启示 [J]. 华中师范大学学报（人文社会科学版），2009 (4)：107.

[18] 张恒山. 略论文明转型 [J]. 学术交流，2010 (12)：45–49.

[19] 蔡元培. 一九〇〇年以来教育之进步 [A] //蔡元培. 蔡元培全集：第二卷. 高平叔编. 北京：中华书局，1984：407.

[20] 梅贻琦. 大学一解 [A] //梅贻琦. 中国的大学. 北京：北京理工大学出版社，2012：2.

[21] 王曦煜. 乔布斯：活着就是为了改变世界 [N]. 钱江晚报，2011-03-07 (C1).

[22] 胡荣. 白话的实验与趣味的变异 [J]. 清华大学学报（哲学社会科学版），2007

（6）：97–103.

［23］胡适．什么是文学——答钱玄同［A］//胡适．胡适文集2．欧阳哲生编．北京：北京大学出版社，1998：151.

［24］胡适．实验主义［A］//胡适．胡适文集2．欧阳哲生编．北京：北京大学出版社，1998：230–231.

［25］〔美〕比伦特·阿塔拉伊，B．达·芬奇的数学迷宫［M］．牛小婧，邹莹译．北京：中信出版社，2007：1.

［26］张雪蓉．适度的平衡：现代大学的人文主义真谛［J］．中国大学教学，2008（9）：53–57.

［27］易晓明，杜丽姣．大学公共艺术教育向何处去——江苏省内12所高校大学生艺术素养的调查［N］．中国教育报，2012–08–20（8）.

［28］沈之隆．中美高校艺术教育的比较［N］．中国教育报，2003–08–05（3）.

［29］黄岑．美国高校通识教育中的艺术素质培养［J］．东北大学学报（社会科学版），2011（3）：163.

［30］乔布斯，S．在斯坦福大学2005年毕业典礼上的演讲［DB/OL］．中国广播网，首页滚动，2011–10–06［2012–10–21］，http://www.cnr.cn/gundong/201110/t20111006_508580205.shtml.

［31］谢文心．乔布斯：不仅仅赢得尊敬［J］．新营销，2011（11）：34.

本节内容发表于2013年第2期《现代大学科学》。原文题目是《胡适哲学思想对工科大学人文通识教育的启示》，有改动。

第五节　大学语文与应用型本科课程体系建设

在我国，“应用型本科教育”是伴随着“高等教育大众化”这一发展形势不断明确起来的一个新概念，也是为了适应社会对“应用型人才”的大量需求而出现的高等教育的一个重要增长点。从整个发展趋势来看，“应用型本科院校”在未来一定时期将有可能成为我国高等教育的主要力量之一。因此，我们必须加紧研究和认识这类高校的办学特点和规律，特别是要研究和认识其人才培养目标以及由这一目标所决定、所要求的课程体系建设与改革。比如，大学语文等人文通识教育课程要不要设置、如何设置、设置起来应明确什么样的课程取向等问题，都非常现实地摆在今天“应用型本科院校”的办学者、管理者和参与者面前。

7.5.1　应用型本科教育人才培养目标的基本认识

应用型本科教育人才培养目标的认识和把握，不仅涉及我们对高等教育本质的理解，还涉及我们对高等教育发展趋势的把握，同时也关联到我们对于我国在21世纪全球发展战略地位的认识和把握。

（一）高等教育的本质要求应用型院校应注重培养学生的科学探究精神

高等教育的本质是什么？关于这一点，世界高等教育发展史带给我们的启示是意味深长的。早在19世纪，柏林大学的创办者洪堡就主张，高等教育的实质在于引导学生对科学进行自由的研究和探索，教学与研究应当在高等教育机构中做到有机结合。而几乎在同时，拿破仑对法国高等教育的改革则恰恰相反，他把高校当作主要传授实用知识和技术的场所，最终它们的主要职能全都归结为教学。为此，法国付出了相当大的代价。因为高校被认为主要是发展专门实用技术、培养各种专门和职业人才的场所，对实用和效用的追求便完全压倒了对知识和真理的探索。虽然法国在一个不长的时间里一度成为一个强大的军事大国，但发展缺乏后劲，很快就丧失了在军事、技术上的优势。就中国来说，在京师大学堂创办之前的三十多年间，“专门教育”一直是高等教育的主要任务。直到20世纪初，才有了蔡元培对高等教育本质的一系列比较清晰的论述。蔡元培认为，在高校“学必借术以应用，术必借学为基本，两者并进始可”。[1]

因此，我们认为，大凡高校都应在上述两方面都有所作为。既要“术”，也要“学”；既要讲教学，也要讲研究；既要抓科技的应用，也要抓基础理论的研习和探讨。自然，“应用型本科院校”作为一般高校，必须拥有高等教育的一切本质特征，具备高等教育的一般品格。也就是说，大凡高校都必须让学生在上述两个方面都得到发展，都有所表现，只是各有不同侧重罢了。作为“应用型院校”，自然侧重于“术”，侧重于“教学”，侧重于“科技的应用”。但是，从教师来说，其教学必须具有相当的“研究”品格，充分反映最新的科研、技术和学术成果；从学生来说，不仅要在科技的应用方面有突出的能力，而且还应当具备较强的探究意识和科学探索精神。在发展能力的同时，注重培养学生的科学探究精神，使他们具备一定的开拓意识与研发潜力，这是应用型本科教育与过去的专科教育最根本的区别。

（二）高等教育的发展趋势要求重视应用型、行业特色型人才的培养

今天，我国高校系统结构正呈现这样一种发展趋势，即所有院校向两极发展，一类走向“研究型教育”，一类则明显把“应用型教育”作为自己的发展方向。“研究型教育”的高校，在整个高校系统中数量不多，基本上是“名校”。这类高校较多地继承着以往“精英教育”的传统，学生以“做学问”“搞研究”作为主要努力方向。而“应用型院校”，数量众多，但特色鲜明。其办学方向特别是专业设置、课程计划，具有较强的行业针对性、社会适应性和市场竞争性。尽管数量多，分布广，但创“名牌”、做“名校”，是它们的共同追求；有的学校甚至也能跻身“世界一流”！如瑞士酒店管理学院，德国包豪斯建筑工程大学等，都是国际一流的“应用型院校”。这类高校多为地方院校，主要为地方或具体行业提供大批急需的应用型、行业特色型人才。

这种应用型、行业特色型人才一般都浸染并成长于一定的行业文化中，如传统的建筑行业、机电行业，新兴的IT行业、电子行业，以及不断发展的汽车行业、商务行业、旅游行业等，不同的行业都有自己不同的行业文化氛围和文化特质。学生一入学就以特定的行业为自己的发展目标，学习并熟悉该行业的历史发展和地区分布，感受并习惯不同的行业文化。虽然同一行业有不同的岗位以及不同的岗位要求，但所有岗位人员一般来说都有相同或相似的文化传统和文化规范。

因此，应用型院校对于具体行业的人才需求以及地方经济与社会发展状况都要有一个比较清楚的调查与研究，甚至对未来三五年的地方或具体行业人才需求变化要有一个较为准确的预测。

显然，这类高校更多地体现着现代“大众教育”的诸多特色。它们通常以现代科学技术的普及、应用与管理作为自己的主攻方向，所培养的学生不以通才标准为发展目标，而是有比较强的专业和行业特点，以“特色”取胜！它们一般不属于“通才教育”，也有别于传统的“专门教育”；而是具有“通才底色”甚至“通才特质”的“专门教育”。他们中的绝大多数毕业后主要不是“学问家”，而是熟悉现代科学知识、管理知识，掌握当今各类应用能力的高级专业人员，是工业化向信息化时代转型和发展过程中各行各业急需的各类应用型、行业特色型人才。

7.5.2　应用型本科院校课程体系建设的主要策略

当前，课程改革是高等教育改革的主要任务之一。上述对人才培养目标的

分析是我们实施课程改革、构建“应用型本科院校”课程新体系的基本依据。

从历史来看，我国应用型高等教育的课程模式基本上沿用的是培养学术型、研究型人才的学科系统化模式。这种课程模式把追求学科体系的系统性、完整性作为课程体系建设的基本要求。一些典型的应用专业都很少形成培养应用型人才的课程模式。因而这种课程模式与工作中的实际能力需求存在相当大的距离。因此，改革与实际应用相脱节的课程体系、教学内容、教学方法和手段，建立应用型、实践型课程体系，已经成为应用型人才培养的当务之急。

我们认为，应用型本科教育课程体系建设的主要策略有以下几点。

（一）以“市场需求”作为专业设置和课程设计的基本准则

课程决定于专业，专业性质与特点决定了课程的性质与特点。在市场经济条件下，人力资源日益“市场化”，高校也日益成为国家人力资源开发的基本力量。高校，特别是应用型高校，它们的发展在很大程度上取决于它们在人力资源开发方面的实力。因而，从市场的需求出发，加强专业设置的应用性，挖掘出新的专业，建立适销对路的专业或专业群，是应用型院校课程与课程体系建设最基础、同时也是最重要的工作。因为一定的课程体系总是为一定的专业服务的。如果专业没有找准，应用性不强，市场不欢迎，课程体系建设的意义也就不大；相反，如果专业应用性强，正是市场急需的专业，课程体系建设的意义、特点也就容易为人们所认识。这也正是应用型院校的社会适应性和市场竞争性在专业设置和课程方案设计上的表现。

专业评价指标的确认，必须从市场出发，学科、师资或其他方面不能作为评价的主要依据。我们欣喜地发现，近几年一些高校的招生目录中，一个个鲜活的专业名称开始跃入人们的眼帘。比如在经济管理系就开设了网络营销、现代物流管理、电子商务、财务管理等专业。这些专业一方面应用性都很强，另一方面在当今的人才市场上又无不大受欢迎。设置专业从市场需求出发，而不再一味地强调学校有什么设备，有什么师资就开设什么专业，这是应用型院校专业设置的基本准则，也是其课程设置、课程体系建设的重要策略。因为对于专业来说，对于人力资源的数量和质量来说，它们最终取决于市场，取决于行业和产业的要求，取决于企业和企业具体岗位的需要。专业的改造、创新和发展离不开市场，要追随市场；课程设置、课程体系建设也要从市场出发，具有主动性、前瞻性和创造性。

（二）以“能力本位”作为课程体系的主要价值取向

“能力本位”是对应并区别于传统普通教育的“学科本位”的一个重要概念。就应用型院校来说，这里的“能力”主要表现为现代科学技术的应用能力、开发能力。这种应用能力、开发能力通常又是与某个具体的行业联系在一起的。

“能力本位”课程体系中的这些课程，既包括一般常规意义上的理论课程，也包括为培养目标服务的所有实践教学环节以及有组织的课外活动和社会实践活动。所有这些课程最终都着意于学生的实际应用能力的提高，体现发展学生的实践能力这样一种价值取向。

这一课程体系的建立，首先依赖于我们对人才在该行业所需能力的调查和分析。这种调查和分析是我们把握专业综合能力、专项能力以及能力要素的基础。有了这一基础，我们就能为相应的能力要求组织和设置与之相匹配的课程或课程单元。由这些能力要求组织形成的课程与课程单元，最终构成具有不同能力特点和倾向的课程结构模型。这样的课程结构模型便是我们所追求的“能力本位”课程体系。

显然，这种“能力本位”课程体系的建立是我国高等教育观念的重大突破。虽然我国的近代高等教育一开始就是从“技术优先”的高等专门学校发展起来的，但本科院校建立之后，专门教育的地位就开始下降；时至今日，接受专门教育，读应用型院校，在很多情况下并不是家长和学生的自觉选择和理想追求。“重学轻术”的思想在高校校园内外、在高等教育的方方面面普遍存在，甚至根深蒂固，要想扭转过来，还需要做大量的多方面工作。

首先，我们的课程观念，在师生中间，甚至在课程管理部门那里，都必须有一个大的转变。理论课程是课程，大量的有组织的实践活动，特别是创新实践，也同样是学生接受学习、增长才干的课程，而且是让学生走出“纸上谈兵”的“实战”课程。这种带有浓厚实践色彩的“实战”课程是西方发达国家的常见课程、精品课程，也是我国不少高校，特别是一些高职院校的创新课程、特色课程。有中国学生在荷兰一所高校读酒店管理。令中国学生感到惊奇的是，教师上课不讲课，只是让学生不断地讨论、实习、写作业。唯一系统开设的是一门辅导学生进行自我设计的课程。结果，本来枯燥的酒店管理，学生学得津津有味。在我国，现在不少应用型院校，尤其是一些高职院校就通过“创办大学生就业一条街”来发展学生的实践能力。比如，电子商务专业学生在“大学生就业一条街”里就能够进行除“外汇结算”以外的所有电子商务流程实践，等等。

自然，这些强调实用性、实践性的应用型课程不是“能力本位”课程体系的全部内容，但这些课程的实施对于“重学轻术”的传统高等教育观念是一个巨大的挑战。自信地、有准备地迎接这一挑战，是“能力本位”课程体系最终得以实施的关键所在！

（三）以“课程开发”作为保证课程体系的灵活性和生命力的根本措施

现代课程论告诉我们，课程与课程体系应当在保持相对稳定的基础上努力求新、求变，“变态”乃课程之“常态”。同一专业，不同的学校可以而且应该有不同的课程与课程体系；同一专业，同一学校，不同届别，也应当有不同的课程设计，特别是要有课程和教学内容的不断更新和发展。

课程的这种发展观和更新意识是我们进行课程开发实践的思想基础。完成课程开发这一任务的主体包括高校课程管理机构和实施课程的广大一线教师。发达国家“应用型院校”甚至设有由诸如社会工商界人士与教育界人士共同参与的课程开发委员会。这一课程开发委员会全面负责课程的开发、审查和评估及其实施过程。

传统的“课程开发”主要表现在集体编写教材、精选精品教材等措施方面。这一措施和办法现在当然也没有过时，不能丢弃。但是，从现代课程的发展趋势来看，特别是从应用型院校的培养目标来看，“课程整合”应成为当前“课程开发”的一个重要思路。

当前流行的“拼盘模式”只能说是“课程整合”的“初级阶段”。但是这种“拼盘模式”从现实来看却是包括我们中国在内的世界上多数高校事实上普遍实行的一种“课程整合”模式。“拼盘模式”最典型的做法是将各自独立的不同课程按一定的权重进行组合。自然，这种课程教育是一种先接受、后整合的教育，其整合是受教育的学生自己在头脑中最后完成的整合，这种整合的质量和效果总是令人质疑的。真正的理想的课程整合，应该是先整合，后传授，也就是在教育者那里就预先实现的整合。

在这方面，美国克拉克大学所进行的“群集课程”试验，在商科教学中取得的显著成绩令人鼓舞。[2]

“群集课程”的运作规则是，将原本独立的两门或三门课程组成“紧凑”或“松散”的群集。“紧凑”者，所有的学生编入所有课程的学习中；“松散”者，则无须将学生编入所有课程。进入群集的课程必须有一个以上共同论题（或共同主题，或共同论点，或它们的组合），同时也必须有一些共同的课时，在这些共同课时，会有一个以上的教师在一个课堂中与学生分享多种可能性。如图7–3所示。

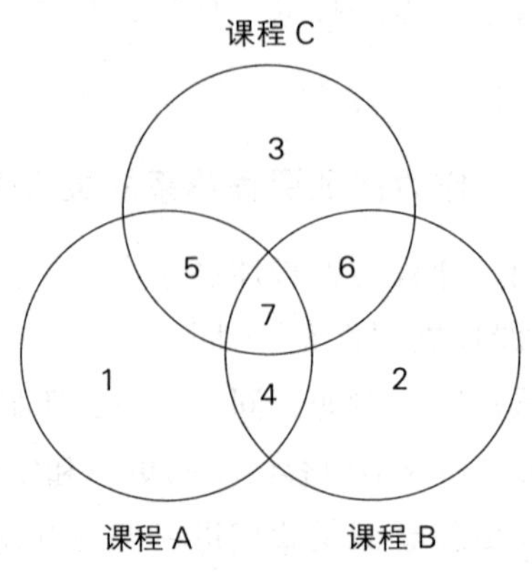

图 7–3　群集课程

图7–3中，三个圆圈代表三门课程A、B、C，并由它们组成一个松散的群集。其中，个别课程的课时不与其他课程发生关联，如图中的1、2、3三个区域所示；另外一些时候，如课程A和B在区域4，课程A和C在区域5，课程B和C在区域6显示有共同课时；有时，甚至三门课程会有它们的共同课时，如区域7所示。

这样的"群集课程"在实施前，相关教师必须组织教学研讨会。他们一方面要阅读和共同学习"群集课程"中指定学生阅读的共同教材或参考书，接触和了解对方课程的内容；另一方面要交流各门课程各自的教学大纲，讨论群集课程的教学方法以及对学生学业的评价、评分标准等。

类似的试验还有很多。相信这种以"课程整合"为特征的"课程开发"一定能够为应用型本科教育课程体系保持旺盛的生命力发挥作用。

注释：

[1] 吴式颖，阎国华. 中外教育比较史纲 [M]. 济南：山东教育出版社，1997：567.

[2] 杜作润，廖文武. 高等教育学 [M]. 上海：复旦大学出版社，2003：158.

本节内容发表于2005年第2期《大学教育科学》。原文题目是《应用型本科教育人才培养目标与课程体系建设》，有改动。

第四部分

汉语母语教育课程资源开发

第八章　地方资源开发

第一节　齐梁文化特质与江南重镇崛起

8.1.1　中原文脉

长江文明、珠江文明和黄河文明都是中华文化的滥觞。然而，在上古时代，中华文明繁衍发展的核心区域无疑是黄河流域。那个时代的中原地区，气候温暖，雨量充沛，农业文明发达；而南方长江流域、珠江流域因为崇山峻岭的阻隔，榛莽丛生、地广人稀。因此，直到东汉末年，中原文明一直居于领先地位，保持着绝对优势。春秋孔门七十二弟子皆为北人，仅言偃一人为南方弟子。据说，孔子曾不无得意地宣称："吾门有偃，吾道其南。"就是在汉代前期，史家笔下的江南印象还是："或火耕而水耨，果隋蠃蛤，不待贾而足。"[1]

然自汉末始，中原地区的领先地位受到冲击和挑战，江南在崛起。

因为游牧民族的侵扰、统治和混战，也因为水土流失等自然原因，黄河流域社会环境、生态环境恶化，中原人口纷纷南迁。迁徙既有游散型的小规模流动，更有世族豪强领导、宗族乡党参加、有计划的集体搬迁。齐梁两朝统治者的先辈当年就是这批迁徙人口中的一个家族，由位于今天山东枣庄的兰陵郡迁至江南。研究表明，自东晋初至刘宋末，从黄河中下游迁出的人口至少在百万以上，并以世族及其附属人口居多。迁徙人口中有上层文化人，也有熟练的工匠、农民。[2]他们的到来，给地广人稀的南方带来了多层面的先进中原文化。南迁从汉末到南北朝四百年间持续不断，并在东晋永嘉之际形成北人南迁的第一次高潮。这是一个由北向南、由内地向东南沿海逐步推进的过程。上至巴蜀，下至扬吴、会稽沿海以及珠江流域都有移民的踪迹，包括荆州、扬州在内的长江流域，特别是中下游平原是其主要迁徙地，珠江流域后来也有规模不等的客家居住区。

南迁的结果，首先是生产力南移，江南得到开发，中国经济南北渐趋平衡。齐梁之际史家沈约就开始这样盛赞南方："荆城跨南楚之富，扬郡有全吴之沃。鱼盐杞梓之利，充牣八方；丝棉布帛之饶，覆衣天下。"[3]南方这样大的发展当然少不了社会的相对稳定，但更为重要的是百万移民的南迁使得生产力大为增强。不仅劳动力数量大幅增加，而且生产技术和工具的更新和改进也极为迅速。齐梁统治者从北方迁来，本寒门出生，但所习染的中原文化使得他们比游牧民族首领更加注重发展经济，与民休养生息。他们鼓励百姓开垦荒地、兴修水利，因而江南农业发展势头强劲。随着民生的改善和提高，陶瓷、冶炼等手工业以及商旅、航运也争相活跃起来。都城建康（今南京）不仅成为当时全国的经济、文化和政治中心，持续了近三百年，而且作为南北交通枢纽，连接江陵、夏口、京口、广陵等商埠，"贡使商旅，方舟万计"，很快成为全国最大的城市。东晋初年，人口才四万户左右，梁武帝时期已急增至二十八万户，而同时期北方最大都会洛阳人口不过十万九千余户。[4]整个齐梁时代，特别是武帝萧衍执政期间，南方政局稳定，国库充足，文化繁荣。

作为一个时代物质与精神成果的凝聚物，齐梁文化深为后人惊叹。但齐梁文化最集中的地区江南却一直发展滞后。所谓的勾吴于越，起初都是未开发的荆蛮之地。不要说泰伯、仲雍南来时乃汪洋泽国，人们断发文身，不事耕穑，也不要说春秋寿梦诸侯盟会在中华政治舞台初露身影，就是战国阖闾举贤任能，劝课农桑，创立霸业，也未脱尽蛮夷之气。汉末孙权统治后，江东经济才有了较快发展。孙吴本立国江东，为抗衡北方强敌曹魏，曾利用北来流民与初被征服的山越民，从事农作，发展民屯与军屯。当时孙吴在长江两岸都设有屯田区，其中位于毗陵（今常州一带）的屯田区规模最大。也就是在这时，更多北人主动把吴越作为迁徙目的地。徐州彭城郡张昭等"中州士人避乱而南，依（吴郡钱唐）琮居者以百数"。[5]临淮东城人鲁肃"家富于财"，卖去田地，对其部属说："中国失纲，寇贼横暴，淮、泗间非遗种之地，吾闻江东沃野万里，民富兵强，可以避害。宁肯相随俱至乐土，以观时变乎？"[6]其部属都表示赞同。于是，鲁肃带领300余人渡过长江投靠了孙策。北人南来，孙吴信心大增。当都城由吴迁至建业后，孙吴便进一步融入全国权力的竞争中，与曹魏、蜀汉一道成为中国政权的有力争夺者。东晋南朝时期，位于建康的政权便将过去的长江文明、吴越文化完全纳入中华文化的发展进程中了。

因此，江南是在长江文明融入中华文化体系并能代表传统中原文化的历史进程中确立自己的千年经济文化重镇地位的。以江南为中心的齐梁文化绝不是偏于一隅的土著文化、地方文化，而有其鲜明的中原文脉。

8.1.2　崇文内质

中华文化，就其特质和主流精神来说，六朝前崇力尚武。

春秋战国时期，风云际会，群雄逐鹿。各家学派莫不看重武力与智勇。儒家尚仁，但孔子坚称“仁者必有勇”。《吕氏春秋》记载，孔子力能举城门，只是不肯以力闻。墨家任武，举世公认。墨子本人就是一个军事家，但主张“非攻尊守”，反对开边黩武，对守土捍难最为尊崇。道家老子表面谈“柔”说“弱”，其实是强调要“以柔胜强”。他一再宣称“天下莫柔弱于水，而攻坚强者莫之能胜”。至于法家，秉持尚武拓展精神，耕战合一主张，更是让秦由一个“夷狄之邦”一跃而成“战国七雄”，并一统天下，成就其千古帝业。秦汉之际，更是一个彻头彻尾的尚武时代。贵族习武示强，帝王时常御驾亲征。角力、徒手和使用刀剑戟等器械比武是北人常见的娱乐活动。北方如此，南国亦流行争强好斗之风尚。史称：“吴越之君好勇，故其民至今好用剑，轻死易发。”[7]因为尚武崇力，猎首这种极端行为一度成为在各地广泛流行的风俗。这种计算战功，展现刚勇、威猛气概的办法一直流传下来。直到三国时期，蜀将关羽被孙权俘虏、处决后，首级送予曹操，舆论并无太多谴责。

然而到六朝，特别是齐梁之际，崇文尚教蔚然成风。社会甚至出现鄙视武风、不屑武职的现象，尤其是南方。王羲之虽为右将军，却沉醉于书法诗赋。谢安运筹帷幄，是夺取淝水之战胜利的著名军事指挥家。可年轻时一直只与名士来往，醉心清谈。王谢二家都是东晋权倾一时的重臣，可他们竟都无意武功而有心各类文化的研习。进入南朝之后，连皇室都热衷于学术文化，特别是文学的诗歌创作。齐永明年间，以文惠太子萧长懋、竟陵王萧子良为主导，形成了以沈约、谢朓、萧衍等“竟陵八友”为中坚的文学集团。进入梁代，武帝萧衍与长子昭明太子萧统、三子简文帝萧纲、七子元帝萧绎在文学创作乃至理论探讨方面都有自己的建树。其中，萧统在东宫曾藏书近三万卷，“引纳才学之士”，编选中国历代诗文总集《文选》30卷。研究表明，有梁一代，宫廷皇室逐渐接替世家大族成为诗歌创作的中心，并主宰诗坛一百多年。[8]

皇权式微、世家大族的兴起是这股崇文尚教之风得以兴起的重要原因。

早在刘秀建国时，东汉就因大封功臣造就了第一批豪门大族。东汉后期，农民破产、土地兼并又造就了一大批的大地主。三国曹魏开创的“九品中正”荐举制度，即以家世、道德、才能为标准的人才选拔制度，更让政权和舆论完全被大地主、大豪强所控制。皇族与地方豪族共享天下成为六朝，特别是其前期的重要政权特征。门阀世族左右皇权的局面直到隋唐时代随着科举制度的全面推行才逐渐被打破。

世族的兴起，带来的是私学兴盛发达、官学时兴时废的奇异景观。世族家学一时成为世族子弟教育的主体形式。影响所及，甚至出现帝王皇族抛弃官学而就私学的现象。如前所述，齐梁皇族都是文学事业的追捧者。世族家学教育不仅是世代相授，而且内容远比官学广泛而实际。齐梁之际，数学、天文、历法成就瞩目的祖冲之，家学渊源相当深厚。祖父在刘宋朝廷担任过大匠卿，主持工程设计，儿子祖暅也“少传家业，究极精微，亦有巧思”。[9]文学教育一直为世族家学所重视。建安文学，曹氏父子独领风骚。陈郡谢氏，谢灵运、谢朓，大家辈出。家学所传，梁太子萧统主持《文选》编撰时的首席学士刘孝绰，他的兄弟子侄能写文章的有 70 多人。世族家学虽缺乏外部开拓的气势和力度，但却潜心于内在的修炼。家学所获的这种学养，既能满足家世、道德、才能三者并重的人才选拔制度，又有很强的朝代更迭适应性。不论是哪姓王朝，都能左右逢源，腾挪自如。一些家学深厚的世家大族甚至瞧不起那些寒门出身的皇族。皇帝人人可做，但皇族并非代代都能享受皇权。一个拥有大军的统帅，如果得不到豪门大族的支持，也绝对做不了皇帝。

在左右、控制皇权的同时，豪门世族借助自身文化软实力的开发和强化，传承和发展了以中原为核心的中华文化。需要特别指出的是，在这一过程中，南迁的琅琊王氏、陈留谢氏、汝南袁氏、兰陵萧氏为代表的侨姓大族，与朱姓、张姓、顾姓、陆姓等门阀为首的吴郡大姓一道共同推进着中原文化在江南的发展。一方面，让秦汉前比较偏僻、独立的江南文化逐步融入中华文化；另一方面又让中华文化迈入一个新的阶段——齐梁文化。它与过去文化最大的区别莫过于渗透、蕴含着一种内秀、智慧、不事张扬的崇文特质，从人的生存和发展角度来看，这种文化更具人性关怀。

8.1.3 圆融气度

整个六朝活跃着多股文化势力。其中主要有以儒学思想为意识形态的正统文化，以道家道教思想为信仰追求的高族名士文化和西域传来的佛教文化。在这个动荡也悠闲的时代，各种文化势力碰撞着、争斗着，并在相持和妥协中最终走向各种情势的动态平衡与多层面的相互吸纳和融合。

最早出现的是道家道教文化对儒学的改造和融合。由此产生了新的玄学，并成为魏晋显学。随着大一统王朝的分崩离析，儒学逐渐失去其魅力。一批高门大族出生的知识精英跳出传统的修齐治平思维方式，开始对宇宙、社会、人生做新的哲学反思，重新寻找自己的精神家园。他们以出身门第、容貌仪止和虚无玄远的"清谈"相标榜，一时成为风气。但玄学没有抛弃儒学，儒学遭遇玄学挑战只是经历了一次玄学化过程。玄学家们力图用道家思想重新解释《周易》等儒家经典，从而把道学和正统儒家名教加以融通，调和儒道两家，倡导"名教即自然"。

就在儒道争斗、互动、融合的同时，从西域传入中土的佛学思想也由宫廷到民间，由中原到江南迅速传播开来，南北朝时，盛极一时。史料记载，东汉永平十年（公元67年），佛教正式由官方传入中国。汉明帝从大月氏国请来迦叶摩腾、竺法兰，他们在洛阳白马寺译出《四十二章经》。从此，这种异域思想就在中国扎根，并逐渐与中国本土的儒道思想融合，并最终实现儒释道三教合一。这一过程并不艰难。虽然北朝曾有两次"灭佛"记载，但在南朝甚至没有出现类似儒道间的思想对立和紧张。

中外思想的交流、融合何以这样顺畅、自然？

学界探讨较多的在于以慧远为代表的佛教高僧们的主观努力。一方面，他们强调和宣称，佛教的基本教义与中国儒学正统有诸多一致。儒佛原理相通，戒杀就是仁，戒盗就是义，戒淫就是礼，戒妄就是信，戒酒就是智。另一方面，在翻译佛经时千方百计在《论语》中寻找资源。他们改"苾刍"为"比丘""比丘尼""和尚"，直接采用孔子的名讳或者他的核心思想用字。就是"佛"字也是从《论语》中拣出，取形改音而成。佛，从"人"，从"弗"；"弗"表否定，为"不"之意。"人""弗"相合，意为"佛"是人，又"仿佛"不是人，他有超乎一般人的智慧和境界。

也许正是有了这些主观努力，客观上佛儒两家达成了某种默契。第一，他们都反对将自己的教义神化。在他们的理论世界中都没有类似"上帝"那样的无所不能、主宰人类的神。从这个意义上说，佛教与儒学一样都不是宗教。第二，他们都反对将自己的教义神圣化、绝对化，而主张多方吸收，与时俱进。第三，他们的宣传手段也是一致的，都在打造一种理想的人格。借助这种具体、易辨识的人格及其力量来吸引信众和门徒。儒家君子的人格魅力在于其德行和品格。他“厚德载物”，他“自强不息”。佛教之“佛”不仅有其德行，而且有其智慧。佛能“同体大悲”，人饥己饥、人溺己溺，宇宙间一切众生都是人我一体，休戚与共、骨肉相连。佛还是“觉者”，一个对宇宙人生的根本道理有透彻觉悟的人。作为“觉者”，佛不仅自觉，还能进一步帮助其他人觉悟。正是这种自觉又觉他的态度，使他达到了最圆满的境地。第四，儒家主张入世，但佛家思想与入世精神并不抵触。修行要在人间，觉悟也要在人间。每一个有心向佛的人，都不可能厌弃这个世界，逃避整个人类，“独善其身”地去修成什么正果。佛家所谓“出世”并不是脱离、逃避这个世间，而是改造这个世间，重建这个世界。

也许就是这些相通和默契，让生活在六朝的人既学儒，又信佛，甚至主张儒、佛、道“三教合一”“三教同源”。

齐梁时代的道学家陶弘景就曾站在道教发展的立场上参与儒、佛、道三元一体宗教体制的缔造。而梁代武帝萧衍一生更是三教兼习。他少年时代习儒，二十岁后，改奉道教，直到即位为帝。即位次年，即宣布舍道归佛。为协调儒、佛、道关系，萧衍曾创三教同源说。三教一体共同完成了对国家朝廷的治理，梁武帝在这里几乎发挥得淋漓尽致。正是在他主持朝政时，江南社会稳定，经济文化繁荣。可见，六朝时多股文化势力相互碰撞，文化融合是其主流；而儒佛道基本教义相通，“三教合一”“三教同源”的理论和实践，齐梁之际最为兴隆。佛教自东汉明帝传入中土，与以儒道为代表的中国本土文化相激荡，最终形成了儒、佛、道三足鼎立又三教相融的文化模式。作为中华文化一个历史阶段，齐梁文化所具有的包容性、统一性和圆融气度由此得以彰显。

注释：

[1] 司马迁. 货殖列传 [A] // 司马迁. 史记. 上海：上海古籍出版社，1997：2467.

[2] 于希贤，陈梧桐. 黄河文化：一个自强不息的伟大生命 [J]. 北京大学学报（哲学社会科学版），1994（6）：39.

[3] 沈约. 孔季恭传 [A] // 沈约. 二十五史・宋书（影印本）. 上海：上海书店，上海古籍出版社，1998：1805.

[4] 简修炜，庄辉明，章义和. 六朝史稿 [M]. 上海：华东师范大学出版社，1994：214-215.

[5] 陈寿. 全琮传 [A] // 陈寿. 二十四史全译·三国志. 上海：汉语大词典出版社，2004：916.

[6] 陈寿. 鲁肃传 [A] // 陈寿. 二十五史·三国志（影印本）. 上海：上海书店，上海古籍出版社，1998：152.

[7] 班固. 地理志 [A] // 班固. 二十五史·汉书（影印本）. 上海：上海古籍出版社，1998：523.

[8] 宋健. 论萧梁宫廷诗坛的兴盛及其影响 [J]. 兰州学刊，2007（8）：145-147.

[9] 李延寿. 祖冲之传 [A] // 李延寿. 二十五史·汉书（影印本）. 上海：上海古籍出版社，1998：2863.

本节内容发表于2009年第10期《安庆师范学院学报（社会科学版）》。原文题目是《齐梁文化三论》，有改动。

第二节　常州"文化名人"精神风貌

"天下名士有部落，东南无与常匹俦。"（龚自珍语）常州人杰地灵。特别是近现代，这个由天然长江与人造运河划出的特殊地段，在各种人文与科技领域名人辈出，堪称中国近现代文化史上的"常州现象"。全国著名的政治家、企业家、慈善家、经济学家、史学家、语言学家、书画家、书法家、工艺家、宣传家、革命理论家、法学家、数学家、人类学家、昆虫学家、植物学家、社会活动家、社会教育家、农业教育家、美术教育家、词学家、剧作家、文学家、文学评论家、著名导演，应有尽有。常州档案馆"名人馆"介绍有42位常州籍中国科学院院士和21位常州籍中国工程院院士。其中，中国唯一的双院士（吴阶平），两对兄弟院士（庄逢甘、庄逢辰和柳百成、柳百新），还有一对兄妹院士（陆婉珍和陆钟武），传为美谈。据人才学者缪进鸿对先秦以来全国400多座城市的杰出专家学者进行出生地的统计，常州所出的杰出人才数位居全国第四，仅次于苏州、杭州和北京。[1]这些"文化名人"是常州市重要的文化资源和精神财富。

这里，笔者以盛宣怀、瞿秋白、梅贻琦、华罗庚等常州"文化名人"作为主要考察对象，具体阐述他们的精神特质。

8.2.1 首创精神

常州“文化名人”为后人钦佩、足以成为后人精神旗帜的品质很多。其中最鲜明、最突出、最值得学习的是他们身上所体现的首创精神。虽然条件、环境不是很优越，但在某个文化科技领域总是第一个闯进去，并且创造出足以让后人景仰的新成果、新业绩、新思路。这种品质、这种现代意识，在常州“文化名人”身上表现得极为鲜明，极为强烈，也极其引人关注。下文以盛宣怀、瞿秋白为例，做简要介绍。

生活在清末的盛宣怀（1844—1916），一个在科举考场上屡屡失败的落榜生，却在大清帝国这个腐朽的政治环境下，在经济领域的几乎每一个现代行业都留有他的闯荡足迹，从而探索创造出一个个现代实业奇迹，成为“中国近代工业之父”。[2] 1872年，盛宣怀建议李鸿章创办中国第一个民用航运企业轮船招商局，并且受命拟定章程。这在我国历史上也是第一家发行股票、面向社会筹集资金兴办的股份制企业。[3] 从此，盛宣怀开始了他的实业家生涯。三年后，他主持创办湖北煤铁开采总局，经营大冶、广济煤铁矿务。1880年，他创办天津电报总局，津沪、苏浙、湘粤、晋冀、豫鲁、东三省等全国二十多个省市的电线，都是在他的主持下架设的。1882年，他又创办了山东平度、辽宁金州金矿。1886年，他在任职山东登莱青道时，创办了全国第一家内河小火轮航运公司——山东内河小火轮航运公司，名声远扬的中国首家葡萄酒公司张裕葡萄酒厂也是他在这个时期创办的。1893年，他在上海成立华盛纺织总厂。1896年，他接办张之洞无力再办下去的汉阳铁厂，并且督办全国铁路主要干线——卢汉铁路的修筑。1897年，盛宣怀创办了中国通商银行。1908年，盛宣怀将汉阳铁厂、大冶铁矿、萍乡煤矿合并，组成中国第一家钢铁联合企业——汉冶萍煤铁厂矿公司。此外，盛宣怀还是一个教育家、慈善家。天津大学的前身北洋大学堂、上海交通大学的前身南洋公学等，都是由他一手办起来的。在他的倡议下，1904年中国红十字会成立，他是第一任会长。盛宣怀所开创的这些基业是中国走向世界、走向现代化的物质基础，相关产业的成功举办也给盛宣怀个人带来了巨大的物质财富，使他成为近代中国首富。此外，历史上，盛宣怀还是代表中国政府参加世博会次数最多的官员。他曾给1878年法国巴黎世博会送去陶瓷、丝绸等物品。此后，1904年美国圣路易斯世博会筹办期间，博览会会长巴里德曾专门致函盛宣怀，请其协助参与；1911年意大利都灵世博会筹办期间，力主中国参加的驻意使臣吴宗濂，也曾专门致函盛宣怀；1915年在旧金山举办的巴拿马世博会上，中国有大批参展单位及展品获奖，其中包括汉冶萍煤铁厂矿公司和轮船招商局。在以农产品和手工艺品为主的中国，盛宣怀所开创的新兴实业展品显得格外闪亮。学者丁凤麟曾这样评价盛宣怀："他是中国近代不仅开眼看世界，而且着手追赶世界的第一人。"[4]

作为革命家的瞿秋白（1899—1935），一个仅有36岁生命的江南才俊，克服了身体与政治生态的种种磨难，在人文社科领域创造并留下了许多值得后人景仰的文化遗产和精神财富：①瞿秋白是中国国情革命理论和道路的首倡者和先行者。他始终强调"革命和理论永不能与革命的实践相离""应用马克思主义于中国国情的工作，断不可一日或缓"。[5]②瞿秋白最先提出中国无产阶级是国民革命领袖的观点，阐发了无产阶级必须参加资产阶级革命的原理，并从政治上、组织上、斗争方法上阐述了无产阶级与资产阶级争夺领导权的策略方法，探索了实现领导权的途径。③瞿秋白是我国最早重视农民问题的革命家。根据俄国革命经验，他已认识到"无产阶级革命没有农民的辅助，不能有尺寸功效"。[6]1923年他为中共起草党纲时明确写明"国民革命不得农民参与，也很难成功"。[7]④瞿秋白在党内最早提出武装斗争的重要性和迫切性。五卅运动后，他总结了失败的原因之一就是没有人民的武装，主张"武装平民，成立全国统一的国民革命军"。[8]北伐战争前夕，他撰写了《中国革命之武装斗争问题》，完整地提出了武装斗争的革命思想。⑤在思想文化领域，他做出了许多开拓性、首创性的贡献。在中国，他最早对马克思主义哲学做了完整的理解、传播和应用。1923年，他率先把辩证唯物主义介绍到中国来，系统地阐发了辩证唯物主义的基本原理，并把它和历史唯物主义结合起来，作为世界观和方法论来探讨和回答历史、社会、政治、文艺的原则问题，从而把马克思主义哲学和中国实践革命的结合引向新的高度。⑥在中国，瞿秋白是系统传播马克思主义文艺思想的第一人。二十世纪三十年代初，中国革命文学运动仍处于幼稚阶段，迫切需要马克思主义文艺理论的指导，瞿秋白就在这个时期，系统而准确地翻译了马克思主义经典作家的文艺理论和苏俄的文学作品，成为马克思主义文艺思想中国化的奠基人。⑦瞿秋白还是我国最早采访十月革命后的俄国，系统、真实地向中国人报道苏俄状况的新闻界先驱，他写的《饿乡纪程》《赤都心史》开创了我国报告文学的先河。他是中国共产党第一张日报《热血日报》的主编。他根据曲谱译配了我国第一首完整的可以传唱的《国际歌》歌词。⑧瞿秋白还是中共党内第一个倡导汉字改革，写出《新中国文草案》的学者。⑨1931年，瞿秋白受周恩来委托，代中央起草了一份《文件管理办法》。这是中共中央最早产生的、也是最具远大目光的一份关于档案文件管理的规定。

8.2.2 实利意识

实利意识是为生存竞争、为改善生活质量而表现出的物质追求意识以及为获取物质利益所需要的专业技术占有意识与权利夺取意识。

明清两代，将经世之学作为专门知识去研习的观念变得日渐清晰并活跃起来。到清末民初，以经世之学为基础而发展起来的实利主义教育思潮席卷大半个中国，并经历实利、实用、实业、职业教育等几个阶段。常州地区有着久远的经世传统，并在一定程度上形成了具有常州地方特色的经世之学。常州的经世之学，可追溯到16世纪明代嘉靖年间的唐顺之、薛应旗。唐顺之（1507—1560）的学术主张一直流传到清代。有清一代庄氏族人就是常州经世传统的主要继承人。他们研治数学、医学、地学、天文、水利以及典制。庄存与（1719—1788）是庄氏家族的杰出代表，入仕以后曾负责过历算和医药管理。他的《药说》类似唐顺之的《药论》，他的《算法约言》列在唐顺之《勾股等六论》之后，收录在常州地方志书的“数术类”。紧接着，李兆洛（1769—1841）又把庄存与的“经术”主张与唐顺之、薛应旗联系起来。民国之后，庄俞（1876—1938）作为实利主义教育思想的主要鼓吹者，发表《采用实用主义》等第一批现代教育专业论文，将经世之学的传统带入一个新时代。

正因为有这样的学术传统，常州文化名人大多不尚虚文，具有强烈的实利意识。除盛宣怀之外，革命家瞿秋白也是一个将“实利”作为现实考量标准的现代知识分子。权利就是最重要的“实利”，追求权利就是从根本上争得属于自己以及所在集团的实际利益。可以说，瞿秋白研制出来的“普通话方案”与赵元任的“国语方案”最大的区别就在于“利益倾向”不同。同样是运用罗马字母来拼写中国话，赵氏“国语方案”只为拼写“国语”，也就是为北京话而设立；瞿秋白的“普通话方案”可以拼写“普通话”，形成“带有全国性质的中国文”，同时还可以拼写各地方言、土语，形成各地民众都能写得出、看得懂的所谓“方言文”。北京话代表的当然是社会上层，各地方言、土语，包括“普通话”，代表的则是“五方杂处”的下层普通民众。为“几万万的中国民众”争得话语与文字表达上的“实利”，这就是瞿秋白“普通话方案”最基本的出发点。

华罗庚（1910—1985）因理论数学上的贡献而成为中国现代屈指可数的大

数学家。世界上颇具盛名的“中国解析数论学派”即由华罗庚开创。该学派对于质数分布问题与哥德巴赫猜想曾做出重大贡献。华罗庚在多元复变数函数论方面的卓越成就更是影响了世界数学的发展。然而，理论上的杰出成就与崇高荣誉并没有影响华罗庚在数学应用上的探索。他曾出版《统筹方法平话》《优选学》等著作，倡导统筹法和优选法，并结合实际组织小分队先后到 23 个省、市、自治区推广“双法”工作。在他的主持和率领下，“双法”成功地应用于化工、电子、冶金、煤炭、石油、电力、机械制造、交通运输、粮油加工、建材、医药卫生、环境保护、农林牧畜、国防工业和科学研究等方面，取得了丰硕成果。那是 20 世纪的 60 年代到 80 年代，一场全国性的“双法”统筹法和优选法的普及推广运动在各地迅猛开展，其经历时间之长、参与人员之广、涉及政府高层之深，都是空前的。为巩固和扩大“双法”推广运动的成果，1981 年，华罗庚亲手创建了中国优选法统筹法与经济数学研究会。研究会先后有会员 1.7 万多人，设有省市分会 15 个，并有项目管理、计算机模拟、军事运筹、决策信息、工业工程、高等教育、经济数学等 12 个专业分会，[9] 主办科技期刊《中国管理科学》、科普期刊《数理天地》。其中，中国优选法统筹法与经济数学研究会项目管理研究委员会，成立于 1991 年，挂靠西北工业大学，成为中国唯一的跨行业、跨地区、非营利性的全国项目管理专业学术组织，也是我国唯一代表中国加入国际项目管理协会（IPMA）的项目管理专业组织。“双法”开辟了中国项目管理的新领域，“双法”的推广也被誉为中国管理科学化的一个里程碑。华罗庚还积极倡导计算机的研制，是中国计算机事业的主要奠基人。[10] 早在 1946 年美国宣布 ENIAC 电子计算机研制成功的时候，华罗庚就预见到电子计算机将是科技发展的新领域。1952 年，时任中国科学院数学研究所所长的华罗庚提出要在中国研制电子计算机。1953 年年初，在华罗庚的领导下，数学研究所成立了我国第一个计算机科研小组，小组成员包括闵乃大、夏培肃、王传英。1956 年，国家制订发展我国科学的 12 年远景规划。华罗庚被任命为中国科学院计算技术研究所筹备委员会主任。为了执行规划所规定的任务，他殚精竭虑，为我国的计算机事业做出了重大贡献。正如计算技术开拓者夏培肃所指出的：“他不仅是一位天才数学家，也是一位极具远见的战略科学家。”[11]

8.2.3　合作态度

常州文化名人对合作情有独钟，几乎每一个人身上都有令人感奋的合作故事。若将这些故事串联起来，就是一幅幅精彩动人的合作长卷。

梅贻琦与张伯苓、蒋梦麟的合作，堪称中国教育史上的绝唱。西南联合大学（以下简称“西南联大”）是继蔡元培时代北京大学之后，中国现代大学教育的又一座高峰。然而，研究这段历史、探讨西南联大成功的学者几乎一致认为：如果没有三校校长的合作，在抗战时期那样的情况下，要把大批教授团结起来，延续中国教育的命脉，几乎是一件不可能的事。临时在昆明组建的西南联合大学以原北京大学校长蒋梦麟、清华大学校长梅贻琦和南开大学校长张伯苓为校委会常委，并轮流担任主席。三校领导的分工是：北大校长负责总务，清华校长负责教务，南开校长负责建筑设备。但实际上一直主持校常委会工作的是梅贻琦。所以，青年梅贻琦主理其政，功不可没。他光大蔡元培“兼容并包”之精神，坚持“学术自由”之宗旨，终使三校“八年之久，合作无间；同无妨异，异不害同；五色交辉，相得益彰；八音合奏，终和且平”。[12]诚如郑天挺在《梅贻琦先生和西南联大》一文中所言：“三校都是著名专家学者荟萃的地方……经过长沙临大（国立长沙临时大学）五个月共赴国难的考验和三千五百里步行入滇的艰苦卓越锻炼，树立了联大的新气象，人人怀有牺牲个人、坚持合作的思想。联大每一个人，都是互相尊重、互相关怀，谁也不干涉谁，谁也不打谁的主意。学术上、思想上、政治上、校风上，莫不如此。”[13]

西南联大的办学成就被研究者们称为中国大学史上的“斯芬克斯之谜”。在建校不到 40 年、独立办学不到 9 年的时间里，它创造了世界大学史上的奇迹：培养了 8000 学生，涌现出一批大师级人物。23 位“两弹一星功勋奖章”获得者中，8 位是西南联大校友；2000 年以来，国家最高科技奖的获得者中 4 位是西南联大毕业生：黄昆、刘东生、叶笃正、吴征镒；西南联大学生杨振宁、李政道是本土培养的两位诺贝尔奖获得者。[14]西南联大师生担任中央研究院首届院士（1949 年）27 人，担任中国科学院院士 154 人（学生 80 人）、担任工程院院士 12 人（全是学生）。宋平、彭佩云、王汉斌等人成为国家领导人。在科学、教育、新闻、出版、工程技术、文学艺术等各个领域都有不少西南联大校友成为业务和政治骨干。在中国台湾和海外，有重大成就的西南联大校友，也不乏其人。所有这些成就的取得，应当说都与西南联大八年所凝聚的西南联大精神息息相关，都与三校校长的密切合作有关，都与梅贻琦在合作条件下所展现的“船长”艺术有关。

瞿秋白与鲁迅的合作也是中国文化史上的一段佳话。

瞿秋白与鲁迅的合作与友谊是围绕“左联”的工作而展开和实现的。1980

年 11 月，茅盾在病中写了一首《赠丁景唐》诗，其中一句“左翼文合两领导，瞿霜（瞿秋白原名霜）鲁迅各千秋”，高度概括了瞿秋白和鲁迅在“左联”中的地位和作用。1930 年 3 月 2 日，中共领导的中国左翼作家联盟在上海成立。鲁迅也是发起人，党外人士，后成为左联的主帅。1930 年 10 月，瞿秋白从莫斯科回国，住在上海大西路两宜里。当时“左联”成立前后的领导人要么调走，要么牺牲，瞿秋白自觉地担负起领导“左联”的历史重任。通过茅盾，瞿秋白认识了“左联”的领导成员冯雪峰、鲁迅等，并从 1931 年到 1933 年年底在上海同鲁迅等真诚合作、并肩战斗。当鲁迅听说瞿秋白愿意参加“左联”的工作时，他为“左联”能有瞿秋白这样一位党的领袖人物参加而感到由衷的高兴。鲁迅当时正从事马克思主义文艺理论的翻译工作，听说瞿秋白精通俄文，立即把翻译的重任交给他；瞿秋白一到上海，就成为左翼文坛的一支重要的生力军。瞿秋白不负鲁迅的信任，先后精心翻译了苏联作家的一系列作品，如格拉特柯伏的长篇小说《新土地》、卢那察尔斯基的剧作《解放了的堂·吉诃德》和苏联文艺评论家格·涅拉陀夫为绥拉菲莫维奇长篇小说《铁流》写的序文。从 1931 年 5 月至 1934 年 1 月的三年时间里，瞿秋白是“左联”的核心领导人之一。首先，作为党内首席马克思主义理论家，瞿秋白为中国左翼文坛译介、输入了一系列马列主义文艺理论的重要原理，对纠正“左联”时期相当一部分左翼作家中存在的把世界观与创作方法机械等同起来的“左”倾错误，提供了极有说服力的理论依据。其次，瞿秋白与包括鲁迅在内的大批“左联”作家亦师亦友的革命同志关系，以及他参与起草的“左联”一系列重要决议和创办的刊物，扩大了左翼文学的阵地，团结了大批进步作家，使“左联”逐渐摆脱了“左”倾路线的影响，并开始走向成熟，标志着“左联”的“一个旧阶段的结束和一个新阶段的开始”。在此期间，瞿秋白与鲁迅就文学翻译、文字改革、文艺大众化等左联具体工作有过许多认真的讨论。由瞿秋白执笔，用鲁迅的笔名发表的文章就有 14 篇之多。[15] 瞿秋白住在施高塔路东照里期间，还与鲁迅合作写了 11 篇杂文，都是瞿秋白与鲁迅漫谈后写成，再经过鲁迅修改，用鲁迅当时常用的笔名发表，后来鲁迅把它们收到自己的集子里。另有 3 篇，也经鲁迅修改、用鲁迅的笔名发表。这个史实是早已广为人知的。笔者想指出的是，鲁迅在写作上与人合作，一生中除早年与二弟周作人之外，似乎再没有其他人。作为作家，在最为珍视的创作上如此默契地合作，不分你我，足见这对“知己”的相知之深。

注释：

［1］史君伟. 常州概况［EB/OL］. http://www.changzhou.gov.cn/zhuanti/cznj/shu/gangkuang.htm.

［2］宋凤英. “近代中国第一代实业家”盛宣怀［J］. 文史天地，2014（1）：22.

［3］朱荫贵. “近代中国第一股”：招商局［N］. 经济参考报，2007-07-06.

［4］薇安. 盛宣怀与常州——传记片《盛宣怀》总撰稿、总编导曹锡华访谈［N］. 常州日报，2010-04-15.

［5］瞿秋白. 瞿秋白文集：政治理论编第四卷［M］. 北京：人民出版社，1993：415.

［6］瞿秋白. 瞿秋白文集：文学编第一卷［M］. 北京：人民文学出版社，1985：241.

［7］瞿秋白. 瞿秋白文集：政治理论编第二卷［M］. 北京：人民出版社，1988：117.

［8］瞿秋白. 瞿秋白文集：政治理论编第三卷［M］. 北京：人民出版社，1989：311.

［9］中国优选法统筹法与经济数学研究会. 研究会简介［EB/OL］. http：//www.scope.org.cn：83/about.aspx.

［10］［11］夏培肃. 华罗庚：中国计算机事业的主要奠基人［N］. 科学时报，2010-09-26（A2）.

［12］冯友兰. 西南联大纪念碑碑文［EB/OL］. http://www.360doc.com/content/16/0915/18/34059852_591098790.shtml.

［13］郑天挺. 梅贻琦先生与西南联大［A］//冯友兰，吴大猷，杨振宁，汪曾祺等. 联大教授. 北京：新星出版社，2010：1-6.

［14］刘广明. 西南联合大学成功的三大核心要素［J］. 科学新闻，2010（24）：66.

［15］丁景唐. 鲁迅帮助出版瞿秋白著译的经过［A］// 丁景唐，王保林. 鲁迅和瞿秋白合作的杂文及其他. 西安：陕西人民出版社，1986：125-127.

本节内容发表于 2014 年第 5 期《常州社会科学》。原文题目是《常州“文化名人”精神特质述略》，有改动。

第九章　特色课程开发

第一节　现代汉语中的成语资源

9.1.1 “五四”新文化运动促使中国语文迅速全面走向“后文言时代”

（一）汉语书面语“文言”“白话”的历史演进

包括中国文学在内的中国社会的现代化肇始于或者说起步于中国汉语的现代化。近代，西方首先改变了中国的语言。正是借助于已然被改变了的语言，那些源于西方的新思想才在中国长驱直入，并且作为中国的而不是异己的、域外的、陌生的、为人所敌视的东西扎根于中国；至此，中国社会的现代化过程才真正开始。[1]可以说，是语言状况的进步和改善深刻地孕育和极大地促进了中国社会的全面进步和发展。在近现代，代表中国语言状况的进步和改善的标志性事件就是近一百年前1920年中国政府的“旧国文”（文言文）教科书废止和“语体文”（白话文）教科书推广政策的全面实施。如今我们从语言规划的视角来考察，这确实是当时中国政府教育主管部门应对千年社会变迁所制定的大胆而正确的语言政策。只是有一点值得特别指出，新文学运动所创建的这套新的话语方式——白话话语是从“生存论”语境下生长出来并发展起来的。[2]

其实，中国的白话文最早可追溯到宋代的讲史话本，甚至学界还有将现代汉语的起始时间放到明代中叶（1501年）的做法。[3]然而，白话文真正取代文言文，中国语文迅速全面走向“后文言时代”，亦即现代汉语时代，则是五四新文化运动时候的事。虽说语言的发展变化是渐变不是突变的，现代汉语系统的最终形成和确立有其模糊性和过渡性，但仍有学者还是愿意将这个模糊的过渡期明确在1917—1921年这五年内。[4]这就是说，开始于1898年的清末白话文运动只是为白话文的正式登台做了舆论准备，1917年胡适所倡导的“五四”白话文运动才是使白话文走向中国正统语文的真正力量。从汉语发展史来看，尽管先秦战国时《吕氏春秋》中的复音词已有2000个，[5]汉代郑玄的笺注中就有6000个双音词，[6]六朝期间的《宋书》竟有11000余条复音词，[7]而用《汉语水平词汇等级大纲》确定的3051个常用词来衡量，明清之际现代汉语的常用词已达72%，最常用词甚至高达92%，[8]但是汉语现代化的初步实现还是在“五四”时期。如果说，先秦文献，如《老子》《论语》《诗经》《左传》《孟子》《庄子》《韩非子》等是当时王畿口语基础上凝固而成的书面语“雅言”而写的著作，那么汉武帝之后随着复古倾向的日趋严重，言文逐渐分离，从秦汉到明清两千多年一套相对独立于口语而自成体系且不大有时代变化的书面语“文言”成为各朝代、各地区的通用语。所以，明代来华的意大利传教士利玛窦曾感叹中国“没有一本书是用口语写成的”。[9]清末民初是中国社会急剧变化的时期，中国这个两千多年超稳定的帝国社会一下子分崩离析。在中西文化的激烈对撞和交融中，秦汉以来的古白话由文言的附庸演变、转型为现代汉语书面语的正统现代白话。现代白话区别于古白话，因为它吸收了东学西渐中大量的新概念，产生了一大批表达新思想、新事物的新词。可以说，正是这些大量反映新思想和新事物的外来词的引进和创造整体刺激了以古白话为基础的现代汉语词汇的大发展，从而迅速促使现代汉语在“五四”时期开始初步形成。整个汉语系统由量变形成质变，汉语文体开始逐步由白话文取代文言文。

“五四”白话与《三国演义》等古白话一脉相承，但却不是古白话，而是带有欧化色彩的白话。这种欧化色彩的白话滥觞于《马太福音》等近代西方传教士翻译的传教读本。除了翻译读物，英汉双语词典等对异域语言文化的引入，特别是欧化句式的介绍，大大推动了汉语词缀化和多音化的趋势，最终促成了汉语由文到白的体系转型。事实上，词之所以有不同，就是因为词体现的是人的经验事实的差异，人的认识成果的悬殊。语言之所以影响思维，也是基于此。从某种意义上说，文化的转型、思维的转型正是语言的转型。[10]现代白话虽然来源于古白话，但与古白话在思维取向和话语方式上是两种根本不同的话语体系。正是这一套新的话语体系改变了中国人的伦理观、价值观、历史观、哲学观、文化观、文学观等。[11]比如，“文化”不再是古汉语中的“文治和教化”，“科学”不再是“科举的学问”，“民主”也不完全是孟子所说的“为民做主”，“理性”更与宋代的“理学”有着天壤之别。

“五四”白话文运动的成功得力于胡适、陈独秀、钱玄同、鲁迅、刘半农等《新青年》“同仁”的振臂高呼和身体力行，他们是这场运动的急先锋。他们不仅积极倡导，而且个个都能以身作则，是最早涌现的一批“善作白话者”，在图书市场上起到了极好的表率作用。到1918年5月，以他们做“台柱子”的《新青年》杂志刊登的全是白话文章。1919年，《每周评论》式的白话小报，有400多种。1920年后，一些著名刊物如《东方杂志》《小说月报》等也都改用白话文章了。[12]这期间，首先在文学界有一批重量级白话作品问世，如1920年胡适《尝试集》的出版，1921年鲁迅中篇小说《阿Q正传》的发表和郭沫若诗集《女神》的出版，还有1923年周作人散文集《自己的园地》的结集。其次，在图书市场上不仅涌现了一批用白话撰写的白话语法著作，如1920年出版的陈浚介的《白话文法纲要》、李直的《国语文法》、王应伟的《实用国语文法》、杨树达的《中国语法纲要》，1921年出版的胡适的《国语文法概论》、孙伥工的《中国语法讲义》，1924年出版的黎锦熙的《新著国语文法》，[13]而且还出现了白话写作的其他学术著作，如1923—1924年出版的吕思勉的《白话本国史》、瞿秋白的《社会哲学概论》《现代社会学》《社会科学概论》等。[14]有学者更是特别强调一个很有意味的现象，当年新文学的论敌们所写的辩论文章，没有一篇是纯正的文言文。[15]

然而，即便有这些实绩和成就，白话文在强大的历史惯性面前也会打个趔趄。所以，不仅十多年后的1934年5月在南京、上海等地展开的又一场大规模“文白之争”实属正常，就是被称为“白话小说第一人”的鲁迅没有留下一部白话学术著作也好理解。有学者就指出，“五四”白话文运动后较长的一段时间内，“一般公文、广告及应酬文以至政府机关的各种考试和许多报刊文章，都还是使用文言文”。[16]这也就是1928年胡适给他的学生罗家伦写下面这封信的缘故：

> 你现在政府里，何不趁此大改革的机会，提议由政府规定以后一切命令、公文、法令、条约，都须用国语，并须加标点，分段。此事我等了十年，至今日始有实行的希望。若今日的革命政府尚不能行此事，若罗志希尚不能提议此事，我就真要失望了。

> 稚晖、孑民、介石、展堂诸公当能赞助此事，此亦是新国规模之大者，千万勿以为迂远而不为。[17]

1931年，瞿秋白敏锐而极有前瞻性地倡导了“文腔革命”，主张用白话来写一切文章。紧接着，1934年，陈子展、陈望道发起“大众语运动”，倡导文章“说得出，听得懂，写得来，看得下”。这些“革命”和“运动”不仅迅速结束了20世纪30年代的“文白之争”，而且将“白话文运动”推进到一个崭新的阶段。如今，“五四”白话文运动整整一百年了。中国人的语言生活有了翻天覆地的变化。“今日中国，无论是大众的日常交流，还是政府的公文或作家的写作，使用的基本上都是白话。”[18]

（二）“白话世界”中“文言成分”的强大生命力

上面的话为什么强调是“基本上”？这是笔者特别感兴趣的表述和认识。

如同汉魏到明清的两千年里不是铁板一块的“文言世界”一样，五四新文化运动开始的“后文言时代”也并非只是“白话世界”。或者可以明确地说，这“白话世界”自始至终都有“文言”相随。这主要有两个方面的表现：一是“文言写作”总以或潜在或公开的形式延续着；二是“白话写作”总或多或少、或隐或显、或自觉或不自觉地吸纳着文言。前者人们不仅可以从《谈艺录》《管锥编》等以文言述学的著作中看到，而且还可以从柯灵、黄裳等作家的“文化散文”和金克木、张中行、季羡林等学者的“学术随笔”中品读到，甚至还可以从高考作文《赤兔之死》等文言“模仿秀”中欣赏到。在一些古文素养深厚的学者所写的“序跋”中、那些带有自娱或自嘲性质的短文中更是不难发现。后者则较为隐蔽，然而，却是最值得学界和公众关注和讨论的。

分析起来，大致有三种情形：第一，古文语句的引用；第二，文言词的沿用；第三，成语的运用。可以说，第一种情形不仅没有多少隐蔽性，而且作者往往在文中特别强调这语句就是古人说的。但这种引用总有使用频率和灵活程度的局限。第二种情形就比较隐蔽了，同时也有相当可观的使用率和灵活度。这些文言词，比如“给予、苟同、事宜、若干、迄今、社稷、光临、鸡肋、下榻、乔迁、涂鸦”等，它们多为双音节词，其中特别是那些典故词、敬谦词用在现代汉语中，意蕴丰富，表现力强。只是它们数量不是太多，最常用词、常用词、次常用词加到一起也不到1800个。[19]第三种情形不仅隐蔽性强，而且数量特别多。现在图书市场上“常用成语词典”收录的成语有的收到8000多条，少的也有3000多条。这是当代语言人最应该关注和研究的。说它“隐蔽”，是因为成语妇孺皆知，在现代写作甚至日常交流中司空见惯。实际上，成语沿袭和保留了大量的文言成分。不仅古汉语的词义保留下来了，很多文言虚词也保留下来了。很多文言的独特语法现象，如各种词类活用现象，还有一定数量的古汉语句法结构也能在成语中找到。如此众多的文言成分保留在成语中，可人们差不多都习焉不察，因为它已经完全融入“白话世界”中。就连那些成书很早、已有两千多年的文言著作留存下来的成语，有相当一部分在现代白话语境中，也都好像是活脱脱的当代口语，以至于人们根本不知道甚至不相信有这么久远的历史。比如，老子《道德经》中的“天长地久、出生入死、千里之行，始于足下、功败垂成、无中生有、自知之明、安居乐业、不可名状”等，又如《诗经》中的“高高在上、斤斤计较、小心翼翼、白头到老、窈窕淑女、嗷嗷待哺、忧心忡忡、信誓旦旦、投桃报李、辗转反侧、爱莫能助”等。可以说，运用成语一直是现代中国人一个自觉不自觉的言语惯习。在主张白话写作这方面，瞿秋白是一位思想远比胡适更为激进的倡导者。可就在他的著述里，成语运用随处可见。有学者分析指出：“瞿秋白运用成语不但数量大、密度大，而且时代色彩鲜明，运用技巧娴熟，手法多变。”[20]成语不仅活在知识阶层的著述中，也活在中小学学生的写作中，甚至活在任何一个知识分子、小知识分子乃至贩夫走卒的交谈中。虽然成语并非都是文言的产物，但大量的文言成分、文言现象借助成语保留下来，因为成语活在现代汉语、现代白话中。这方面的能力，“成语”远远大于“文言词”。成语是中国优秀传统文化的精华，其中潜藏了极为丰富而又饶有情趣的中国传统文化密码、思想智慧。爱用成语，会用成语，这是现代化过程中中国人的一种文化态度、文化选择和文化习惯，无论社会怎样发展，无论汉语怎样发展，中国传统的文化脐带不会轻易剪去，文言成语将永远伴随汉语前进走向未来！

9.1.2 成语现象是现代汉语“白话世界”中的一道靓丽风景线

（一）成语作为“文言成分”浓缩的汉语之美

文言虽然让言文不一致，不能适应迅速发展的现代社会，但它精致、简练，历经千年不失其淳美。所以，今天人们在写作白话时往往也想借助产生于文化时代、保有文言成分的成语来彰显汉语的美。因为成语不仅是汉语的“味精”，让汉语更有中国文化味，而且一直在发光，在为汉语增光添彩。

（1）成语的汉语意象美

几乎每条成语都包含这样那样的意象。比如“噤若寒蝉”中的“寒蝉”，“如履薄冰”中的“薄冰”，“红袖添香”中的“红袖”都是汉语中极其生动、极其典型、极有中国文化意味的意象，展现给读者的都是具体、可感的画面和形象。有些成语虽然没有什么明确的意象，但也是意蕴浓厚的汉语腔、汉语味，比如“咄咄逼人”中的叠音词“咄咄”，“衣冠楚楚”中的叠音词“楚楚”。

（2）成语的文言古朴美

无论是“滥竽充数”的“竽”，“一言九鼎”中的“鼎”，还是“破釜沉舟”中的“釜”，“卧薪尝胆”中的“薪”，这些意象都不是今天现代社会常见的，而是久远的文言古代才有的。所以，这些成语散发的都是一种浓郁的古朴气息。

（3）成语的文字整饬美

这些古韵浓烈的意象都镶嵌在四字格的成语中，组成这成语的四个字排列也很有讲究，很是整齐。比如“道听途说、瞻前顾后、开天辟地”都是两两组合，二四两字呼应的特殊结构。这种整齐美还表现在一些成语还可组成连缀在一起的对偶句式。比如“智者见智，仁者见仁”“成事不足，败事有余”“下笔千言，离题万里”“魔高一尺，道高一丈”“当局者迷，旁观者清”“落花有意，流水无情”等。

（4）成语的音韵节奏美

这些视觉上排列整齐的成语四字格在音韵上也有很漂亮的表现。它们都有汉语对双音步节律的偏好，这种双音步在声律上往往表现为“平仄相对”。比如“风起云涌”是“平仄平仄”，“聚精会神”是“仄平仄平”，“标新立异”是“平平仄仄”，“海阔天空”是“仄仄平平”。而为了照顾和遵循“平仄相对”的这种规律，有些成语的语词搭配都作为一种特例处理。本来按照语义应该是“千马万军”，舍“义”而求“音”，特别调配为“千军万马”，变成“平平仄仄”。本来应该是“红女绿男”，改为“红男绿女”，“平平仄仄”之后，平仄更顺。[21]

（5）成语的道德情感美

成语在意蕴内涵上也有不少讲究。一般来说，它们宣扬的都是社会有良知的公众普遍认可、肯定乃至钦敬、赞美的美好品德。比如“爱屋及乌”“愚公移山”“闻鸡起舞”等。

（6）成语的哲理思辨美

应该说，这是今天人们最看重的成语价值。比如讨论师生关系有“教学相长”，选择婚姻有“门当户对”，探讨为人妻母常常说是应该“相夫教子”，总结人与自然的关系有“天人合一”，而深究不同社会阶层人与人之间的关系则有“民胞物与”。这都是几千年里人们总结出来的宝贵经验、生活智慧，人们生活中遇到的每一个问题，差不多都能从成语中找到答案或者启示。可以说，这是成语文化价值最高的地方，也是当前学界、文化界最值得深入讨论的地方。

（二）“现代白话”语境中“文言成语”的特殊文化价值

浓缩着上述各种汉语之美的“文言成语”，不仅广泛“运用”于大小作家、各色人等的著述和言说中，而且还被国人巧妙“应用”于社会文化生活的方方面面。在现代白话语境的中国，成语、特别是带有文言成分的所谓“文言成语”成为国人在文化等各个领域获取创意灵感的智慧宝藏。

（1）题词素材

最初在民国初年，孙中山常常题写“天下为公”“同舟共济”“有志竟成”等成语题词送给友人。其中，对“天下为公”这条成语，孙中山更是情有独钟。因为这条来自两千年前汉代《礼记·礼运》中的成语表现的正是孙中山的核心政治理念；虽然孔子所说的“天下为公”与孙中山所理解和阐释的“天下为公”不完全等同，但这样经典的源于孔子的文言表述，孙中山感觉还是很不错的。有学者统计，孙中山所书“天下为公”题词，目前所辑得有受主姓氏者达 32 件之多。受主除了冯玉祥、张学良等民国重要人物，还有一些国际友人。至于像胡适的题词“克己复礼”、李宗仁的题词“物华天宝”、沈鹏的题词“宁静致远”等，那就蔚为壮观了。

（2）团体训令

与孙中山的题词类似，一个团体，包括学校，尤其是高校，需要有一种精神、一种理念将各种成员的思想凝聚起来、集中起来，于是总会用一句简练的话标识出来，这句话往往就是一条成语。今天的中央党校、中国人民大学共有一个校训，就是“实事求是”。这个校训其实来自毛泽东 1942 年为延安中央党校的“题词”。像这样，校训就用一两条成语，或者包含一条成语的中国大学很多。比如，东南大学的校训是“止于至善”，香港城市大学的校训是“敬业乐群”，陕北公学的校训中有成语“学以致用”，南开大学的校训中有成语“日新月异”，交通大学的校训中有成语“饮水思源”。四川大学的校训竟是两条成语“海纳百川，有容乃大”，清华大学的校训也是两条成语“自强不息，厚德载物”，就连其校名都来自成语“水木清华”。

（3）学校文化

看来，在现代白话语境下，学校利用文言形态的成语资源最为积极。它们不仅用成语作为校训，而且还大量挖掘成语资源进行学校文化的各种建设，包括校园文化建设。前面的“题词素材”“团体训令”等成语应用，应该说，主创者并没有太多的“成语资源”开发意识。真正自觉地、有意识地、成体系地将成语资源利用起来从事文化建设还是20世纪90年代末的事情了。主要都在江苏，最早是苏南常州的一些高校学者与中学校长们一道策划大型成语文化主题活动。与此同时，苏北的一家乡镇小学——江苏省灌南县孟兴庄小学尝试主要用成语来规划设计学校校园文化建设，于2006年举办了校园成语文化节，并悄悄地系统筹划和实施成语主题校园文化环境建设。很快，人们走进校园，就仿佛步入成语的海洋。东墙的成语故事长廊，集中讲述成语与名人、成语与学习、成语与诚信、成语与智慧的动人故事，如“南门之木”“曹冲称象”“囊萤映雪”。西墙的成语画廊，描绘出春天的美景，自然的秀色，画中寄语，语中寄理，如“一帆风顺”“龟兔赛跑”“鸟语花香”。2009年11月24日，中央电视台新闻联播特别报道了该校的成语校园文化建设成果。也就在这个时间，苏南的常州市中天实验学校成语特色校园文化建设也在如火如荼地进行中。该校校园里除了成语文化走廊的布置外，以“如日中天”和“百炼成钢”为主题的两座雕塑是重要景点。

（4）学习方式

成语中有大量的文言成分和文言现象，成语又是这样耳熟能详、好记好背。所以，很多教师都曾经探讨过用现代成语来学古代文言文。比较系统地归纳这样的学习方式的是常州的莫彭龄教授。他在2005年版《成语联想教学法》一书里详细探讨了借助成语来学习文言文里的汉语语音、汉语词汇、汉语语法和汉语修辞等策略和方法。比如，学会了“否极泰来”“自怨自艾”“一曝十寒”就学会了文言文中的多音字“否（pǐ）、艾（yì）、曝（pù）”。比如，学会了“短兵相接”“引而不发”“赴汤蹈火”等成语也就学会了文言中“兵、引、汤”等词的“本义”分别是“兵器”“开弓”和“热水”。比如，学会了“衣锦还乡”“沉鱼落雁”“不耻下问”等成语就掌握了文言文中的“名词活用”“使动用法”“意动用法”等语法现象。又比如，学会了“目不识丁”“牛郎织女”“锱铢必较”就掌握了文言修辞中借代的三种现象：①部分代整体；②特称代通称；③具体代抽象。又经过十年的实验和总结，莫彭龄又发表《成语＋教学新模式初探》，进一步提出了借助成语进行各种课程学习的特别方式。也就是将成语融入各类课程学习中去，形成“成语 + 朗读、演讲”“成语 + 识字、书法”“成语 + 唐诗、宋词”“成语 + 作文”“成语 + 科技”等各种新型课程。[22]

（5）广告设计

随着市场经济的发展，成语在商业活动中的应用也开始活跃起来，以至于国家三令五申的汉语规范一再受到挑战。针对电视广告中随意篡改、乱用成语的现象，2014 年国家新闻出版广电总局专门下发了一个“通知”，明确要求严格按照规范写法和标准含义使用成语，不得在成语中随意插入网络语言或外国语言文字。通知特别强调：成语是汉语言文化的一大特色，承载着深厚的人文内涵，蕴含着丰富的历史资源、美学资源、思想资源和道德资源，是珍贵的民族文化遗产，体现出中华文化基因在现代文明中的延续和发展，是让中华优秀传统文化“活起来”的重要载体。因此，将成语资源在包括商业活动的各种文化活动中应用起来，是当今中国树立文化自觉、文化自信、文化自强，确保文化安全的重要举措。目前市场上的成语广告主要有两种形式：一种是原封不动保留成语的原始形态，直接“拿来”式成语体广告；一种是改变成语的形式和内容，“仿词”式成语体广告。前者比如：“尽如人意”（如意牌保暖瓶）、“莺歌燕舞”（燕舞牌收录机）、“风华正茂”（风华牌圆珠笔）等。后者有“四顾茅庐”（再求一治胃良药）、“读占鳌头”（喜读《少年博览》杂志）、“万事皆具备，成功靠东风”（东风牌汽车）。

（6）大众节目

将带有浓重文言气息的成语作为大众媒介电视节目的内容，让男女老少各个阶层的民众，特别是风华正茂的年轻人走上大众娱乐性舞台，一展他们对于中华成语的喜爱、熟悉、理解和认知程度，是中华传统文化强势回归时代的重要标志。从中国汉字电视节目延展出来的就是中国成语电视节目和中国诗词电视节目。其中，成语电视节目因其本身所蕴含的故事性、哲理性和审美特征吸引了各个阶层、各个年龄段的民众的广泛参与和热切关注。节目最早是由位居中原地区的河南卫视《成语英雄》于 2013 年开始的，很快 2014 年、2015 年央视的《中国成语大会》将中国大众的“成语热”推向一个高潮。全国有超过 3 万人报名参加成语大会节目的竞赛和录制，吸引了近 6 亿人次的观众，收视率居全国第一位。《人民日报》《光明日报》《环球时报》等平面媒体与新浪、搜狐、腾讯等网络媒体持续密集报道，称赞成语大会“指向经典，达到了让大众仰视母语的目的”。[23]

9.1.3 中华传统文化的强势回归让当代语言规划及时调整思路

（一）汉语传播特别要注重包括成语在内的中华思想文化术语的传播

现代汉语、现代白话是在充分吸纳以英语、日语为代表的西方语言基础上发展起来的。如果说，在近现代史上，中西语言的交汇、碰撞和交接在过去的一百年里主要是中国汉语吸收西方的语汇和表达方式，进而由量变发展为质变，由一种以言文分离为基本特征的文言形态的古代汉语转型为言文一致的白话形态的新型汉语，[24]那么，在21世纪的今天，现代汉语将有可能继续“内转”，并由“内转”出发，更加自信、更加全面、更有系统和规模地走向“外传”、走向更为广阔的世界。以国内高校的“对外汉语学院”和在国外创办建立起来的“孔子学院”为基本依托的汉语海外传播工程建设近年来在加快提速。未来汉语将由一种纯本土的语言转化为具有全球性的“普通话”。汉语，也就是华语，将与英语等联合国工作语言一道共同构建世界的“通语体系”。中国的语言规划将调整从清末特别是“五四”白话文运动确立起来的“吸纳型”汉语发展思路，实施新的“供给型”汉语发展规划。

然而，从目前的状况来看，“对外汉语学院”也好，“孔子学院”也好，它们工作的重心都是在汉语口语的传播方面，其作为现代汉语、现代白话的文化含量还比较有限。以“中华思想文化术语传播工程”为起点，未来汉语海外传播将迅速提升其中华文化的传播力度。汉语将不仅作为一种与英语、日语一样的交际工具，还是一种了解中国历史、感知中华文化，熟悉中国文化心理的桥梁。“中华思想文化术语传播工程”不仅梳理那些反映中国传统文化特征和民族思维方式、体现中国核心价值的思想文化术语，而且强调用易于口头表达、交流的简练语言客观准确地予以诠释。这是传播好中国声音，讲好中国故事，让世界更多了解中国国情、历史和文化的重要举措，自然也是汉语海外传播的一个新任务、新阶段、新境界。

2014年，“中华思想文化术语传播工程”首批81条术语发布。截至2016年，《中华思想文化术语》已出版3辑，共收录术语300余条。在这300余条中，四字格的成语，包括成对的八字格成语，就占到五分之一强。这些成语虽然不是那些一字格、二字格术语，诸如“仁”“道”“气”“象”和“风骨”“良知”“天下”“宇宙”等具有它的基础性、学术性，但却是了解中华文化的一种特殊的钥匙。比如，了解到“安土重迁”，就能理解为什么中国五千年没有侵略历史；了解到“天人合一”，就能认识到“人定胜天”思想不是中国文化的原创；了解到

"唇亡齿寒"，就会掌握中国人的整体思维渗透到中国内政外交以及日常生活的各个方面；了解到"有容乃大"，就会领悟中国人为什么这样好客，对远方的朋友总是这样热情，愿意以兄弟姐妹相称。"中华思想文化术语传播工程"还有很多这样能够充分体现中国文化精神和民族智慧的文言成语，比如："民胞物与、无欲则刚、温故知新、授人以渔、三思而行、否极泰来、礼尚往来、见贤思齐、刚柔相济、大巧若拙、上善若水、居安思危、经世致用、和而不同、法不阿贵、过犹不及"等。所以，学习中华成语不仅是学习中国汉语的需要，更是学习中国文化，熟悉中国独特的思维方式的重要途径和手段。

应该说，将众多文言世界的中华成语纳入"中华思想文化术语传播工程"中来，是近百年前"五四"白话文运动的倡导者胡适所提出的"整理国故"国家行动的正式启动，对于传播中华文化、传承中华文明都是一项责无旁贷的工作，对于中国从劳务输出、资本输出转型到文化输出、智力输出也是必不可少的重要步骤。

（二）母语学习特别要注重包括成语在内的中国传统优秀文化的学习

从今天来看，中国的语言规划既要重视横向的汉语海外传播，特别是要强调包括文言成语在内的"中华思想文化术语"的传播，同时又要重视纵向的中国语言文化的传承。2014 年某市小学一年级语文教材在减负的名义下删除 8 篇古诗词，引发社会热议。这种无视中华民族文化基因的传承，"去中国化"的做法，无疑会遭到社会舆论和相关行政部门的坚决反对和迅速制止。

然而，古诗词被删这件事最直接的关联应该是中国语言规划这项工作还没有及时跟上。在过去的一百多年里，国人丝毫不能含糊的是对于西方先进文化特别是西方语言文化的学习。在学习了一百多年后，当我们凭借着汉语一次又一次地把我们的宇航员准确地送到既定的太空轨道，又按预定的方案让宇航员安全着陆，我们应该有我们的文化自信、语言自信。

在这样的历史时刻，我们要及时调整我们的语言规划，自信地让我们的后代传承好我们祖国自己的语言文化。然而，时至今日，我们做得还不够，而且很不够。虽然也许是惯性使然，但也确实要有清醒的基于语言规划的语言政策引导。有研究表明，我们的小学教材在成语学习量方面就表现得相当保守而显得"严重不足"。流行于中国内地小学的苏教版与人教版两套教材的课文所编入的成语均不到 500 条，而小学生实际可以掌握的成语量应该在 2000 条左右。[25] 当然，学生也可以从教材以外的其他读物、其他场合学到这些成语。但教材里的学习才是第一位的。比如，“民胞物与”这条成语不见于教材，所以学生不仅不太了解这条成语，甚至与这条成语意蕴相关的对每一条生命的尊重、关爱和善待也显得很淡漠了。从这个意义上讲，对于小学生来说，这不仅是一条成语的学习，更是现代社会理念的孕育、成长和确立。由此可见，成语的学习不仅仅是纯粹有量的问题，还关乎成语的质，成语的内涵，成语的中华优秀文化的熏陶。应该说，过去一百多年中国人以“生存”为主题创造了崭新的革命文化、战争文化。在“生存”语境、“革命”语境、“战争”语境之下，“民胞物与”等成语就没有多少地位，不会被主流意识形态所关注，这是非常自然的一件事。所以，在当今母语学习究竟要学多少成语、学哪些成语这个重大课题里，还有一个前期工程必须完成，这就是必须站在当代中国新的历史平台上重新审视、鉴别和整理出一套可供大中小学学生学习传承的“成语集群”。这是语言人应该做、可以做，也能做得好的一项工程。这项工程应该说不比“中华思想文化术语传播工程”地位低。或者说，这是两项关联度相当高的系统工程。这两项工程，特别是这里所讨论的“中华成语文化大中小学传承工程”，更是当年白话文运动的首倡者胡适所提出的“整理国故”的应有之义。有一种误解需要在这里特别澄清。这就是胡适当年倡导白话文运动所提出的“八不主义”中有“不用典”一项。在很长一段时间里，人们都以为胡适反对运用成语。但事实却并非如此。胡适不仅用成语，而且还用反映时代新理念的新成语。“与时俱进”这条20世纪90年代后热络起来的“新成语”，在《胡适全集》里就曾经出现过两次。一次是1933年6月的一则日记，另一次是1934年9月所写的《写在孔子诞辰纪念之后》。胡适还用成语做题目，1933年年底写有《逼上梁山》，叙说自己发动文学革命的缘起。在《再论中学的国文教学》一文中至少用了“事半功倍”“瞒心昧己”“贪官污吏”“糊里糊涂”4条成语。在主张白话写作这方面，瞿秋白是思想更为激进的一位倡导者。在他的著述里，成语运用更是随处可见。瞿秋白的成语运用技巧娴熟，手法多变，有时褒词贬用、调侃讽刺，有时与修辞手法、论证方法或俗语联合使用，有时对比使用、连续使用、一语多用、成语活用。只是因时代的限制，在“生存”语境下，为表现“革命”和“新生”的主题，瞿秋白著述中所用到的成语“贬义”为多，比如“十恶不赦、自欺欺人、苟延残喘、外强中干、穷凶极恶、吹毛求疵、随心所欲、入不敷出、一蹶不振、耀武扬威、目光短浅、装腔作势、缓兵之计、先知先觉、大名鼎鼎、灰心丧气、好高骛远、安分守己、俯首帖耳、幸灾乐祸、挑拨离间、落花流水、老奸巨猾、偷天换日”等。[26] 然而，坚信成语学习不可动摇，这是我们的基本信念。相比一百多年前，今天的汉语面貌发生了巨大变化。我们也相信，未来汉语还会有更多想象不到的新气象。但是，无论汉语有什么样的白话，成语作为文言成分最为丰富的汉语语词，只会增多不会减少。对此，我们是有足够信心的。正是基于这一点，我们认为，“中华成语文化大中小学传承工程”的启动并全面实施是再怎么评估它的价值也不会过分的。自然，这项工程的最核心一环就是小学母语教材中的成语，特别是文言成语的学习内容、学习方式、学习成效要能取得突破性的进展。

注释：

[1]〔美〕约瑟夫·列文森．儒教中国及其现代命运［M］．郑大华，任菁译．北京：中国社会科学出版社，2000：141.

[2]文贵良．解构与重建——五四文学话语模式的生成及其嬗变［J］．中国社会科学，1999（5）：36-55.

[3]石毓智．现代汉语语法系统的建立［M］．北京：北京语言大学出版社，2003.

[4][13]刁晏斌．现代汉语史［M］．福州：福建人民出版社，2006.

[5]张双棣．吕氏春秋词汇研究［M］．济南：山东教育出版社，1989.

[6]张能甫．郑玄注释语言词汇研究［M］．成都：巴蜀书社，2000.

[7]万久富．《宋书》复音词研究［M］．南京：凤凰出版社，2006.

[8][11]徐时仪．汉语白话发展史［M］．北京：北京大学出版社，2007.

[9]〔意〕利玛窦，〔比〕金尼阁．利玛窦中国札记［M］．何高济，王遵仲，李申译．桂林：广西师范大学出版社，2001.

[10]高玉．现代汉语与中国现代文学［M］．北京：中国社会科学出版社，2003.

[12][16]何九盈．中国现代语言学史［M］．广州：广东教育出版社，1995：24，25.

[14]汪禄应．瞿秋白汉语现代化的探索［M］．北京：中国文联出版社，2016：12-13.

[15][24]郜元宝．为什么粗糙？——中国现代知识分子语言观念与现当代文学［J］．文艺争鸣，2004（2）：11，8-13.

[17]耿云志，欧阳哲生．胡适书信集（上）［M］．北京：北京大学出版社，1996：474-475.

[18]陈平原．当代中国的文言与白话［J］．中山大学学报（社会科学版），2002（3）：16-28.

[19]刘延新．古语词分布状况和使用频率考察：兼评《现代汉语词典》和《现代汉语频率词典》的收词［J］．辽宁大学学报（哲学社会科学版），1999（2）：32-35.

[20][26]杨建生．瞿秋白的成语运用艺术［J］．常州工学院学报，2010（4）：60，60-64.

[21]申小龙．现代汉语［M］．上海：上海外语教育出版社，2014：224.

[22]莫彭龄．“成语+”教学新模式初探［J］．语文学习，2015（12）：11-13.

[23] 教育部. 中国语言生活状况报告[M]. 北京：商务印书馆，2015.

[25] 郭骏. 关于小学生成语学习量的思考：基于小学语文课文成语编录情况的数据统计[C]//汪禄应，莫彭龄. 第五届中华成语文化论坛交流论文汇编，2016：186-191.

本节内容发表于2017年第14期《汉字文化》。原文题目是《现代汉语中的成语现象》，有改动。

第二节　成语写作资源开发的实践探索

9.2.1　改写素材检视

“改写”，是一种基于现成文本来写作而与直接的现实摹写区隔开来的写作范式。中外文学史上的很多经典，如《西厢记》《三国演义》和《哈姆莱特》《浮士德》等都属于改写之作。那么，什么样的文本可以改写、适合改写？或者说，从中外改写写作实践看，作家们更乐于、更倾向于对哪些文本实施改写？首先是“传说故事”，包括远古神话、历史故事和民间传说。比如，神话故事牛郎织女世世代代在传说，也世世代代被“改写”。历史故事“三国”，隋朝时就被搬上了戏台。[1]然而，直到今天，“三国”还在传唱和改写，人们乐此不疲。其次是流行作品。京剧《沙家浜》是对《芦荡火种》的改写，电视剧《沙家浜》又是对京剧《沙家浜》的改写。[2]为什么选择改写？因为原作在读者和受众中有非同寻常的影响力，是一个时期的经典。

不难看出，改写素材除了一般性的有比较完整的故事情节外，还应具备以下几个特征：

（1）故事流传的广泛性。比如，牛郎织女的民间传说。为什么这个故事几千年来一直被改写？就因为它流传广泛。在中国四大爱情传说中，牛郎织女的流传最广，以至于被后人誉为中国爱情神话的经典，甚至七夕这个传统节日也是这个故事衍生出来的，可见它的家喻户晓。现存最早的记载是《诗经·小雅·大东》一诗，那应该还是贵族阶层的歌唱。东汉古诗《迢迢牵牛星》在《诗经》内容的基础上，丰富了神话传说的故事情节，突出了织女相思之悲苦，这已是下层文人的传唱了。到了北宋秦观笔下，一首《鹊桥仙·纤云弄巧》的词将牛郎织女的传说化为一曲纯情的爱情颂歌，既有牛郎织女相聚的欢愉，又有他们离别的伤悲。故事跌宕起伏，尤其是词的末二句“两情若是久长时，又岂在朝朝暮暮”使这个传说故事升华到一个崭新的思想高度。这样，牛郎织女的故事也就完全在下层文人心中扎根了。1955年的现代电影《天仙配》更是通过戏曲的形式将这个千古爱情绝唱传播到最基层的民众中了。

（2）文本意蕴的丰富性。《雷雨》是20世纪30年代的一部话剧代表作。据不完全统计，现在差不多各类剧种的《雷雨》都有了，从电影到电视剧，从评弹到歌剧，从沪剧到粤剧，从舞剧到黄梅戏，从眉户剧到校园剧。为什么会有这种现象？可以有很多方面的解释。除了故事层面强烈的戏剧效果外，更主要的恐怕还是作品内涵的丰富性。可以这样说，剧本多方面的人生哲理意蕴是《雷雨》不断赢得观众的根本原因。文学作品改编能够在电影制作中找到优势。据业内人士统计，自1930年以来，有25部改编自文学作品的电影获奥斯卡最佳影片奖，其中不乏《乱世佳人》《英国病人》《辛德勒的名单》等经典作品；在好莱坞，起码一半以上的电影有其文学渊源。[3]在欧洲引起轰动，又在美国掀起“黑泽明热”并获奥斯卡最佳外语片奖的电影《罗生门》，也是黑泽明由日本名作家芥川龙之介的两篇短篇小说《罗生门》和《筱竹丛中》改编而成。为什么有这种情况？文学作品文本意蕴的丰富性是其他电影剧本所不具备的。

（3）民族品格的代表性。“三国”故事为何一再有人去改写、去“翻唱”？除了这个故事为民众喜闻乐见、流传广泛外，还有一个更重要、更深层次的原因。那就是早在《三国志》中“三国”故事就蕴含比较明确的“忠义”观念、“大一统”观念。到了《三国演义》，有关“忠义”情感的描述、“大一统”思想的铺写就格外鲜明。在《三国志》里，刘备和关羽的君臣关系已有“寝则同床，恩若兄弟”的记载，到了《三国演义》里，关羽的忠义便有“屯土山约三事”“夜读春秋”“封金挂印”“过五关斩六将”等各种让人荡气回肠的故事描写。学者沈伯俊早就主张《三国演义》的主题就是“向往天下统一，歌颂‘忠义’英雄”。[4]这种谈做人讲究忠诚信义，谈社会主张天下一统的观念，正是中华民族几千年形成的基本品格的集中体现和代表。

9.2.2 成语改写初探

中华成语典故储藏了极其丰富的改写素材。首先，成语总量大，且运用广泛，很多时候它们还作为基本素材应用到写作以外的其他艺术领域，诸如绘画、雕塑等。据统计，在社会上流行或者说在一般的口语和书面语中常见的成语，数量在 10000 条以上。[5] 其中，具有比较完整故事情节的占相当大的比例，这类成语人们通常称之为成语典故。因为有故事情节，也就更加为大众喜闻乐见，其流布传播也就更加久远、更为广泛。比如，“狐假虎威、黔驴技穷、四面楚歌”等这些成语，每一条都是一个饶有情趣甚至惊心动魄的故事传说，人人喜爱。其次，成语内涵极其丰富，思想博大精深。在中国，人们生活的经验常常凝结为言简意赅的成语。它们或绘声绘色地描述某种社会现象，或形象生动地揭示某个生活常识乃至自然规律，或是机智委婉地规劝人们不要再走弯路，少犯错误。比如，“居安思危、精益求精、虚怀若谷”等，它们都是人们在生活实践中总结出来的经验。再次，成语是中华民族的智慧结晶，它们表现的是中国人几千年的情感诉求、品格崇尚。比如，“愚公移山、三顾茅庐、程门立雪”等分别阐述的是东方民族特有的顽强、谦逊和执着。很显然，成语的这些特性与上文所讨论的改写素材特征高度吻合；成语，特别是那些有故事情节的成语典故是改写写作的重要素材。其实，很多神话传说都凝结为生动活泼的成语，不少流行作品也包含这样那样的成语故事。也就是说，成语改写及其成果也是有目共睹。上文所述爱情神话经典“牛郎织女”后来就慢慢作为一条成语广泛运用在人们的话语中。至于鲁迅的《故事新编》的 8 篇里就有“女娲补天”“嫦娥奔月”“后羿射日”“干将莫邪”“不食周粟”“三过家门而不入”等好多条成语。郭沫若的历史剧也有不少属于成语故事改写，如“文君新寡、昭君出塞、棠棣之花”等。也就是说，成语改写并非今日始，前人有其丰富的实践经验。探讨和总结这些经验，不仅可以增强成语改写的信心，同时也可以将成语改写作为一个重要方面推动“改写范式”在当今写作实践中的发展。

成语改写大致可以分为两种类型：第一类，故事拓展型。这是保守型的改写。忠实于现有的故事框架，同时也忠实于成语的基本意义。这样的改写理念过去一直是“改写范式”的主流。故事拓展型改写保证了成语典故的基本原貌不因为改写而走形走样，有利于成语本身的流传。比如，从《诗经·小雅·大东》到东汉古诗《迢迢牵牛星》，到北宋秦观的词《鹊桥仙·纤云弄巧》，到 1955 年的现代电影《天仙配》，故事元素有太多的变化，但作为神话传说，作为成语典故，其故事在《迢迢牵牛星》的东汉时期定型之后，往后近两千年里该故事的基本面貌保持不变。在此前提下，故事在演进：首先，牵牛星、织女星等星座实现人格化；其次，人格化为牛郎织女后，他们是男女恋爱关系；再次，一弯银河相隔，更使他们感情深沉。第二类，主题演进型。这是激进型的改写。它对成语故事的基本框架做这样那样的突破，从而对成语内涵做不同程度的翻新。比如，毛泽东《愚公移山》的改写将所移之“山”明确为社会势力而不是土石自然物，便一下子突破了原本一家一户的世代挖山结构，而转变为一个社会群体的长期斗争结构。这里，原本的韧性斗争情绪借助子孙来挖这个重要情节的保留和渲染而延续下来，但“挖”的对象由“土石之山”变为“势力之山”，成语的意义内涵便由“生态生存”转换成了“社会变革”。从“改写范式”对于写作意义的突破来看，主题演进型的功能更为强劲。这两种类型是成语改写的基本类型，也是今天成语改写实践可自觉遵循和深入探讨的。下面三个问题就是成语改写值得深入研究的。

（一）故事元素的延续与改造

任何改写都会对最初文本的一些元素有所坚守和保留，成语改写当然也是如此。拿鲁迅的《故事新编》中的第一篇《补天》来说，这是神话故事的改写，也是成语典故“女娲补天”的改写。作品表现的是鲁迅心中最理想、最完美的人格，所谓“真的人”，比如丰盈的原始自然生命力和创造精神，比如拯救天下为己任、舍己为人的伟大献身精神等。为表达这样的现代思想，作者从古代神话取材，且就改写文本来说，“鲁迅并未在典籍记载之外虚构更多的什么”。[6]也就是说，作者基本上延续的是《淮南子·览冥篇》等典籍有关女娲补天的记载。从女娲“揉捏几回，便有一个和自己差不多的小东西在两手里”到“青的和杂色的石块都一色通红了，饴糖似的流布在裂缝中间，像一条不灭的闪电”都是古代典籍中女娲“抟土造人”、女娲“炼五色石”等故事元素的承继和延续。再比如，郭沫若的历史剧《卓文君》也是沿用的《史记·司马相如列传》等文献记载，该剧的情节结构基本上就是前人“文君寡居”到“私奔相如”这些故事的延续。但是，不仅鲁迅的《补天》是“只取一点因由，随意点染”，郭沫若的《卓文君》更不拘泥于史实。任何改写都有作者对于原初故事文本一些元素的改造、变换，特别是增补。在《补天》里，有女娲“忽然醒来”的“具象”描述，也有女娲“吐出最后的呼吸”的“人格”描写，都是作者“点染”出来的。同样，《卓文君》中的很多台词毫无疑问都是剧作家借古人的嘴说今人的事。卓文君的喟然长叹“普天下的儿女，都是做父母的把他们误了！”也好，卓文君对父亲卓王孙、公公程郑义正词严地斥责“你们老人们维持着的旧礼制，是范围我们觉悟了的青年不得，范围我们觉悟了的女子不得！”也罢，还有作为卓文君引路人红箫的那句感慨“各人的命运，是该各人自己去开拓”等，都是最初文本里没有的。据王永慧、唐敏等人的研究，红箫这个人物的设置以及整个剧本故事模式的设计很大程度上是借鉴了元杂剧《西厢记》。[7] 所以，在某种意义上，《卓文君》中的“红箫”就是《西厢记》中的“红娘”。

（二）故事情节拓展的主要方式

成语改写主要表现为故事情节的拓展。具体分析，大致有这样三种方式：第一，材料多源化。比如鲁迅《补天》因为不止采用一种文献，从而将“补天”与“造人”的故事糅合到一篇当中，女娲的形象也因此完整起来、全面起来。郭沫若《卓文君》中“红箫”这个人物的设置，更是借鉴了其他故事元素。第二，情节实景化。古代典籍中的成语故事都是粗线条的，大都只有一些大致的故事轮廓。成语改写则可以将故事情节落实到一天的某时某刻。于是，太阳的位置，人物的情绪，都可以像现实摹写范式一样去展开。鲁迅《奔月》开头就是一组“电影实景镜头”：“宅外”，后羿这天还是没有射到称心的猎物，“懒懒地下了马”，“家将们”为他接过马的缰绳和鞭子；“内院”，妻子嫦娥“探了一探头”；再走进“内房”，只见嫦娥“似理不理”，随后“柳眉一扬”，嘴里一阵咕噜“又是乌鸦的炸酱面！又是乌鸦的炸酱面！你去问问去，谁家是一年到头只吃乌鸦肉的炸酱面的？”[8] 第三，因由具体化。故事的前因后果，最初文本里很少有。比如，女娲为何造人？在鲁迅《补天》里，女娲造人被描写为一种源自无聊的非自觉行为。作品写道：“‘唉唉，我从来没有这样的无聊过！’伊想着，猛然间站立起来了，擎上那非常圆满而精力洋溢的臂膊，向天打一个欠伸，天空便突然失了色，化为神异的肉红，暂时再也辨不出伊所在的处所。”[9] 嫦娥为何奔月？在《奔月》中，鲁迅写到丈夫后羿面对的早已不是如封豕、长蛇之类的巨兽，而只是麻雀、乌鸦一类的小动物；每次出猎，“满眼是胡蜂，粉蝶，蚂蚁，蚱蜢，那里有一点禽兽的踪迹”。妻子嫦娥厌倦了，再也忍受不住“乌鸦的炸酱面”，吃了道士的仙药飞天而去了。[10]

（三）故事主题演进的几种手段

成语改写还表现为故事主题的时代演进。演进的手段首先是将故事元素做现代阐释。毛泽东《愚公移山》将所移之“山”解释为“帝国主义、封建主义”这样的现代概念，一下子将这个经典的成语寓言故事改造为宣示时代主题的现代叙事。最近，江苏《关心下一代周报》的《成语新说》栏目发表了系列文章。[11] 莫春雷的《三人成虎》将历史故事中说魏臣庞恭谣言的“人”阐释为在网络上散布谣言的“秦火火们”，丁小明的《狐假虎威》将这个成语寓言中的“虎”阐释为2010年那个“我爸是李刚”新闻中的原公安局副局长李刚。这里，最初故事元素中的“人”和“虎”做这样的现代阐释，使得“三人成虎、狐假虎威”等成语一下子获得了崭新的现代意义了。其次是将对话用语做时代穿越。在郭沫若《卓文君》里，卓文君斥责父辈们所说的“维持着的旧礼制”中的“旧礼制”，红箫所说“各人的命运，是该各人自己去开拓”中的“命运”“开拓”都是“五四”时代“追求个性解放”的新潮话语，而最初故事中的人物对话是不会用这套话语系统来表达的。很显然，这种体现时代精神的话语系统在人物对话中一旦转换成功，整个故事的主题也就属于这个新时代了。此外，细节描写做时事点染也是一个重要手段。《补天》最为典型。在鲁迅笔下，女娲补天故事有很多细节是由时事敷衍出来的。比如女娲醒来之后，对说着古文的人感到厌恶、无法沟通。很显然，这细节是与当时的白话文运动联系在一起的。

9.2.3　基于文化资源开发的成语改写实践与展望

成语改写的意义在于将成语这种文化资源“引入”写作和创作中。将成语作为写作和创作素材，或者说在写作和创作领域中将成语文化资源作为深度开发的对象，这是一个很有潜力、很有创新意义的文化发展项目。从一般写作（包括学生作文）来说，成语典故的改写是改变过去一味对现实生活（特别是围绕自我）的直接摹写而进行历史与现实对话的一种努力；而从文艺创作来说，成语典故的改写则可能是一个重要的文化项目增长点。不仅不少“成语群”可以实施规模不等的系列作品再创作，很多单个的成语典故都可以尝试较大体量的“改写型”创作。而若将成语改写“引入”学生作文，也将会在一定程度上破解中国写作教学中的很多困惑，从而给整个母语教育带来新的气象。

有“成语之乡”美誉的河北省邯郸市在2006年“邯郸成语典故文化”入选省级“非物质文化遗产名录”后，率先启动成语典故文化的“产业化”探索。[12] 2012年，邯郸市与河北电影制片厂联合摄制完成电影《毛遂自荐》。该片以“毛遂自荐”“脱颖而出”等成语为基本素材，以现代视角和美学手段重新演绎了两千多年前的古老成语典故，表现出爱国奉献、拼搏进取、勇于担当等崭新理念和思想智慧，从而为中国电影再添一部力作。其中，女性角色的虚构对于成语现代意义的阐发起到了很重要的作用。[13] 2013年夏，中华首部365集少儿《成语故事》系列电影剧本编审工作在邯郸基本完成，随后电影在影视基地横店影视城开机拍摄。以“完璧归赵”“负荆请罪”“一枕黄粱”“邯郸学步”等为代表的成语故事改写的系列剧本创作，填补了我国成语系列电影作品的空白。[14]可见，无论单个成语，还是系列成语都可以进行改写创作、实施资源开发。单个成语，只要选择得当，又能充分占有史料，加之符合历史逻辑与实际情境的虚构，就可以创作出既有历史厚度又有现实意义的作品。系列成语，也必须有细心的选择，更要有恰当的组合。只有形成一个个具有某种主题倾向的“成语群”，才能发挥系列作品的强大冲击力和组合力。在系列成语条件下，每个成语的改写应当努力保持整体的语言风格，体现整体的主题倾向。

成语改写创作大有作为。它不但可以成为文学创作、文化产业发展的一个重要思路，还可以给一般学生作文以新的启发和推动。江苏省常州市两所学校——常州市新北区实验中学和常州市百草园小学——最早于2008年在学生作文中引入成语改写。2010年常州市新北区国英小学与常州市成语文化研究会联手，举办了一万多名小朋友参加的“首届‘国英杯’全国少儿成语作文大赛”，大赛主要考查以成语故事为题材的成语改写（包括改编、扩编、续编）能力。包括福建省诏安县第一中学、山东省济南市实验小学、四川省宜宾市翠屏区实验小学、湖南省辰溪县熊首山小学、云南省昆明市昆船小学的中小学生分获大赛一、二、三等奖。[15]2013年9月江苏省《关心下一代周报》开设《成语新说》栏目，先后发表了由江苏省中华成语研究会提供的《三人成虎》《狐假虎威》《井底之蛙》《亡羊补牢》和《班门弄斧》等成语改写文章。这些改写之作大都出自大中小学师生和家长。虽然体量不大，篇幅短小，但在中小学有着很好的反响。这是在一般写作特别是中小学作文中开发利用成语文化资源的一种极好的实践。

注释：

[1] 章培恒，骆玉明．中国文学史（下）[M]．上海：复旦大学出版社，1996：174.

[2] 赵欣．从英雄的神坛到世俗的花园——《沙家浜》创作、影响史话[M]//樊星．永远的红色经典——红色经典创作、影响史话．武汉：长江文艺出版社，2008：251-267.

[3] 周南焱．国产片何以改不好文学名著[N]．北京日报，2013-04-28（17）.

[4] 沈伯俊．向往国家统一　歌颂“忠义”英雄——论《三国演义》的主题．天府新论[J]，1985（6）：57.

[5] 据初步调查，目前各出版社出版的小型成语词典，词条一般都不低于10000条。

[6] 聂运伟．《补天》新解[J]．鲁迅研究月刊，1992（12）：37.

[7] 王永慧，唐敏．红箫在卓文君转变中的作用[J]．四川戏剧，2010（6）：51.

[8][9][10] 鲁迅. 鲁迅全集：第二卷 [M]. 北京：人民文学出版社，1973：467-483，462，467-483.

[11]《关心下一代周报》自2013年9月6日第967期起在B3版“悦读”隔周连续刊登江苏省中华成语研究会提供的《成语新说》系列文章。

[12] 常玉荣，覃宏. 邯郸成语典故文化的产业化探索 [J]. 时代文学，2008（2）.

[13] 陈志光. 数字电影《毛遂自荐》获各界好评 [N]. 邯郸日报，2012-12-18（1）.

[14] 林珊. 少儿电影《蔺相如》，拍适合孩子的故事 [N]. 北京青年报，2013-08-16（3）.

[15] 姚卫伟. “国英杯”全国少儿成语作文竞赛优秀作品选 [G]. 江苏教育出版社，2010.

本节内容发表于2014年第1期《常州工学院学报》。原文题目是《试论成语典故的改写——基于文化资源开发视角的考察》，有改动。

参考文献

[1]〔古希腊〕亚里士多德. 修辞学[M]. 罗念生译. 上海：上海人民出版社，2006.

[2]〔英〕皮特·科德. 应用语言学导论[M]. 上海外国语学院外国语言文学研究所译. 上海：上海外语教育出版社，1983.

[3]〔美〕约瑟夫·列文森. 儒教中国及其现代命运[M]. 郑大华等，译. 北京：中国社会科学出版社，2000.

[4]〔美〕多尔. 后现代课程观[M]. 王红宇译. 北京：教育科学出版社，2000.

[5]〔美〕沃尔特·艾萨克森. 史蒂夫·乔布斯传[M]. 管延圻，魏群，作倩，赵萌萌译. 北京：中信出版社，2011.

[6]黎锦熙. 国语运动史纲[M]. 上海：商务印书馆，1934.

[7]倪海曙. 中国拼音文字运动史简编[M]. 上海：时代书报出版社，1948.

[8]倪海曙. 中国语文的新生[M]. 上海：时代书报出版社，1949.

[9]倪海曙. 拉丁化新文字概论[M]. 上海：时代出版社，1949.

[10]倪海曙. 清末汉语拼音运动编年史[M]. 上海：上海人民出版社，1959.

[11]倪海曙. 拉丁化新文字运动的始末和编年纪事[M]. 上海：知识出版社，1987.

[12]北京师范学院中文系汉语教研室. 五四以来汉语书面语言的变迁和发展[M]. 北京：商务印书馆，1959.

[13]费锦昌. 中国语文现代化百年记事（1892—1995）[M]. 北京：语文

出版社，1997.

[14] 教育部. 中国语言生活状况报告 [M]. 北京：商务印书馆，2015.

[15] 徐时仪. 汉语白话发展史 [M]. 北京：北京大学出版社，2007.

[16] 刁晏斌. 现代汉语史 [M]. 福州：福建人民出版社，2006.

[17] 胡适. 胡适日记全编：第 1—8 卷 [M]. 曹伯言整理. 合肥：安徽教育出版社，2001.

[18] 胡适. 胡适书信集（上中下）[M]. 耿云志，欧阳哲生编. 北京：北京大学出版社，1996.

[19] 胡适. 胡适文集：第 1—12 卷 [M]. 欧阳哲生编. 北京：北京大学出版社，1998.

[20] 瞿秋白. 瞿秋白文集：文学编第 1—6 卷 [M]. 北京：人民文学出版社，1985.

[21] 瞿秋白. 瞿秋白文集：政治理论编第 1—8 卷 [M]. 北京：人民出版社，1987.

[22] 梁启超. 梁启超全集：第 1—21 卷 [M]. 北京：北京出版社，1999.

[23] 蔡元培. 蔡元培全集：第 1—4 卷 [M]. 高平叔编. 北京：中华书局，1984.

[24] 陈独秀. 独秀文存 [M]. 合肥：安徽人民出版社，1986.

[25] 鲁迅. 鲁迅全集：第 1—18 卷 [M]. 北京：人民文学出版社，2005.

[26] 陈望道. 陈望道文集：第 1—3 卷 [M]. 上海：上海人民出版社，1981.

[27] 朱自清. 朱自清全集：第 1—12 卷 [M]. 南京：江苏教育出版社，1996.

[28] 王力. 王力文集：第 1—20 卷 [M]. 济南：山东教育出版社，1984.

[29] 叶籁士. 叶籁士文集 [M]. 北京：中国世界语出版社，1995.

[30] 周有光. 周有光文集：第 1—15 卷 [M]. 北京：中央编译出版社，2013.

[31] 李宇明. 中国语言规划论 [M]. 北京：商务印书馆，2010.

[32] 陈章太. 语言规划研究 [M]. 北京：商务印书馆，2007.

[33] 教育部语用所社会语言学与媒体语言研究室. 语言规划的理论与实践 [M]. 北京：语文出版社，2006.

[34] 郭熙. 中国社会语言学 [M]. 北京：商务印书馆，2013.

[35] 王均．当代中国的文字改革 [M]．北京：当代中国出版社，1995.

[36] 石毓智．现代汉语语法系统的建立 [M]．北京：北京语言大学出版社，2003.

[37] 张双棣．吕氏春秋词汇研究 [M]．济南：山东教育出版社，1989.

[38] 张能甫．郑玄注释语言词汇研究 [M]．成都：巴蜀书社，2000.

[39] 万久富．《宋书》复音词研究 [M]．南京：凤凰出版社，2006.

[40] 高玉．现代汉语与中国现代文学 [M]．北京：中国社会科学出版社，2003.

[41] 何九盈．中国现代语言学史 [M]．广州：广东教育出版社，1995.

[42] 赵贤德．常州籍四大语言学家与中国语文现代化 [M]．南京：凤凰出版社，2016.

[43] 汪禄应．瞿秋白汉语现代化的探索 [M]．北京：中国文联出版社，2016.

[44] 文史知识编辑部．经书浅谈 [M]．北京：中华书局，1984.

[45] 何新．孔子论人生 [M]．北京：时事出版社，2003.

[46] 马银琴．周秦时代诗的传播史 [M]．北京：社会科学文献出版社，2011.

[47] 章培恒，骆玉明．中国文学史（上中下）[M]．上海：复旦大学出版社，1996.

[48] 陈平原．中国现代学术之建立 [M]．北京：北京大学出版社，1998.

[49] 陈平原．中国现代小说的起点 [M]．北京：北京大学出版社，2005.

[50] 陈平原，夏晓红．二十世纪中国小说理论资料（第一卷）(1897—1916) [M]．北京：人民文学出版社，1989.

[51] 陆克寒．“文人”：启蒙与革命——瞿秋白的思想个案 [M]．北京：中央文献出版社，2010.

[52] 杨慧．思想的行走：瞿秋白“文化革命”思想研究 [M]．北京：商务印书馆，2012.

[53] 杨建生．瞿秋白政论文研究 [M]．北京：中央文献出版社，2004.

[54] 陈晋，李师东．毛泽东读书笔记解析 [M]．广州：广东人民出版社，1996.

[55] 陈思和．中国现当代文学名篇十五讲 [M]．北京：北京大学出版社，2003.

[56] 俞元桂. 中国现代散文十六家综论 [M]. 上海：华东师范大学出版社，1989.

[57] 子通，亦清. 张爱玲评说六十年 [M]. 北京：中国华侨出版社，2001.

[58] 吴式颖，阎国华. 中外教育比较史纲 [M]. 济南：山东教育出版社，1997.

[59] 梅贻琦. 中国的大学 [M]. 北京：北京理工大学出版社，2012.

[60] 杜作润，廖文武. 高等教育学 [M]. 上海：复旦大学出版社，2003.

[61] 丁钢. 文化的传递与嬗变 [M]. 上海：上海教育出版社，1990.

[62] 张惠芬，金忠明. 中国教育简史 [M]. 上海：华东师范大学出版社，1995.

[63] 李华兴. 民国教育史 [M]. 上海：上海教育出版社，1997.

[64] 钟启泉. 学科教学论基础 [M]. 上海：华东师范大学出版社，2001.

[65] 钟启泉，崔允漷，张华.《基础教育课程改革纲要（试行）》解读 [M]. 上海：华东师范大学出版社，2001.

[66] 顾黄初. 顾黄初语文教育文集（上下）[M]. 北京：人民教育出版社，2002.

[67] 倪文锦. 语文教育展望 [M]. 上海：华东师范大学出版社，2002.

[68] 倪文锦. 文化强国与语文教材改革 [M]. 北京：语文出版社，2015.

[69] 倪文锦. 高中语文新课程教学法 [M]. 北京：高等教育出版社，2004.

[70] 欧阳汝颖. 高效能中文教学 [C]. 香港：香港中文教育学会，1998.

[71] 王荣生. 语文科课程论基础 [M]. 上海：上海教育出版社，2005.

[72] 李海林. 言语教学论 [M]. 上海：上海教育出版社，2000.

[73] 李海林. 语文教育研究大系·理论卷 [M]. 上海：上海教育出版社，2005.

[74] 谢象贤. 语文教育学 [M]. 杭州：浙江教育出版社，1993.

[75] 潘新和. 语文：表现与存在 [M]. 福州：福建人民出版社，2004.

[76] 徐林祥. 小学语文课程与教学论 [M]. 北京：教育科学出版社，2014.

[77] 朱作仁. 小学语文教学法原理 [M]. 上海：华东师范大学出版社，1988.

[78] 杨九俊，姚烺强. 小学语文专题研究 [M]. 苏州：苏州大学出版社，2001.

[79] 教材编写委员会. 小学语文教学概论 [M]. 北京：开明出版社，1998.

［80］凌焕新．写作新教程［M］．南京：江苏教育出版社，2009.

［81］祁寿华．西方写作理论、教学与实践［M］．上海：上海外语教育出版社，2000.

［82］荣维东．交际语境写作［M］．北京：语文出版社，2016.

［83］林一平．读者意识写作教学论［M］．北京：中国文联出版社，2003.

［84］王荣生．写作教学教什么［M］．上海：华东师范大学出版社，2014.

［85］吴立岗．小学作文教学论［M］．南京：广西教育出版社，2005.

［86］管建刚．我的作文教学革命［M］．福州：福建教育出版社，2010.

［87］樊星．永远的红色经典——红色经典创作、影响史话［M］．武汉：长江文艺出版社，2008.

［88］斯霞．我的教学生涯［M］．上海：上海教育出版社，1982.

［89］李吉林．李吉林文集：第1—8卷［M］．北京：人民教育出版社，2006.

［90］于永正．于永正语文教学精品录［M］．徐州：中国矿业大学出版社，1999.

［91］钱梦龙．钱梦龙与导读艺术［M］．北京：北京师范大学出版社，2006.

［92］孔丘．论语（外二种）［M］．北京：北京出版社，2006.

［93］司马迁．史记［M］．长沙：岳麓书社，2004.

［94］罗贯中．三国演义［M］．北京：文化艺术出版社，1998.

［95］康有为．大同书［M］．上海：上海古籍出版社，2006.

［96］孙中山．孙中山选集［M］．北京：人民出版社，1981.

［97］毛泽东．毛泽东早期文稿［M］．长沙：湖南出版社，1990.

［98］林语堂．语堂文选（上下）［M］．长春：时代文艺出版社，1995.

［99］费孝通．乡土中国［M］．北京：北京出版社，2005.

［100］张爱玲．张爱玲文集精读本［M］．北京：中国华侨出版社，2002.

［101］傅敏．傅雷家书［M］．上海：生活·读书·新知三联书店，1984.

［102］余秋雨．秋雨散文［M］．杭州：浙江文艺出版社，1994.

［103］刘亮程．一个人的村庄［M］．乌鲁木齐：新疆人民出版社，1998.

［104］徐中玉，金启华．中国古代文学作品选［M］．上海：华东师范大学出版社，1996.

［105］徐中玉，齐森华．大学语文［M］．上海：华东师范大学出版社，2005.

[106] 简修炜，庄辉明，章义和．六朝史稿 [M]．上海：华东师范大学出版社，1994.

[107]〔意〕利玛窦，〔比〕金尼阁．利玛窦中国札记 [M]．何高济，王遵仲，李申译．桂林：广西师范大学出版社，2001.

[108] 罗荣渠．从“西化”到现代化 [M]．北京：北京大学出版社，1990.

[109] 许纪霖．中国知识分子十论 [M]．上海：复旦大学出版社，2003.

[110] 王铁仙，刘福勤．瞿秋白传 [M]．北京：人民出版社，2011.

[111] 姚守中，马光仁，耿易．瞿秋白年谱长编 [M]．南京：江苏人民出版社，1993.

[112] 易难*．瞿秋白研究资料索引 [M]．北京：中国文联出版社，2013.

[113] 张公瑾，丁石应．文化语言学教程 [M]．北京：教育科学出版社，2004.

[114] 莫彭龄．汉语成语与汉文化 [M]．南京：江苏教育出版社，2001.

[115] 刘玉凯．成语文化 [M]．北京：中国经济出版社，2013.

[116] 傅修海．时代觅渡的丰富与痛苦——瞿秋白文艺思想研究 [D]．广州：中山大学，2009.

[117] 赵健．晚清翻译小说文体新变及其影响——以晚清最后十年（1902—1911）上海七种小说期刊为中心 [D]．上海：复旦大学，2007.

[118] 荣维东．写作课程范式研究 [D]．上海：华东师范大学，2010.

[119] 田良臣．语文科口语课程的多维研究 [D]．上海：华东师范大学，2006.

[120] 胡根林．语文科文学课程内容研究 [D]．上海：上海师范大学，2008.

[121] 汪禄应，莫彭龄．第五届中华成语文化论坛交流论文汇编 [C]．江苏省中华成语研究会，2016.

*说明：作者叶楠，笔名易难。本书由江苏省瞿秋白研究会组编，易难主编。

后　记

这本书是我的一次学术小结，共收我 1999—2018 年间发表在各类刊物上的 32 篇论文。

来高校工作近二十年了。我常常想，21 世纪的今天，中国大学的数量已由 19 世纪末的 20 多所增加到 2018 年的近 3000 所；那么，这么多大学中哪所才是名气最旺、发展也最为理想的呢？恕我孤陋寡闻，说实在话，在我心里，似乎没有第二个答案，这所大学大约就是那有一池池荷塘的清华大学。

我这样认为，不是因为那些“百姓口碑”，也没有去考量国内外大学评估机构的各类排名，而是看好清华一百多年来对汉语母语教育的认真、执着，从不懈怠。这是我作为一个语文人，一个涉猎过大中小学汉语母语教育的大学教师，一个特别关注国民、尤其是当代大学生的汉语写作整体水平的知识分子，最为看重的一个观察点。细细想来，将汉语母语教育作为一件大事来抓，这对于一个本为“留学预备学校”的大学来说，是一件多么不容易、多么了不起的事情！更是一件值得今天的“大学人”好好研究、大书特书的事情。自然，在其创生期，清华的国文教育也有很多不足，甚至有些时候问题还相当严重，曾遭到梁实秋等不少学生的公开吐槽、揶揄和批评；他们曾在正式期刊《清华周刊》上发表这方面的专论，有的措辞还相当激烈。尽管如此，但我仍清楚地看到清华的汉语母语教育乃至整个人文通识教育改革一直在持续；有关这项教育的课程内容、教材建设、考核要求、教学方法、教师聘任等，无论在哪个时期清华都在坚持，几乎从未中断过。正如最近铁凝所指出的，清华不仅高悬有“人文日新”的匾额，清华校园更充溢着人文的“性格、表情和气象”。

这方面可值得探讨的经验很多很多，这里仅说说其中的三件事。第一，一流甚至顶级学者担任大学语文课程教学，至少持续过二十多年。对此，晚年受聘清华任教大学语文八年的王步高教授做过一个梳理。他说，曾在清华教过大一国文的教师差不多都是一些大师级人物，“1929—1930 年为杨树达、张煦、刘文典、朱自清；1932 年为闻一多；1934—1935 年为俞平伯、浦江清、许维遹；1936—1937 年为余冠英、李嘉言；1940 年为沈从文、吴晓铃、何善周；1944 年为王瑶；1946 年为范宁、叶金根、朱德熙、王宾阳；1947 年为郭良夫；1949 年为吴组缃。”这当然是一个资料不太齐全的盘点。但从这一教师阵容的粗略盘点中，我们不难看到清华在汉语母语教育上的认真、坚定与毫不含糊。第二，清华师生，特别是学生中间涌现出一大批作家，并在文学史上拥有极高的地位。他们中有以散文成就名垂文学史的朱自清、梁实秋、李广田、杨绛；有取得话剧史最高成就的曹禺、洪深、李健吾；有诗歌创作成就极高的闻一多、穆旦、朱湘；有在小说领域拔得头筹的吴组缃、钱钟书。还有翻译界的很多大腕级人物也出自清华，如梁实秋、王佐良、罗念生、许渊冲等。其中，许渊冲 2014 年荣获国际翻译界最高奖项之一的“北极光”杰出文学翻译奖，系首位获此殊荣亚洲翻译家。第三，2018 年，清华高调决定在全校新生中开设《写作与沟通》必修课，并为此成立了专门教学机构，组建了一支专职教师队伍。课程采取小班讨论的授课方式，教师依据自身专业背景和学生具体情况在教学内容和风格上有所不同，但在训练范式等方面要求一致：这是一种说理性、分析性和逻辑性写作，而非文学写作，也不是专业学术写作。这一方面是哈佛、耶鲁等美国大学大一新生必修课写作课的借鉴和学习，另一方面也是清华 2009 年起在部分学院试点的《中文写作》《中文沟通》等课程的全面拓展和升级。这在全国是极具影响力的示范性动作。

这些都是清华大学永远的“集体记忆”。然而，这里我最想与读者分享的还是清华教师朱自清先生当年在汉语母语教育方面的坚持、努力和创新。

首先，最不可思议的是朱自清的执着。他这样一个在江浙沪一带游走五六年（1920—1925）的中等学校（杭州第一师范、扬州江苏省立第八中学、上海中国公学、台州浙江第六师范、温州浙江省立第十中学、温州浙江第十师范、宁波浙江省立第四中学、绍兴上虞春晖中学）国文教员被俞平伯、胡适推荐到清华后，竟一辈子不曾放弃大一国文教学，一干就是 20 多年；从初到清华的 1925 年到他去世的 1948 年，他从未中断，即使做了中文系系主任（1932）也依然在教大一国文。与在中学工作一样，在清华他当然还搞创作，写诗歌，特别是写散文。《背影》（1925）、《荷塘月色》（1927），还有《春》（1933）等长期收入教材的课文都是他在清华期间创作的散文经典。当然，他更要搞学术研究。其中，李白、杜甫、陶渊明等“名家研究”、“诗史研究”等课题做得风生水起，《诗言志辩》《经典常谈》《中国新文学研究纲要》《中国近世歌谣叙录》等一系列学术著作成为学术经典乃至学科奠基之作。但所有这些文学创作和学术研究工作都不曾中断朱自清的国文教学。他的《国文教学》《精读指导精要》《略读指导精要》等有关国文教学的探讨、研究是汉语母语教育研究的典范著作。也许可以这样来揣度和判断：朱自清一辈子无论是文学创作（含旧体诗的拟作），还是学术研究差不多都不曾偏离过他那生命之魂——用汉语母语，用我们的民族共同语，来构筑新一代中国学生和民众的现代精神。从另一方面来说，朱自清在汉语母语教育方面至少拥有一般学者难以“得着”的两大课程资源，即汉语母语的“创作实绩”和汉语母语的“研究功力”。

其次，对于国文课程理论与实践上的锐意创新和改造，朱自清可能是大学第一人。朱自清是做了五六年的中学国文教员到清华做教授的，来清华也主要是担任大一国文教学工作。所以，对汉语母语教育这项工作既有实际经验又有复杂的感情，这是包括胡适在内的其他大学学者所没有的。令人无比敬佩和惊叹的是，朱自清对于国文教育还有很多专门的理论研究和实践创新。可以说，正是他的这些研究、探讨成果构建了当代汉语母语教育理论的基础，是现行我国语文课程与教学论的源头所在。朱自清在中学任教期间就撰写了《中等学校国文教学的几个问题》等系列论文，进入清华后有关国文教学研究的成果更为系统、深入而前沿。他的《中学生的国文程度》《再论中学生的国文程度》《论大学国文选目》以及《论教本与写作》《论国语教育》等成为民国期间国文教育研究的经典。研究带来创新。1928 年清华改建为大学时，当时的文学院院长兼中文系主任杨振声后来回忆说“国文系添设比较文学和新文学创作……这都是佩弦先生的倡导”。所以，在清华，他不仅最早开设“新文学研究”（1929）、“中国歌谣”（1929）等专业课，是现代文学乃至比较文学的先驱；还新设“高级写作”“散文写作”等通识课程，将写作教育作为国文教育的重头来抓，竟与当代美国通识教育理念完美契合！应当说，今天清华的全校必修课《写作与沟通》可以追溯到这里。

最后一方面，也是我最钦敬的，朱自清的国文教育特别强调国文本身的现代性。这首先是受其师胡适的影响、得其真传，但也是他极为鲜明的理论自觉。早在 1930 年，也就是大众语运动之前，他在《论中国文学选本与专籍》一文中就明确指出：“我主张大家都用白话作文”。可以说，朱自清从“五四”新文化运动的“现代的发现”里找到了他“现代的立场”“群众的立场”和“雅俗共赏的立场”。这从他《经典常谈》（1942）的写作中看得非常清楚。他还在《国文教学·序》（1944）中强调说，“我们尽可以着手用白话重述古典，等到这种重述的古典成为新的古典时，尽可以将文言当作死文字留给专门学者学习，不必再放在一般课程里”。在《论大学国文选目》（1942）中，他曾不无自豪地说，“无论如何，重古的选本不可避免的使阅读和写作脱了节。多年来大学师生都感到这个困难；只有让学生课外阅读语体文的书来弥补这语文训练的缺陷——西南联合大学国文选收录语体文，是比课外阅读进了一步。”而就眼前“部颁大学国文选目”里“不见语体文”，他当年就这样信心满满地说道，“日子越久，语体文应用越广，大学国文选目自然会渐渐容纳它的——这个我坚确的相信。”**可见，朱自清一辈子就是着眼于汉语发展来探讨汉语母语教育的。**

从这样一个简短的追溯和梳理中，我找到了我这本书的名字《汉语发展与教育研究》及“绪论”的题目《汉语发展与汉语母语教育》；从这个梳理中，我也找到了这本书四个部分论题：①汉语革新与规划研究；②汉语母语基础教育；③汉语母语高等教育；④汉语母语教育课程资源开发；从这个梳理中，我还找到了一些重要章节的题目，比如“汉语母语写作课程与教学”“汉语作品经典篇目解读”与“语文课改：民族化是不变的灵魂”“主体培养：写作课程新取向”等等。毋庸置疑，摆在读者面前的上述这四个部分的探讨都是相当浅薄的。

这里，我并没有不知天高地厚地来说清华，说清华的朱自清。其实，我在这里试图想表达这样一个意思：今天的“大学人”，特别是文学院的“大学人”是传承和发展中华民族文化的一支生力军；因此，他们对于汉语母语教育的努力应有一个标杆。清华的朱自清就是我找到的一个标杆。这样的标杆，如今太难找了。有许多许多原因。其中，文学院里将写作仅仅看作是一种学问，然而又是一种根本上不了台面的学问，应该是重要原因之一。今天在各家图书馆里找朱自清的著作，几乎全都是朱自清散文。不错，人人都知道朱自清是一位散文作家、文学大家；但是，又有几个人明白朱自清其实不是什么专业作家，他首先是一个大学学者、大学教授？

现实教人迷惘，标杆警人清醒，也催人思考。为什么偏偏是一个以“留学预备学校”为起点的大学拥有这个标杆呢？我的答案恐怕也只有一个，没有第二个。这就是，中国大学最先喊出“学术独立”的是清华，如今念念在兹的恐怕还是清华。清华史上“学术独立”喊得最响亮的大约要数其首任大学校长罗家伦，其就任演讲题目就是《学术独立与新清华》。其实，在罗家伦之前的“学校时代”，清华的学术独立之声就不绝于耳。其“国学院”的创建就是它向“学术独立”奋进的重要里程碑。而清华的大学化、一流化和国际化就是其学术独立化的演进过程。

然而，大学靠什么来独立？学术靠什么来独立？可以说，条件有许多许多。我认为，在所有的条件和基础中，汉语母语的写作水平、表达能力、沟通能力是唯一一个无法替代的条件和基础。很有可能，清华越来越清晰地认识到这一点，所以才有今天“写作与沟通”课程的高调开设和汉语母语教育的百年矢志不渝！

艺术与生命同构，人类与语言偕行。就当代大学生来说，学习、工作、生活，品质如何就看其汉语母语表达；人生、爱情、婚姻，境界怎样也要看其汉语母语素养。这大约就是我这本书试图向读者阐述的一个道理。

将这本书推出来，我要感谢我的导师华东师范大学倪文锦教授，感谢西南大学荣维东教授，感谢四川师范大学马正平教授，感谢温州大学彭小明教授，感谢扬州大学徐林祥教授，感谢淮阴师范学院孔凡成教授，感谢语文报社副社长裴海安先生、江西师范大学学报编辑张祥卉女士和名作欣赏杂志社编辑张晴女士，感谢全国各地的很多师长，很多前辈，很多在我的学术道路上帮过这样那样忙的朋友！同时，我也要感谢常州工学院汤正华校长等校领导，感谢常州工学院人事处、科研处领导，感谢常州工学院人文学院领导，感谢我的同事刘文斌教授、杨建生教授等。这里，我还要特别感谢江苏理工学院赵贤德教授。回想我在做瞿秋白研究的时候，读到 1927 年《瞿秋白论文集》“自序”时就有一种冲动出这样一本书，但顾虑不少。这次，在一个偶然的机会里，赵教授鼓励我用这种方式展示一下从安徽的一个中学教员跨入上海华东师范大学攻读硕士学位之后 20 多年的学术成绩。我答应下来了，但不知成效如何。敬请业内师长、前辈和各路大咖们批评雅正！

承蒙江南大学吴格明教授为拙著作序。吴教授，中国逻辑学会逻辑教育专业委员会主任，我在苏州大学参加一次国际性会议结识的老朋友，老前辈，汉语母语教育领域里一位难得的演讲家，词锋犀利，思维缜密，对后辈我一直奖掖有加。这里我要特别感谢吴教授在百忙之中欣然命笔，引导我、鼓励我、鞭策我。

本书在形成过程中，参考且吸纳了很多前辈与大家的相关研究成果，在此一并表示衷心的感谢。

汪禄应
2019 年 5 月 28 日于常州天润园